궁금해서
밤새 읽는 미국사

궁금해서 밤새 읽는 미국사

HiSTORY OF THE UNITED STATES

이구한 지음

청아출판사

역사의 길고 짧음에 관계없이 우리보다 앞서가고 있는 나라의 역사를 통해 우리는 우리의 현재를 알 수 있으며 나아가 미래를 예측할 수 있다. 이런 점에서 우리와 가장 밀접한 관계를 맺고 있고, 우리가 가장 많이 닮아 온 나라들 중 하나이며, 소련의 붕괴와 더불어 세계 패권 국가로서의 위상을 확보한 미국의 역사를 알아 두는 것은 여러모로 유익하리라 생각된다.

이에 이 책은 미국의 역사를 가능한 한 시간적 순서대로 배열하여 보다 쉽게 전체 윤곽을 그려 볼 수 있도록 하였다. 또 이야기 형식으로 서술하여 책을 읽는 데 따른 부담감을 덜기 위해 노력했다.

그러다 보니 적지 않은 부분에 무리가 가해지기도 했고, 한 국가의 방대한 역사를 보다 입체적으로 한 권에 담으려다 보니 빠진 부분도 있어 아쉽게 생각한다. 모쪼록 이 책이 그동안 미국의 역사에 대해 비교적 무관심했던 많은 사람들로 하여금 새로운 관심을 갖게 하고 나아가 우리에게 밀물처럼 밀려오는 미국의 여러 문물들을 이해하는 데 조금이나마 도움이 되길 바란다.

끝으로 이 책을 내기까지 여러모로 도와주신 청아출판사 사장님과 직원 여러분, 이주영 교수님, 동료, 후배 그리고 아내에게 진심으로 깊은 감사를 드린다.

이구한

■ 목차

🌺 머리말

🌺 1장 콜럼버스 이전의 아메리카

1장

콜럼버스 이전의 아메리카

🌸 콜럼버스 이전의 아메리카

　아메리카 대륙에서 인간의 역사는 콜럼버스나 그 밖의 탐험가가 발견하기 훨씬 전부터 시작되었다. 인류의 여명기에 북아시아로부터 이주해 온 몽골리안들은 아메리카 대륙 곳곳에서 씨족이나 부족 사회를 형성하여 집단생활을 했다. 그 과정에서 북아메리카 인디언의 문명, 마야 문명, 아즈텍 문명 그리고 잉카 문명 등 이른바 아메리카 고대 문명이 형성되었다.

　최초의 문명인 북아메리카 인디언의 문명은 수렵·채취 생활에서 농경 생활로 완만한 발전을 이루었으며 문화적 색채 또한 온건했다. 반면 중앙 아메리카의 마야 문명이나 아즈텍 문명은 이미 농경 단계에 있던 이웃 민족의 영향을 받아 호전적이면서도 화려한 문화를 형성했다. 그들의 문화는 급속한 번영을 이루며 도시를 형성하는 단계까지 발전함으로써 상당 기간 문화 부족으로서의 생활을 영위했다. 한편 남아메리카의 잉카 문명은 수준 높은 원주민을 정복하여 그 바탕 위에 형성되기 시작했다. 잉카 문명은 고대 문명 중 가장 강력한 군대 조직과 전쟁을 통하여 거대한 세력권을 형성함으로써 국가 운영과 문화 면에서 놀라운 수준까지 이르렀다.

　이처럼 아메리카의 고대 문명들은 서로 다른 환경 속에서 출발하여 각기 다른 양상으로 발전했다. 그러나 정치·사회·문화적으로 분열된 상태와 신앙의 형태, 비교적 낮은 기술 수준 그리고 외부 세력의 침입에 문화적 독립성을 상실해 갔다는 공통점도 갖고 있었다.

최초의 아메리카인 인디언

아메리카 대륙에는 콜럼버스가 서인도제도를 발견하기 수천 년 전부터 이미 사람들이 살고 있었다. 그들은 갈색 피부에 거칠고 윤기 나는 검은 머리, 툭 튀어나온 광대뼈, 검은 눈동자를 갖고 있는 것으로 보아 몽골로이드계의 인종으로 추측된다. 그렇다면 그들은 과연 어디서 건너온 것일까?

처음 그들의 활동 지역은 시베리아 북동부의 초원 지대였다. 그러나 갑작스러운 기후변화로 생활터전인 초원 지대가 고갈되었다. 그들로서는 살아남기 위해 새로운 터전을 찾아 나서야만 했다. 그들은 험한 산맥으로 가로막힌 길을 피해 베링 해협으로 발길을 옮겼다. 베링 해협은 1년의 반 정도는 얼음으로 뒤덮여 있기 때문에 이동이 가능했다. 그러나 살을 에는 듯한 북극의 추위는 그들을 쉽게 보내주지 않았다.

온통 눈과 얼음뿐인 세계, 혹독한 추위와 휘몰아치는 눈보라는 희생을 강요하는 악마와 같은 것이었다. 날이 갈수록 얼어 죽는 사람의 수는 점점 늘어만 갔다. 그들이 출발지로부터 약 90킬로미터 정도 전진했을 때 커다란 산이 우뚝 서 있는 것을 발견했다. 그 기슭에는 어렴풋이 푸른 기운이 감돌고 있었다. 그것은 그들이 베링 해협을 지나 알래스카에 들어왔음을 의미하는 것이었다. 대열 속에서 환호성이 터져 나왔다. 얼마 가지 않아 그들은 고대하던 새로운 초원 지대에 도착했다.

아메리카 대륙에 발을 들여놓은 몽골리안 중에는 알래스카에 정착한 사람들도 있었지만, 대부분은 더 좋은 생활 터전을 찾아 이동을 멈추지 않았다. 그리고 이동 과정에서 생활에 필요한 기술들을 발전시키며 서서히 문명권을 형성해 갔다.

아메리카에 상륙한 바이킹족

인디언의 뒤를 이어 아메리카 대륙으로 건너온 사람들은 노르만족으로서 발트해의 거센 파도를 넘나들며 약탈을 일삼던 바이킹Viking족이었다. 그들은 11세기경 리프 에릭슨의 인솔하에 북아메리카 동북부 지역을 탐험했다. 10여 일에 걸쳐 이루어진 초기 탐험으로 그들이 발견한 것이라곤 처음 보는 낯선 식물들과 암석들 그리고 몇몇 짐승들이 고작이었다. 그래서 그들은 내심 자신들이 그곳에 온 최초의 사람이라고 생각했다.

그러던 어느 날 난데없이 돌덩이가 날아오고 나무로 만든 창이 여기저기에 사정없이 꽂혔다. 바이킹족들은 당황하

아메리카에 상륙한 바이킹족

며 어쩔 줄을 몰랐다. 그들을 공격한 사람들은 이곳에 먼저 터를 잡았던 원주민 인디언들이었다. 이때부터 쌍방 간의 충돌은 그칠 줄 모르고 계속되었다. 그러나 해상 생활에만 익숙한 데다 수적으로도 부족했던 바이킹족은 시간이 지날수록 점점 불리해졌다. 결국 바이킹족은 1년여에 걸쳐 가꾸어 오던 포도밭을 포기한 채 '포도의 땅'이라는 의미의 바인랜드^{Vineland}라는 지명만을 남기고 고향으로 돌아갔다.

자연을 숭배한 인디언

시베리아에서 아메리카 대륙으로 건너온 인디언들의 생활상은 다양했다. 유목민이 있는가 하면 미시시피강 유역에서 매머드나 들소 사냥을 하며 살아가는 종족도 있었다. 북대서양 연안에는 반농반어의 생활을 하는 종족도 있었고, 멕시코와 페루 일대에는 고도로 발달된 도시 생활을 영위하는 종족도 있었다. 그들은 사용하는 언어도 각기 달라 수천 가지에 이르렀다고 한다.

부족과 지역마다 차이점을 가진 아메리칸 인디언들의 사회는 민주적이고 자주적인 씨족 제도를 바탕으로 부족공동체를 형성하고 있다는 공통점이 있었다. 그들은 부족을 중심으로 토지를 공동 소유했을 뿐만 아니라 이용 및 관리도 공동으로 했다. 부족의 경제생활은 전체의 이익을 위한 것이었기 때문에 정치 형태도 민주적이었다.

문화인류학자인 루이스 헨리 모건^(1818~1881년)에 따르면 계급 제도가 존재했던 미시시피 강가의 나체즈족이나 영국령 콜롬비아의 북부 해안 등을 제외한 거의 모든 아메리카 인디언들은 자유 · 평등 · 박애를 근본 원리로 삼는 씨족공동체였다.

인디언들의 문화가 다른 여러 문화들과 명확히 구분되는 특징은 부족 상호 간의 경계를 초월한 독자적인 종교관, 자연관 그리고 우주관에 뿌리를 두고 있다는 것이다. 아메리카 대륙의 모든 인디언들은 자연계에 존재하는 모든 것이 영혼을 갖고 있다고 믿었다. 그리고 그러한 자연계로 구성된 우주는 선한 영혼과 악한 영혼의 두 힘에 의해 움직이고 있다고 생각했다. 따라서 그들은 자연과의 조화를 중시했으며 자연과 인간을 하나로 보려는 경향이 강했다.

북아메리카 인디언의 문명

코치스 문화

북아메리카에는 기원전 1만 년경부터 수렵 · 채집 생활을 하던 인디언들이 있었다. 그들은 주로 애리조나, 뉴멕시코, 텍사스 그리고 미시시피 등지에 거주하면서 독특한 수렵 문화인 '코치스Cochise 문화'를 이룩했다.

코치스인들은 사막이나 고지대 계곡에서 식물성 식량을 채집하거나 대초원 지대에서 수렵 생활을 했다. 북아메리카의 기후는 대륙 북쪽에서 차가운 빙하 바람이 불어대던 수천 년간은 한랭하고 습기가 많았다. 따라서 풀들이 무성하게 자랄 수 있었고 많은 무리의 초식 동물들이 있었다. 기원전 7000년경부터 빙하가 후퇴하여 기후가 건조해졌다. 기원전 5000년경에는 하천이 마르고 사막이 넓어지면서 풀과 숲 대신 선인장이 무성하게 자라났고, 동물의 수가 점점 줄어들어 멸종한 것도 생겨났다. 이러한 기후변화는 북아메리카 남서부에서 특히 심하게 나타나 그 지역 인디언들의 생활을 바꾸어 놓았다. 그들은 식습관을 바꾸어 열매나 씨 같은 식용식물을 효과적으로 저장하는 방법을 익히기 시작했다.

다행히 북아메리카 텍사스의 레드강 남부와 콜로라도강 초원 지대에서는 서부 지역과 같은 기후변화는 없었다. 그러므로 이곳의 인디언들은 예전 방식대로 대형동물을 수렵하며 살았다. 그들은 무리를 이루어 매머드 같은 대형짐승들을 사냥했다. 일단 사냥감이 나타나면 재빨리 포위대형을 갖추었고 포위망을 좁혀 가능한 한 가까이 접근했다. 창에 맞아 큰 상처를 입은 사냥감이 피를 많이 흘려 빈사 상태가 되면 급소를 강타해 쓰러뜨렸다. 또 다른 방법은 연못이나 늪지에 커다란 들짐승을 몰아넣은 뒤 창으로 공격하거나 절벽으로 몰아 떨어뜨리는 것이 있었다.

그들이 사용하는 창은 10센티미터 안팎의 돌을 얇게 갈아 윗부분의 끝을 유선형으로 뾰족하게 하고 밑은 말굽모양으로 움푹 패게 한 첨두석기이다. 이것은 '클로비스 석기'라고도 한다. 인디언들은 이것을 나무로 만든 자루 끝에 동물의 힘줄로 묶어 창으로 사용했다.

사냥이 끝나면 모두가 함께 먹었고, 부족할 때를 대비하여 약간의 고기를 햇볕에 말렸다. 남은 가죽으로는 옷, 신발, 배 등을 만들고 뿔

여러 가지 모양의 클로비스 석기 CC BY-SA 3.0

과 힘줄로는 숟가락과 활을 만들어 사용했다. 이런 코치스들의 생활은 1,000년 이상 계속되었다.

그 후 기원전 3500년경 멕시코로부터 옥수수가 도입되어 농경 생활을 시작했다. 기원전 3000년경에는 북아메리카인 상당수가 먹을 수 있을 정도로 생산량이 증가했다. 그리고 한참 뒤인 기원전 300년경에는 신종 옥수수가 등장하면서 북아메리카 인디언들 대다수가 농경 생활을 했다.

모고욘 문화

기원후부터 수 세기 동안은 질그릇을 가진 모고욘^{Mogollon} 문화가 번성했다. 처음에는 식물줄기나 뿌리를 엮어 그릇을 만들어 사용했고, 그 뒤 진흙으로 그릇을 빚어 사용했다. 처음에는 햇볕에 말리는 정도였으나 높은 온도로 가열했을 때 단단해지고 오래 견딘다는 것을 알게 되었다. 그러나 가열한 그릇은 물과 액체를 보관하기에는 불편했다. 질그릇 자체가 액체를 흡수하거나 오래 넣어 둘 경우 균열이 생기는 단점이 있었다. 이를 보완하기 위해 가열된 그릇 표면에 고무 같은 수액이 칠해졌고 부분적으로 방수처리가 됐다.

바구니 문화

900년경에는 단순하긴 하지만 바구니가 제작되었다. 이 바구니에 예술적인 요소가 가미되어 '바구니 공예'가 나타났다. 바구니 공예가들은 마호가니나무를 비롯한 여러 종류의 나무뿌리에서 검은색, 붉은색 등의 물감을 채취해 버드나무나 뽕나무 껍질에 칠했다. 이렇게 만들어진 바구니들은 독특한 무늬로 장식되어 여러 종류가 제작되었다.

아나사지 문화

바구니 공예가 약간 진화되어 아나사지^{Anasazi} 문화가 나타났다. 아나사지 문화는 특히 건축에 뛰어났는데, 건물을 지을 때 절벽을 하나의 벽으로 삼았으며 그 옆에 통나무로 골격을 만들었다. 이 골격에 돌과 흙을 섞어 쌓아 상자 모양의 건물을 완성했다.

푸에블로 문화

아나사지 문화인들의 건축술이 계승되어 푸에블로^{Pueblos}라는 가옥 형태가 발생했다. 푸에블로란 스페인어로 가옥, 수백 개의 거실과 창고로 만들어진 거대한 건물을 뜻한다. 내부는 종교적 행사나 집회 장소로 쓰이는 원형의 대형방이 있고, 주위에 거실과 창고가 마주 보게 설계되어 있다. 개인 소유 거실은 창문 없이 출입구 하나만 만들었고, 거실 한구석에는 돌로 만든 맷돌이 붙어 있었다. 천장은 개방되어 통

푸에블로 건축 양식으로 지어진 주거 유적

풍구 구실을 했다. 필요에 따라서는 풀이나 종려잎 같은 간단한 것들로 지붕을 만들었다.

우드랜드 문화

기원전 1000~700년경까지 북아메리카 동부에서는 오하이오강 유역과 미시시피강을 중심으로 작물 재배를 주로 하는 우드랜드^{Woodland} 문화가 번성했다. 여러 가지 모양의 도기와 분묘총이 특색인 우드랜드 문화는 분묘의 거대함으로 미루어 마을 사람들 사이에 상하 관계가 존재했음을 짐작할 수 있다. 거대한 토목공사에 수천 명을 동원할 수 있는 강력한 지도자가 사회를 다스렸다.

이 우드랜드 문화는 기원전 1000년 이후에는 운모 장식품과 구리 귀걸이로 유명한 아데나^{Adena}인들에게 계승·발전되었다. 기원전 400년 이후에는 신전총으로 유명한 호프웰^{Hopewell}인들이 계승해 절정기를 이루었다.

북아메리카의 인디언들은 이후에 등장한 멕시코나 안데스산맥 일대의 인디언들처럼 높은 수준의 문명은 아니었으나 북아메리카 대륙에 그 빛을 발할 문명의 씨앗을 뿌려 놓았다.

올멕족의 계승자 마야 문명

북아메리카 대륙에서 우드랜드 문화가 등장할 무렵인 기원전 1000년경 중앙아메리카의 멕시코만 기슭에서는 올멕^{Olmec}족이라는 인디언들이 수수께끼 같은 문명을 형성하기 시작했다.

재규어 숭배

이미 농경 생활이 정착되고, 훌륭한 도기와 무명베까지 생산했던 이 문명은 전반적으로 재규어^{Jaguar(표범의 일종)}의 테마가 흐른다는 점이 특징이다. 재규어 신과 올멕부족들 사이에서 중계 역할을 하던 신관은 자연히 최고의 힘을 갖게 되었고, 종교를 중심으로 하는 올멕족 특유의 지배체제가 확립되었다. 또한 나름의 그림문자를 만들어 급속도로 넓은 지역에 영향을 미쳤다. 가까운 이웃 부족은 물론 남쪽 과테말라의 마야족에게도 재규어 숭배를 비롯한 올멕족의 여러 풍습이 전해졌다.

이를 바탕으로 300년경에는 마야 문명이 시작되었다. 마야 문명이 최초로 개화한 곳은 현재 과테말라의 페텐주와 멕시코의 치아파스주에 걸쳐 있는 우림의 저지대였다.

피라미드 축조

마야족은 저지대에서 생활했기 때문인지 흙을 높이 쌓아 피라미드를 세웠다. 그들은 피라미드의 본체를 쌓기 전에 항상 소형 피라미드를 먼저 세우고, 그것이 어느 정도 견고해지면 다시 재료를 겹쳐 피라미드 본체를 완성하는 특이한 방법을 썼다. 따라서 급경사의 피라미드 본체 안쪽에는 항상 먼저 세워진 작은 피라미드가 숨어 있었다.

마야족의 피라미드는 이집트 피라미드와는 달리 정상이 평평했다. 정상에는 신전을 세워 그 안에 작은 방을 많이 만들었고, 외부에는 올멕족의 그림문자를 발전시킨 신성문자를 빽빽하게 그리거나 재규어를 연상케 하는 그림이나 뱀 혹은 새의 형상을 닮은 이상한 동물들을 새겼다.

신관의 힘

피라미드가 완성되면 전국 각지에서 피라미드 신전이 있는 코판이나 팔렌크로 사람들이 몰려들었다. 가까운 촌락지에서 온 귀족, 농민들도 있었고 멀리서 온 상인들도 있었다. 제사의식은 비취옥, 청옥, 새 깃털로 장식된 제복을 입은 대신전의 신관들이 주관했다.

마야족은 제삿날 모든 의식이 잘 끝나 신들이 기뻐했다면 행복한 생활이 계속될 수 있다고 믿었고, 반대로 신이 노했다면 큰 화를 입게 될 것이라고 생각했다. 신의 감정이 제사의식을 주도하는 신관의 입을 통해 판명되었기 때문에 자연히 신관은 막강한 힘을 갖게 되었다.

　마야의 신관들이 권력을 독점할 수 있었던 또 하나의 이유는 그들이 교양이나 지적인 면에서 월등했기 때문이다. 그들은 0^{zero}이라는 개념도 생각해 냈는데 이것은 유럽인들이 동양에서 그 개념을 도입하기 훨씬 전에 착안한 것이었다. 그뿐만 아니라 오랜 기간에 걸쳐 천체도 관측하며 태양, 달, 금성의 운행도 비교적 정확하게 예측했으며, 1년의 길이를 소수점 이하까지 산출했다. 이를 바탕으로 주요 건축물에 정확한 건축 날짜까지 새겨 넣었다.

마야 문명의 유적지, 치첸이트사 CC BY-SA 3.0

제정 분리

600년경에 마야 문명은 절정에 달했다. 이때부터 주요한 의례 중심지는 신관뿐 아니라 부와 세습적 권력을 가진 귀족 집단의 본거지가 되었다. 또한 메소포타미아처럼 종교와 정치가 서로 분리되었다. 왕들은 화려하고 위엄 있는 왕궁을 지었고, 사원 또한 그 웅장함과 화려함을 더해 갔다. 인구의 계속적인 증가와 함께 농경지의 부족, 치열한 교역 경쟁으로 전쟁이 빈번했지만, 그들의 사회적·종교적 풍습은 수 세기 동안 거의 변하지 않았다. 원시적인 도구와 기술에 의존한 건축기법도 장식이 약간 변했고 숫자만 늘었을 뿐 이렇다 할 진전은 보이지 않았다.

마야 문명은 800년경부터 저지대를 중심으로 쇠퇴해 900년에는 북부 유가탄 지역에서만 유지됐다.

인디언 문화의 절정, 아즈텍 문명

마야 문명이 암흑기로 빠져들면서 혼란의 시대가 찾아왔다. 신관의 지배하에 평화롭던 여러 도시에는 방벽이 세워졌고, 온건했던 종교의 성격도 거칠어졌다. 대변화의 원인은 치치멕이라고 불리는 호전적인 북방 민족이었다. 그들은 깃털과 물감으로 몸을 꾸미고 평화로운 도시들을 마구 공격했다.

멕시코 분지의 도시들 중에는 치치멕을 지배자로 맞아들여 보호를 받는 곳도 있었고, 상당 기간 저항한 도시들도 있었다. 멕시코 분지 밖에 있었던 몇몇 도시들은 발달한 자신들의 문화를 완고하게 지키며 후대 사람들에게 강한 영향을 미쳤다.

치치메의 피를 이어받아 호전적인 툴라를 중심으로 한 툴텍족의 사회는 군대조직을 근간으로 일사불란하게 움직였다. 툴텍족의 문명은 1100년경 멸망하기까지 유카탄반도 일대는 물론 북아메리카의 미시시피강 유역까지 영향을 끼쳤다. 특히 야만스러운 유랑민 집단인 아즈텍족에게 이 전반적인 생활이 전해져서 아즈텍족이 멕시코의 패자로 성장하는 기틀을 마련해 주었다.

툴텍족의 뒤를 이은 아즈텍족은 그들의 선조가 멕시코 북동부의 '아스틀란'이란 동굴에서 발견되었기 때문에 그렇게 불렸다. 그들은 험난한 생활 속에서도 무서운 모습의 나무 조각상을 늘 소중하게 간직했는데 이 조각상은 4명의 신관이 지키고 있었다. 부족이 이동할 때면 마치 헤브라이인이 모세의 십계판을 담은 상자를 들고 시나이 들판을 헤맨 것과 같이 나무 조각상도 함께 운반되었다. 나무 조각상이 바로 아즈텍족의 신이었다.

아즈텍족이 수도 테노치티틀란에 정착한 것은 1325년경이었다. 초기에는 물고기, 오리, 개구리 등을 옥수수나 콩 그리고 건축재료인 석재 등과 물물교환하면서 살았다. 그러다가 전쟁이 일어나면 성난 맹수처럼 용맹스럽게 싸웠다. 그들은 다른 여러 지방들로부터 도망자, 반역자, 모험가 등을 받아들여 인구를 증가시켰다. 이를 기반으로 주위의 여러 부족들을 정복하고 정복민들을 포로로 삼았다.

그들 최고 통수권자인 왕의 명령이면 제국 전체의 힘이 한곳으로 집

4명의 신관이 지키고 있는 나무 조각상

중될 수 있을 정도로 왕의 힘은 막강했고, 왕위는 형제나 모계에서 가
장 가까운 사람이 계승했다. 토지는 기본적으로 부족 단위의 공동소유
였으며, 부족평의회가 하급의 각 씨족에게 분배했다. 이 과정에서 세
습된 사유지나 반사유지의 고용노동자가 생겼고, 빚으로 인해 노예가
되는 경우도 있었다. 아즈텍족의 여러 도시에서는 상품을 교환하는 장
이 자주 열렸다. 큰 장이 서면 식물, 의복, 흑요석 제품 등 갖가지 상품
들이 거래되었고, 금이나 옥돌, 새의 깃털 등으로 만든 장식품들도 선
을 보였다. 그들은 천문학과 수학에서도 마야인 못지않은 빼어난 소질

을 가졌었다. 1년을 365일로 잡아 윤년에는 윤일을 두는 정확한 달력을 사용했고, 20진법에 입각한 실용적인 기수법을 사용했다.

군사 문화 잉카 문명

멕시코 남쪽 파나마지협 건너 페루 일대에는 잉카 제국이 있었다. 질서정연한 군대조직을 가진 잉카족은 전쟁을 일삼았고, 도로 건설에 뛰어난 솜씨가 있었다. 잉카족은 남북으로 콜롬비아에서 칠레에 이르는 수천 마일의 땅과 태평양 연안 지대를 지배하여 실로 '제국'이라는 이름에 걸맞은 거대한 문명을 형성했다. 수도는 페루의 쿠스코였고, 제국의 중심부는 해발 1만 피트가 넘는 안데스의 고원 지대에 있었다.

잉카 문명의 기원에 관해서는 몇 가지 전설이 전해지고 있다. 이 가운데 가장 유력한 전설에 따르면 태양신의 자녀인 네 형제와 네 자매는 현재 쿠스코시에서 남동쪽으로 약 30킬로미터 떨어진 곳의 동굴에서 나왔다. 그리고 맏형인 망코 카팍은 나머지 형제들 중에서 특히 아야르 카치를 무서워했다. 어느 날 망코 카팍이 계략을 짜서 아야르 카치를 동굴에 가둔 것을 본 두 형제는 형의 곁을 떠나가 버렸다. 혼자가 된 망코 카팍은 잉카족의 초대 지배자가 되었고, 누이 동생인 마마 오클로를 아내로 삼았다. 그들 사이에서 신치 로카가 태어났는데 그가 바로 잉카 제국의 제2대 왕이다. 망코 카팍이 처음에 이끌고 온 소부

고대 잉카 문명의 대표 유적지

족은 토지도 없는 유랑민이었다. 그들은 비옥한 쿠스코의 계곡을 목표로 삼은 뒤 생활터전을 넓혀 나갔다.

잉카 제국은 잉카의 9대 왕인 파차쿠티 시대에 이르러 폭발적으로 팽창하기 시작했다. 파차쿠티는 원정에 앞서 먼저 쿠스코 근방에 산재해 있는 적들을 일소했다. 파차쿠티의 원정은 단순히 전리품을 획득하기 위한 침략이 아니었고, 페루민족을 통일하기 위해 사전에 철저하게 준비된 것이었다.

그러나 전쟁만으로 통일을 이룰 수는 없었다. 파차쿠티는 신하를 불러 쿠스코 지방 언어인 케푸아어를 공용어로 사용하도록 명령했다. 또한 잉카 제국에 적대적인 사람들을 강제로 이주시켰다. 이 강제 이주는 '마티마'라고 불렸으며 통일 목적으로 시행되었다.

제국이 확대됨에 따라 도로망도 확충되었다. 오래전에 건설된 채 떨어져 있던 도시들은 서로 연결되었고, 사람들이 많이 사는 지역의 도로 양쪽에는 벽을 세우거나 가로수를 심었다. 연도에는 일정한 간격을 두고 '탐보'라고 불리는 역을 설치했다. 역은 오두막만 몇 개 있는 간단한 경우도 있었으나, 군대의 보급품을 넣어두는 창고나 여행자들을 위한 숙박시설이 갖춰진 훌륭한 건물들이 대부분이었다. 또한 주요 도로에는 2~3킬로미터마다 '차스키'라고 불리는 파발꾼의 부대가 있었다. 이 차스키 부대는 당시로서는 세계에서 가장 빠른 통신망이었다. 이 부대를 통해 잉카군대는 먼 지방에 있어도 중앙의 지시를 신속하게 받을 수 있었다. 차스키는 군사적으로 매우 유용하게 이용되었다.

15세기 말에 이르러 잉카 제국은 파차쿠티의 아들인 토파 잉카가 그 대권을 이었다. 왕좌에 오른 토파 잉카는 잉카 주민들뿐만 아니라 정복당한 사람들에게도 선정을 베풀기로 결심했다. 그의 뜻에 따라 첫째, 전국 각지에 곡물을 저장하여 기근에 대비할 것, 둘째, 정복한 부족 중에서 재능 있고 유능한 청년들은 잉카의 교육을 받도록 할 것, 셋째 그들도 잉카 제국의 관리가 될 수 있도록 할 것 등 매우 관대한 조치가 내려졌다.

잉카에서도 종교가 중요했지만, 멕시코의 아즈텍족과는 달리 생활 전반에 큰 영향을 미치지는 않았다. 최고의 존재는 창조의 신 '비라코차'였지만, 실제로는 태양의 신, 달의 신, 별의 신, 번개의 신과 농민들이 숭배하는 풍요의 신 등이 더 큰 영향력을 갖고 있었다. 잉카인들은 이 모든 신들은 비라코차의 하인으로서 인간계의 모든 일을 주관한다고 믿었다. 특히 태양의 신은 잉카 왕가의 조상으로 숭배되어서 지배자인 왕은 살아 있는 신으로 간주되었고 태양과 동일시되었다. 이렇게 해서 그들은 국가와 종교 사이에 일어난 갖가지 문제들을 솜씨 있게 처리할 수 있었다.

금속 세공 기술이 뛰어난 잉카인들

그러나 잉카족의 과학, 특히 천문학은 아즈텍족에는 미치지 못했고, 문자 역시 마찬가지였다. 그들의 '결승문자'는 새끼 줄의 종류, 매는 방법, 색깔 등으로 계산하고 기록하는 정도에 불과했다. 하지만 금속 세공 기술은 천재적이라고 할 만큼 뛰어났고, 석재를 이용한 건축이나 공예에도 탁월한 솜씨를 나타냈다. 특히 쿠스코의 거대한 태양 사원과 같은 건축물은 오늘날에도 대단한 평가를 받고 있다.

2장

식민과
독립의 시대

🌻 식민과 독립의 시대

15세기 말 콜럼버스의 아메리카 대륙 발견은 아메리카 대륙의 개막을 예고한 것이었다. 16세기로 접어들자 가장 먼저 스페인의 식민 활동이 시작되었다. 그들은 방화, 약탈을 수단으로 아즈텍·잉카 문명을 정복했고, 막대한 은을 유럽으로 들여와 왕실의 부를 축적했다.

스페인에 이어 프랑스와 네덜란드가 식민 활동에 뛰어들었으나 큰 성과를 거두지 못했다. 이런 상황에서 아메리카 식민 활동의 판도를 바꾼 것은 영국이었다. 영국의 스페인 무적함대 격파를 계기로 수많은 영국인들이 아메리카에서 식민 활동을 시작했다. 수십 년에 걸쳐 메릴랜드 식민지, 메사추세츠 식민지, 펜실베이니아 식민지 등이 잇따라 건설되었고 이 과정에서 아메리카인들은 경제적 번영과 자유·평등의 맛을 느끼기 시작했다.

18세기로 접어들자 영국 정부의 식민지 간섭에 대한 반감이 고조되었고, 이 무렵 영국과 프랑스의 아메리카 지배권 싸움인 프렌치-인디언 전쟁이 발발했다. 이 사건은 사실상 아메리카의 제2의 탄생을 가져왔다.

영국은 전후 파리조약을 체결함으로써 광대한 영토를 획득할 수 있었으나 영토 관리에 어려움이 많았다. 1773년의 보스턴 차 사건이 터지면서 새로운 국면이 전개되었고, 마침내 아메리카인들이 영국에 대해 반기를 들었다. 2차에 걸친 대륙회의를 통해 독립선언이 이루어졌고 곧바로 대대적인 전쟁이 발발했다. 1784년 파리평화조약의 체결로 아메리카인들은 정치적 독립을 이룩했다. 그리고 이것은 아메리카의 13개 주가 개별 국가가 되느냐 하나의 통합된 국가가 되느냐 하는 새로운 문제의 시발점이 되었다.

새로운 무역로의 개척

아메리카 대륙에서 아즈텍 문명과 잉카 문명이 번영하고 있을 무렵인 15세기경 유럽에서는 커다란 변화가 일었다. 십자군전쟁 이후 유럽과 중동 지방과의 접촉이 빈번해지면서 '상업의 부활'이 일어났다. 동양으로부터 이탈리아, 터키, 아라비아 상인들의 손을 거쳐 들어오는 향료, 은, 염료, 직물 등은 그들의 호기심을 자극해 수요가 급증하고 가격 또한 폭등세를 보였다. 이럴 때 보다 싼 가격으로 상품을 사기 위해 동양과의 직접적인 교역이 필요했다. 이로 인해 '새로운 무역로의 개척'이 시작되었고, 이 시기의 숱한 항해 중에서도 가장 극적인 것은 크리스토퍼 콜럼버스의 항해라 할 수 있다.

마르코 폴로가 쓴 인도 제국의 보물에 관한 글을 읽고 인도에 갈 꿈을 키웠던 콜럼버스는 스페인령인 카나리아 제도에서 항해를 시작하면 인도에 도달할 수 있다는 근거를 찾아냈다. 또한 자신이 연구한 여러 가지 자료들을 종합하여 인도까지의 거리를 5,600여 킬로미터로 잡았다. 스페인의 페르난도 왕과 이사벨라 여왕의 후원으로, 1492년 8월 3일 콜럼버스는 이탈리아인, 스페인인, 영국인 그리고 유태인으로 구성된 120명의 선원들과 3척의 배로 역사적인 항해를 시작했다.

그가 탄 배는 100톤 규모의 산타마리아호였고, 50톤 규모의 핀타호는 형 마르틴 핀슨이 그리고 나머지 40톤 규모의 니나호는 동생인 비센테 핀슨이 선장을 맡았다.

콜럼버스의 선단은 팔로스항을 빠져나와 뱃머리를 남서쪽으로 돌려 최초 목적지인 카나리아 제도로 배를 몰았다. 카나리아 제도를 지난 지 얼마 되지 않아 콜럼버스 일행은 무역풍 지대에 들어섰다. 이때부터 수 주일 동안은 비교적 순탄한 항해가 계속되었다. 그러나 항해가 여러 날 계속되면서 선원들의 피로는 누적되었고 육지는 나타날 기미조차 없었다. 끊임없이 되돌아가자는 선원들의 불만을 진정시키는 것이 콜럼버스의 가장 중요한 일거리가 되었을 정도였다. 이런 가운데 그의 선단은 콜럼버스가 지팡구(황금의 섬)를 발견할 수 있을 거라고 예상한 곳 가까이에 접근했다.

이로부터 5일 후, 1492년 10월 12일 아침 녘에 그들은 드디어 육지에 발을 들여놓았다. 콜럼버스는 선원들과 함께 감사의 눈물을 흘리면서 신께 기도를 드렸다. 이 섬이 바로 콜럼버스가 동양의 어느 한 지점

1492년 10월 12일 산살바도르섬에 상륙한 콜럼버스 일행

으로 착각한 바하마 군도(오늘날의 서인도제도)의 산살바도르섬이다. 산림이 무성한 이곳에 살고 있던 원주민들은 아즈텍 문명권의 한 부족이었다. 이 원주민들이 산타마리아호에 올라왔을 때 콜럼버스는 그들에게 자신이 갖고 있던 긴 칼을 주었다. 또한 유리구슬과 방울장식을 주고 식량과 교환했다.

이틀 후 다시 항해를 시작하여 두 번째로 발견한 섬이 오늘날의 쿠바였으며, 세 번째로 발견한 섬이 아이티였다. 이렇게 서인도제도 일대를 탐사한 콜럼버스는 1493년 3월 포르투갈의 수도인 리스본으로 돌아왔다. 자신의 성과를 발표해 많은 사람들로부터 존경을 받았지만 자신이 발견한 땅이 인도의 서쪽 부분이라고 믿었던 점에서는 커다란 착각을 하고 있었다. 끝내 그는 그곳이 신대륙의 일부라는 것을 알지 못했고, 그 후에도 1504년까지 세 차례에 걸쳐 멕시코만 남단을 두루 탐험했지만 그곳이 인도의 서쪽이라는 확신에는 변함이 없었다.

아메리고 베스푸치는 1499년부터 2년 동안 중남미 일대를 두루 탐험하고, '신세계'라는 제목의 보고서를 통해 그곳이 신대륙이라는 사실을 밝혔다. 그리고 이 보고서를 책으로 출간했다. 그때까지 콜럼버스가 인도를 발견한 것으로만 알고 있었던 유럽인들은 놀랐다. 아메리고의 글은 지리학 교수인 마르틴 뮐러의 저서 《세계 지리 입문》에 옮겨 실렸다. 이 책에서 처음으로 아메리고 베스푸치가 발견한 대륙을 그의 이름을 따서 '아메리카'로 부르는 것이 옳다는 의견이 제시되었고, 결국 신대륙은 아메리카로 불리게 되었다.

그 후 1513년에 발보아가 파나마지협을 도보로 횡단한 끝에 태평양을 발견함으로써 아메리카가 신대륙이라는 사실이 재확인되었다.

식민지 시대의 개막

아즈텍족 정복

콜럼버스가 아메리카 대륙을 발견한 때는 탐험의 시대이면서 식민지 시대이기도 했다. 대륙의 발견은 단지 발견했다는 사실만으로 끝난 것이 아니라 새로운 시장과 식민지라는 매력적인 요인도 갖고 있었다.

아메리카 대륙에서 16세기 초에 시작된 식민 활동의 주역은 스페인 사람들이었다. 그들은 콜럼버스가 만든 유럽인의 첫 식민지 산토도밍고를 기지로, 1509년에는 푸에르토리코를 정복했고, 1514년에는 쿠바를 정복해 그곳 인디언들을 노예로 삼았다. 이렇듯 스페인인들은 서인도제도 일대를 발판으로 북아메리카 본토에 상륙했다.

1519년에는 탐험가 피네다가 아메리카 동부 해안에 도착하여 이곳의 인디언들이 황금으로 된 장식물들을 달고 있는 것을 발견했다. 1528년에는 나르바에스라는 탐험가가 플로리다 지방에서 금을 발견했고, 그의 부하인 데바카는 텍사스평원과 북멕시코를 횡단했다. 이밖에도 1536년부터 약 3년에 걸쳐 몇몇 스페인 사람들은 북아메리카 탐험을 계속했다. 그러나 북아메리카 동부 지역에서 이뤄졌던 스페인 사람들의 탐험은 실질적인 성과를 거두지는 못했다.

그러나 멕시코와 남아메리카 일대에서는 실질적인 성과를 거두었으며, 특히 멕시코의 정복은 스페인인들의 아메리카 대륙에 대한 여러 정복 활동 중에서도 중대한 사건이었다.

정복 활동의 주인공은 에르난 코르테스였다. 그는 아즈텍 내부의 극심한 알력을 이용하여 수도 테노치티틀란에 거주하는 인디언들을 포섭했다. 그들은 아즈텍 왕국에 불만을 갖고 있었기 때문에 코르테스에게 협력했고, 코르테스는 별 힘을 들이지 않고 테노치티틀란을 손에 넣었다. 결국 1521년 5월 아즈텍 왕국은 최후를 맞이했다.

코르테스의 대승리는 유럽 전역에 스페인의 국위를 드높였을 뿐 아니라 스페인이 아메리카 대륙에 뿌리를 내리는 기초를 마련했다. 그리고 코르테스군이 테노치티틀란에서 약탈한 보물들은 그들로 하여금 정복욕을 부채질하는 계기가 되었다. 그 결과 북으로는 현재의 북아메리카 남부까지 그 세력이 확장되었고, 남으로는 중앙아메리카를 지나 파나마에 이르게 되었다.

1521년 아즈텍 왕국의 멸망을 가져온 테노치티틀란 전투

잉카족 정복

멕시코 일대를 정복한 후 고무된 스페인은 두 번째로 남아메리카의 페루를 정복했다. 페루를 정복한 사람은 프란시스코 피사로였다. 그는 페루 정복의 꿈을 안고 스페인 왕 카를 5세를 찾아가 180명의 병사와 30여 필의 말을 얻었다.

니카라과에 도착한 그는 100여 명의 병사와 50여 필의 말을 거느리고 있던 에르난도 데 소토와 합류하는 데 성공했다. 게다가 그가 페루에 도착할 무렵 잉카 제국에서는 아타우알파와 우아스카르라는 이복형제가 왕위를 둘러싸고 치열한 싸움을 벌이고 있었다.

피사로는 이런 혼란을 이용하여 당시 통치권자인 아타우알파에게 회담을 요청했다. 회담에서 그리스도와 스페인에 대한 충성을 성서에 내고 맹세하라는 뜻밖의 요구에 치욕감을 느낀 아타우알파는 벌떡 일

1533년 스페인에 의해 처형된 잉카 제국의 아타우알파

어나 소리치면서 성서를 땅바닥에 내동댕이쳤다. 이때를 놓칠세라 피사로의 병사들은 아타우알파를 체포하고 많은 잉카족을 학살했다. 그들은 며칠 사이에 카하마르카 시내를 아수라장으로 만들어 놓았다. 쿠스코 거리에는 비명과 시체가 수북히 쌓였다. 체포된 아타우알파는 교수형에 처해졌고, 이렇게 잉카 제국은 1533년에 멸망했다.

기타 지역 정복

페루에서 피사로가 승리를 거둔 후 스페인의 정복자들은 10여 년에 걸쳐 에콰도르, 볼리비아, 칠레, 콜롬비아, 베네수엘라 등지로 그들의 지배권을 넓혀 나갔다. 또 '은의 강'이라고 일컬어진 라플라타강 일대에 금이 많다는 소문을 듣고 동남쪽으로 세력을 펼쳐 파라과이에서는 오늘날의 수도인 아순시온, 아르헨티나에서는 부에노스아이레스를 건설했다.

스페인은 여기서 그치지 않고 북아메리카에도 탐험대를 보냈다. 에르난도 데 소토를 대장으로 한 북아메리카 탐험대는 최초로 플로리다 지방에 발을 들여놓았다. 그 후 약 4년에 걸쳐 북동쪽으로는 조지아, 사우스캐롤라이나, 노스캐롤라이나를 답사했으며, 북서쪽으로는 앨라배마, 테네시, 아칸소, 미시시피에 이르는 광대한 지역을 답사했다.

아메리카 대륙의 광대한 지역을 정복한 스페인은 정복지를 식민지가 아닌 스페인이 직접 관할한 본국의 직할지로 관리했다. 그러나 인디언들에게도 어느 정도 자치는 허용되었다. 그들은 교회를 통해 스페인인들로부터 유럽식 건축법, 농사기술, 가축 사육법 및 생활필수품의 제조법 등을 배우면서 생활 수준을 향상시켰다. 그뿐만 아니라 교회가 인디언들에게 제공한 신은 그들이 그동안 모셔온 신과는 달리 제물을 바치지 않아도 된다는 점에서 인기가 많았다. 인디언들은 스페인 지주들에게 착취를 당했지만, 스페인인들은 고도로 발달된 인디언의 문명을 이해했으며 많은 사람들이 인디언 여자들과 결혼했다. 또한 그들은 그리스도의 복음을 전파한다는 자부심도 갖고 있었기 때문에 원주민을 학대하지는 않았다.

프랑스의 아메리카 대륙 진출

스페인이 아메리카 식민지를 건설하고 나서 100여 년이 지나도록 프랑스는 아메리카 대륙에 식민지를 갖지 못했다. 그러나 식민지를 건설하려는 그들의 끈질긴 노력은 여러 차례 시도되었다.

인도로 진출하기 위한 전진기지를 건설하고 황금을 찾을 목적으로 프랑스는 1534년 카르티에라는 탐험가를 북아메리카로 보내 센트로 렌스만을 탐험하게 했다. 1541년에는 로베르발이라는 탐험가가 오늘날 퀘벡 북방 12마일 지점에 처음으로 프랑스 식민지를 건설했다. 그러나 카르티에도, 로베르발도 캐나다의 혹독한 추위를 이겨내지 못했기 때문에 프랑스의 식민 활동은 기후조건이 좋은 지역들로 방향을 전환했다.

1555년에는 기독교인 드빌리아농이 브라질 해안 근처의 섬에 식민지를 건설했으며, 1562년에는 장리보가 플로리다 지방에 상륙했다.

1600년대 프랑스령임을 보여 주는 캐나다 온타리오주 지도

2년 뒤인 1564년에는 로드니엘이 플로리다에 카롤린 요새를 건설했다. 그러나 스페인은 멕시코와 쿠바에서 긁어모은 보물을 실은 선박이 스페인으로 가는 길목에 있는 플로리다를 놓칠 수 없었기 때문에 프랑스와의 마찰을 피할 수 없었다. 원정대를 결성해 선제공격에 나선 프랑스가 허리케인으로 타격을 입자, 스페인은 이를 놓치지 않고 공격했다. 결국 프랑스가 플로리다에 건설한 카롤린 요새는 스페인이 장악했다.

위그노 종교 전쟁이 진압되고 나라가 진정 국면에 접어들자 프랑스 후작 라로시가 1584년에 북아메리카 원정을 감행했다. 한동안 잠잠했던 프랑스인들의 관심은 다시 북아메리카 북부 지방으로 쏠리기 시작했다. 1598년에는 라로시가 파견한 두 번째 원정대가 노바스코시아에 상륙했다. 1599년에는 앙리 4세가 캐나다를 식민지화한다는 조건으로 쇼뱅에게 모피 거래 독점권을 주었다. 또한 앙리 4세의 명령으로 그라베와 샹플랭이 원정대를 파견했는데, 1604년 드디어 아메리카의 첫 식민지 로이얼항이 건설되었다.

프랑스는 오늘날의 미국과 캐나다의 경계선에서 그리 멀지 않은 센트로렌스강을 따라 식민지를 건설하기 시작했고, 연이어 오대호 지방으로 세력을 확장했다. 1609년에 이르러서는 퀘벡에 식민지가 건설되었고 남부에서는 미시시피강 어귀의 뉴올리언스를 중심으로 식민지를 확장해 나갔다. 그러나 그들은 정착보다는 모피 무역에 더 관심을 두었다.

영국의 아메리카 식민지 건설

실패의 쓴맛

영국이 식민지 건설을 위해 실질적으로 아메리카에 진출한 것은 15세기 중엽 헨리 7세 때 이루어졌다. 그는 영국 상인들을 보호하기 위해 해상권을 장악하려 했고, 1497년에는 이탈리아인인 존 캐봇을 파견해 아메리카 대륙을 탐사토록 했다. 그 결과 캐나다, 뉴펀들랜드, 래브라도 등지에 소유권을 확보했다.

그러나 당시 영국은 국력이 약했고, 국민들의 관심이 국내 문제에 쏠려 있었기 때문에 캐봇의 탐험은 실질적인 효과를 거두지 못했다. 대신 '바다의 매'라고 불린 영국 해적들이 아메리카 대륙에서 금은보

화를 가득 싣고 유럽으로 귀환하는 스페인 선박들을 공격해 적지 않은 전리품들을 얻어냈다.

해적들 중에서는 프랜시스 드레이크가 가장 유명했다. 그는 평상시에도 스페인 요새를 공격했을 뿐만 아니라 다리엔지협에 상륙하여 페루의 보물들을 영국으로 가져왔다. 황금을 가득 실은 스페인 제독의 군선도 빼앗았다. 이렇듯 영국의 해적들은 크고 작은 전투에서 얻은 많은 노획품들을 거두어들였고, 엘리자베스 여왕은 해적들을 지원했다.

영국의 엘리자베스 여왕이 이런 약탈사업에만 매달린 것은 아니었다. 그녀는 고민 끝에 스페인이 아직 정복하지 못한 지역에 식민지를 건설해야겠다고 마음먹었다. 여러 차례 시도 끝에 1584년 월터 롤리

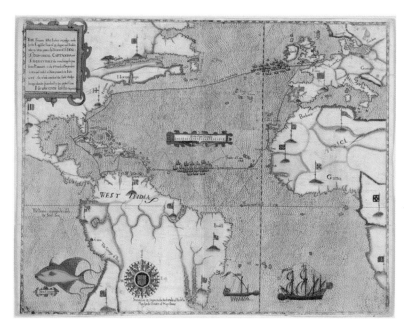

1585년 프랜시스 드레이크의 미국 원정 지도

경의 원정대가 노스캐롤라이나의 해안 가까운 섬에 상륙했다. 그는 이곳을 여왕을 찬양하는 뜻으로 버지니아라 명명했다. 1587년 롤리 경은 노스캐롤라이나의 로아녹섬에 이민자 150여 명을 남겨 두었다. 그러나 4년 뒤 식량을 실은 배가 다시 그곳을 방문했을 때는 이미 사람의 흔적을 찾을 수 없었다.

식민지 정책의 변화와 위기

영국인들의 초기 식민지 건설 실패는 그들의 눈을 새롭게 했다. 한 개인의 재산이나 열의만으로는 식민지 건설이 불가능하다는 것을 깨달았다. 16세기 초에 일확천금을 노리던 식민 활동과 달리 이제는 가족들과 함께 정착하는 식민 활동이 요구된 것이다.

당시 영국에서 해외 통상 사업을 하려면 국왕으로부터 특허장을 받은 후 여러 사람들이 제공한 자본으로 회사를 설립해 사업을 시작하는 것이 하나의 방식으로 되어 있었다. 이는 식민 사업에도 도입되어 1606년에는 귀족, 지방 유지, 상인들이 모여 구성된 한 무리의 사람들이 제임스 1세에게 북아메리카에 식민지를 건설하고자 요청하여 특허장을 받아냈다. 그리고 런던 회사와 플리머스 회사도 조직되었다.

특허장에 따르면 런던 회사는 북위 41~34도 사이의 북아메리카 대서양 연안에, 플리머스 회사는 북위 45~38도 사이의 지역에 식민지를 건설하도록 되어 있었다. 이 지역은 당시 버지니아로 불렸는데 북쪽의 메인으로부터 남쪽의 노스캐롤라이나에 이르는 광활한 지역이었다.

런던 회사는 1606년 크리스마스 무렵에 수잔 콘스탄츠호를 포함한 3척의 배에 143명의 남자를 싣고 식민지로 출항시켰다. 오랜 항해 끝에 일행은 1607년 4월 오늘날 버지니아와 메릴랜드 근처의 체서피크 만으로 진입하여, 삼나무 원시림이 우거진 해안에 도착했다. 그들은 그리 멀지 않은 강을 따라 올라가면서 그 강을 제임스 1세를 찬양하는 의미로 제임스강이라고 명명했다. 또한 스페인인들의 기습적인 공격을 예방하기 위하여 수십 마일을 더 들어가 영국 최초의 식민지인 제임스타운을 건설했다.

이렇게 시작된 생활은 굶주림의 연속이었고, 말라리아를 비롯한 각종 질병이 번졌다. 반년 남짓한 기간 동안에 첫 이주민의 반 이상이 사망했다. 더구나 처음에 기대했던 것과는 달리 이 지역에서는 금이나 은이 나오지 않았다.

담배와 인두권 제도

계속되는 생활고 속에서 뜻밖의 변화가 일어났다. 식민지 개척자 중의 한 사람인 존 롤프가 앤틸리스 군도에서 담배 종자를 수입해 재배에 성공함으로써 담배가 유행하기 시작한 것이다. 1617년에는 1파운드당 12달러에 팔릴 정도로 담배 수요가 급증해 담배 2만 파운드를 영국에 수출했다. 제임스타운에서는 도로변에까지 담배를 심었고, 수출이 활기를 띠면서 버지니아의 경제는 안정되기 시작했다. 담배 농사는 일손이 많이 필요하기 때문에 노동력은 더욱더 필요해졌다.

그러자 런던 회사는 이민을 끌어들이기 위해 회사 주식을 사는 사람에게 1인당 50에이커씩 토지를 주겠다고 발표했다. 이것이 계기가 되어 '인두권 제도'가 채택되었다. 아메리카로 오는 모든 사람들에게 무조건 50에이커의 토지를 주는 것은 물론, 인두권을 얻은 자는 가족뿐만 아니라 하인들에게도 인두권을 얻어줄 수 있는 제도였다. 영국에서는 가난하던 사람들도 아메리카에서는 자영농이 되었다. 이것은 바로 사유재산과 개인의 이윤 추구를 기반으로 식민지를 번창하게 하려는 의도에서 비롯된 것이었다.

노예제와 식민지인의 저항

이민을 끌어들이기 위한 인두권 제도가 채택되었다고 해서 금방 이주자들이 몰려온 것은 아니었다. 버지니아에서는 여전히 손이 모자라 애를 태우고 있었고, 이를 이용해 돈벌이를 하려는 청부업자들이 나타났다. 그들은 런던 회사와 계약을 맺고 아메리카로 이주할 사람들을 모집했다. 정치범을 비롯하여 폭동주모자, 절도범 등 갖가지 사람들이 모여들었다. 어떤 때는 청부업자들이 고아들을 강제로 배에 태워 보내는 경우까지 있었다.

1619년 네덜란드 선박이 20여 명의 흑인 노예를 데려왔다. 그들은 버지니아의 담배 농장에서 일하게 되었고, 이때부터 흑인들도 일을 할 수 있다는 것이 알려졌다. 흑인 노예들을 감시할 백인 감독자의 등장으로 대규모의 노예 매매가 본격화되어 런던을 비롯하여 리버풀, 브리스톨 등지로부터 흑인 매매를 위한 선박들이 자주 입항했다.

한편 인두권 제도가 도입된 버지니아 식민지에 흑인 노예들이 몰려오자 영국 정부는 더욱 강압적으로 식민지인들을 다루었고 식민지인들의 불만도 커져만 갔다. 그들은 노동환경의 개선과 임금 인상을 요구하기에 이르렀고, 자치적인 의회도 구성하려 했다. 그러자 런던 회사는 1618년에 식민지인의 동의 없이는 어떠한 정부도 세우지 않겠다

버지니아 담배 농장에서 일하고 있는 흑인 노예들

고 약속했으며, 새로 부임한 지사인 조지 이어들리 경은 식민지인들의
의회 구성을 승낙했다. 이에 따라 각 정착지와 대농장에서 각기 2명의
대표를 파견함으로써 버지니아 하원이 구성되었다. 또한 버지니아 하
원에서 결정한 청원서를 받은 런던 회사는 1621년에 버지니아 하원의
동의 없이 회사 단독으로는 어떠한 일도 시행하지 않기로 했다.

그럼에도 버지니아 식민지인들의 생활은 여전히 어려웠다. 영국 본
토의 도덕주의자들이 전개한 금연 운동의 영향으로 버지니아로부터
수입되는 담배에 무거운 세금이 부과되었다. 설상가상으로 1622년에
는 인디언의 기습적인 공격으로 많은 인명 피해와 재산 손실을 보았
다. 그러자 영국의 찰스 1세는 런던 회사의 특허장을 취소하고 회사를
해체해 1624년부터는 버지니아를 국왕 직할지로 할 것을 명했다.

회사에만 주어졌던 특허장은 1632년에 이르러 개인에게도 교부되었다. 혜택을 받은 첫 번째 인물은 조지 캘버트였다. 찰스 1세는 그에게 특허장을 교부하여 포토맥강 남부의 광활한 토지를 봉토로 주었고, 그곳을 왕비인 앙리에뜨 메리의 이름을 따서 메릴랜드라고 명명했다. 그러나 불행하게도 캘버트는 메릴랜드에는 발조차 들여놓지 못한 채 사망했다. 결국 그의 아들이 특허장을 상속받으면서 실질적인 개척이 이루어졌으며, 1634년에는 수백 명에 이르는 이주민들이 모여들었다.

메릴랜드에도 버지니아처럼 자유민의 대의기구가 설치되었고, 종교적 자유도 허용되었다. 메릴랜드는 자유와 자치를 실현하는 또 하나의 실험장이었다.

북부 뉴잉글랜드 지방의 식민지

런던 회사가 이주민들을 버지니아로 보낼 무렵인 1607년에 플리머스 회사도 이주민들을 파견했다. 그러나 그들은 오늘날 뉴잉글랜드 지방의 메인에서 혹독한 겨울을 이겨내지 못하고 영국으로 귀환했다.

한동안 소강상태였던 뉴잉글랜드로의 이주가 화두로 떠오르게 된 것은 필그림교도 때문이었다. 영국국교회에 맞서 네덜란드로 이주해 살던 필그림교도들의 손에 뉴잉글랜드의 지도가 입수되었고, 그들은 아메리카로 이주하기로 결심했다.

플리머스항에 체류하고 있는 메이플라워호

    필그림교도들은 영국 버지니아 회사의 도움으로 1620년 9월, 메이플라워호를 타고 영국의 플리머스항을 출발했고 11월에 가까스로 뉴잉글랜드 지방에 도착했다. 그들은 그곳의 이름을 출발지의 이름을 따 플리머스라 짓고 배에서 회의를 열었다. 법률과 공직을 제정하여 따르겠다는 '메이플라워서약'을 합의했다. 이 서약은 극히 초보적인 것이기는 했지만 아메리카 최초의 자치 헌법이었다. 이렇게 시작된 그들의 생활은 초기에는 버지니아와 마찬가지로 많은 어려움이 있었다.

    첫해 겨울에는 많은 사상자가 발생해 병자를 치료하고 먹을 것을 준비할 만한 사람은 몇 명 정도에 불과했다. 이듬해 봄에 인디언들로부터 옥수수 재배방법을 배우고 좀 더 튼튼한 건물들을 지었다. 가을이 되자 영국에서 보급품과 새로운 이주민들이 왔고 농작물도 재배되어 정착의 기반이 마련되었다. 그들은 기쁘고 감사한 나머지 칠면조와 사슴을 잡아 인디언들과 더불어 3일 동안 추수감사절 축제를 벌였다.

플리머스에서의 첫 추수감사절

　도시 수가 늘어나고 생활영역이 확대되면서 그들은 플리머스 식민
지를 하나의 독립된 식민지로 인정해 줄 것을 영국 왕에게 요구했다.
그러나 그들의 요구는 번번이 거절당했고, 1691년에는 오히려 매사추
세츠만에 있는 식민지에 흡수됨으로써 오히려 그들만의 고유한 것들
을 상실하게 되었다.

　한편에서는 뉴잉글랜드 지방의 보스턴을 중심으로 매사추세츠 식
민지가 건설되고 있었다. 부패한 영국국교회를 비판하다가 정부가 탄
압하자 아메리카로 이주해 온 청교도들이 매사추세츠 식민지 건설의
주역들이다. 그들이 필그림교도들과 다른 점은 표면상으로 영국국교
회에 충성을 다하는 척했다는 것이다. 그들은 속세의 생활에서 풍요로
워야 구원받을 수 있다고 믿었기 때문에 성공하려고 온갖 노력을 다했
다. 또 성공하려면 근면, 절약, 검소한 생활을 해야 한다고도 믿었다.

　1629년에 청교도들은 영국의 찰스 1세로부터 특허장을 얻어냈다.

특허장은 매사추세츠만 회사의 설립과 그곳의 통치 권한을 인정한다는 것이었다. 이 같은 내용은 당시에는 매우 예외적인 것으로 청교도들도 상상조차 못했던 특전이었다. 특허장을 얻어 낸 이듬해에 매사추세츠의 찰스타운에 도착한 청교도들은 보스턴 지역으로 생활권을 확대해 나갔다. 그 후 10여 년에 걸쳐 매사추세츠로 건너온 이주민들과 협력하면서 매사추세츠 식민지를 크게 발전시켰다. 그런데 청교도들은 자신들을 '성도'라고 칭하고, 다른 종교를 갖거나 종교를 갖지 않은 사람들을 자신들과 엄격히 구분하는 비민주적인 사회를 형성했다.

그러던 중 1631년에 영국으로부터 로저 윌리엄스 목사가 건너왔다. 그는 과격한 혁명사상의 소유자로, 영국 정부로부터 추방되어 매사추세츠로 왔다. 그는 예배 때마다 신자들을 모아 놓고 당시 매사추세츠 체제를 비판하는 설교를 했다. 영국 왕의 특허장이 인디언 토지에는 적용되지 않아야 하고, 정교는 분리해야 한다는 그의 설교는 성도들로부터 불평을 샀고, 1635년 총회에서는 그를 추방하기로 결정했다.

윌리엄스는 그의 추종자들과 함께 매사추세츠를 떠났다. 그는 몇몇 친지들과 함께 뉴잉글랜드 지방에 새로운 식민지인 로드아일랜드를 건설했다. 그는 인디언에게서 땅을 구입하고 그들과 친구가 됨으로써 인디언으로부터의 위협에서 벗어났다. 또한 인디언의 언어에도 깊은 관심을 기울여 그들과 자유롭게 의사소통을 하였다. 이는 인디언들이 주변 식민지인들과 우호적인 관계를 갖게 하는 데 크게 기여했다.

한편 매사추세츠의 비민주적인 체제에 불만을 품은 사람들 가운데에는 코네티컷강 계곡의 기름진 땅을 찾아 이주한 사람들도 있었다. 그들 중 가장 대표적인 집단은 뉴타운에서 온 토머스 후커와 그의 추종자들이었다. 그는 추종자들과 함께 1637년 하트퍼드에 정착해 코네티컷 식민지를 건설했다. 식민지 주민들은 대부분 청교도였으므로 체제는 매사추세츠와 비슷했지만 교인이 아니더라도 행정관리를 뽑을 수 있는 투표권을 가진 점이 달랐다. 그들이 1639년에 채택한 '코네티컷 기본법'은 근대 민주주의 최초의 성문헌법으로 평가되고 있으며, 코네티컷 식민지에 자유 민주주의 공화국이 수립되는 근간이 되었다.

중부 펜실베이니아 식민지

남쪽 제서피크만의 버지니아와 북쪽 뉴잉글랜드의 매사추세츠 사이에 있는 중부 지방에서는 펜실베이니아 식민지가 건설되고 있었다.

펜실베이니아 식민지는 1681년에 영국 왕 찰스 2세로부터 특허장을 받은 윌리엄 펜이 건설하기 시작했다. 그는 영국국교회에 반대하는 신앙을 가졌다는 이유로 옥스퍼드 대학에서 추방당한 후 퀘이커교도가 되었다. 윌리엄 펜이 퀘이커교를 미워하던 찰스 2세로부터 특허장을 받게 된 것은 아버지 덕이었다. 그의 아버지는 해군 제독으로 찰스 2세의 복위에 협력했고 1만 2천 파운드에 달하는 거액의 돈을 빌려주기도 했었다. 이러한 이유 때문에 특허장뿐만 아니라 광대한 토지까지 받았다. 그는 이 광대한 토지를 자신과 같은 퀘이커교도는 물론 종교적 박해를 받고 있는 모든 사람들의 피난처로 만들 꿈을 가지게 되었다.

1682년 펜은 웰컴호를 타고 펜실베이니아로 건너왔다. 그곳에는 이

인디언과 조약에 서명하고 있는 윌리엄 펜

미 영국, 핀란드, 네덜란드 등지에서 온 이주민들과 모피상인들이 살고 있었다. 그는 우선 정부를 조직하여 측근들을 지사로 임명했다. 또 지사의 자문위원으로 구성되는 상원 설치와 자유민에 의해 선출되는 하원 설치도 허락했다.

모든 기독교도들에게 신앙의 자유를 보장하고 모든 정착민에게 영국인으로서의 권리를 인정할 것을 약속했다. 인디언과의 우호적인 관계로 상거래도 성공했다. 소문이 널리 퍼지면서 다양한 이민 집단들이 모여들었다. 스코틀랜드인, 아일랜드인, 독일의 루터파, 영국의 국교파 등이 이주해 왔다.

그 결과 18세기 중엽에 펜실베이니아의 수도 필라델피아는 '우애의 도시'라는 이름에 걸맞게 여러 민족이 모여 정답게 사는 도시가 되었다. 펜은 필라델피아를 정서적인 전원도시로 만들려고 했다. 그의 노력은 헛되지 않아 필라델피아의 거리는 무성한 나무들이 에워싼 우아한 정원처럼 가꾸어졌다.

한편 필라델피아에서 북동쪽으로 150킬로미터 거리에 있던 뉴욕은 네덜란드 소유였다. 1609년 네덜란드 선박 반달호를 타고 아메리카로 건너온 헨리 허드슨은 그곳에 도착해 발견한 강을 자신의 이름을 따 '허드슨강'이라 명명했다. 이곳이 모피 생산 지역으로 소문나자 사람들이 모여들었고, 1624년에는 화강암 섬으로 알려진 해튼섬의 한 끝에 뉴암스테르담이라는 촌락이 건설되었다. 이곳을 급속도로 발전시키고자 네덜란드 서인도회사의 정책이 실시되어, 뉴암스테르담은 수많은 건물들과 화려한 보피 의상들이 물결치는 풍요의 도시로 성장했다.

영국인들은 자신들의 신세계에서 네덜란드의 번화한 도시를 보자 자존심이 상했다. 결국 1653년 양국 사이에 전쟁이 벌어졌고, 영국이 승리하여 번영의 도시 뉴암스테르담은 영국에게 넘어갔다. 이때 영국왕 찰스 2세는 이 식민지를 동생인 요크 공에게 선물로 주었다. 이후 뉴암스테르담은 뉴욕이라는 이름으로 바뀌게 되었다.

대립과 갈등

영국령 식민지인들은 나름의 자치의회를 구성하여 자유와 평등을 만끽했다. 그러나 1660년부터 영국 정부의 대식민지 정책에 변화가 일기 시작했다. 여러 식민지들을 중앙집권적인 체계로 통합하여 대영 제국을 건설하기 위해서였다. 영국 정부는 새로운 통제 정책을 벗어나지 않는 범위 안에서만 식민지 의회 구성과 특허장 발급을 인정해 주었다. 이 같은 정책의 변화에는 식민지를 보호하기 위한 전략적 배경도 있었다.

영국 정부는 버지니아를 스페인으로부터 보호하고자 캐롤라이나를 건설하고, 대서양 연안 지대의 식민지를 장악하려고 네덜란드로부터 뉴욕을 빼앗았다. 그뿐만 아니라 북쪽의 뉴잉글랜드와 남쪽의 체사피크 중간에는 펜실베이니아, 뉴저지, 델라웨어 등을 건설했다.

1651년에는 항해조례가 발표되었다. 설탕, 담배, 염료 등 식민지에서 생산하도록 지정된 품목들은 영국이나 영국령 식민지에만 판매할 수 있게 한 항해조례는 식민지인들의 경제 활동에 많은 제약을 가하였다. 손해를 보게 된 식민지인들은 타개책으로 서인도제도와의 밀무역을 도모했으나 영국 정부가 이마저 강력히 규제하자 그들의 불만이 고조되었다.

쌍방 간의 긴장이 감도는 가운데 1667년에 버지니아에서 '베이컨의 반란'이 일어났다. 식민지인들은 강압 통치를 하는 지사 윌리엄 버클리 경에게 불만을 가지고 있었다. 게다가 버클리 경이 담배값 폭락과 인디언 공격에 대해 어떤 해결책도 제시하지 않자, 버지니아 식민지인들은 나다니엘 베이컨을 중심으로 자체 방위군을 조직하여 반란을 일으켰다. 그러나 지도자 베이컨의 사망으로 반란군의 세력은 와해되었고, 온건한 신임 지사가 부임해 버지니아는 안정을 되찾게 되었다.

베이컨의 반란으로 불타는 제임스타운

한편 북부 뉴잉글랜드 지방의 매사추세츠에서도 영국 정부의 정책과는 반대로, 청교도들이 퀘이커교도들과 영국국교도들에게 박해를 가했다. 영국 정부는 일차적인 조치로 매사추세츠에 합병되어 있는 뉴햄프셔를 매사추세츠에서 분리시키고 매사추세츠, 메인, 뉴햄프셔, 코네티컷, 로드아일랜드를 통합하여 관리하도록 했다. 또한 식민지 의회를 해산시켰으며 세금을 지사 마음대로 징수케 했다. 영국 정부의 강경책에 불만을 품은 식민지인들은 반란을 일으켰다. 영국 정부는 이에 아랑곳하지 않고 1691년 새로운 특허장을 내려 회사 식민지를 왕령 식민지로 바꾸었다. 국왕이 임명한 지사의 권한도 크게 강화했다. 그 결과 청교도들의 위세가 크게 약화되면서 반란이 진정되었다.

시간이 지남에 따라 영국령 식민지는 점차 확대되어 갔고, 각 식민지들은 각기 다른 기후 조건과 지형에 따라 경제 활동을 영위할 수 있게 되었다.

뉴잉글랜드 지방의 기후, 토양 등의 조건은 대농장이 많은 남부와 달라 농산물 재배에 적합하지 않았다. 그나마 뉴잉글랜드 지방에서 생산되는 몇 가지 곡물은 영국 정부가 생산을 장려하는 담배, 인디고^(염료) 같은 곡물이 아니었으므로 어쩔 수 없이 자체적으로 생활필수품을 해결하지 않으면 안 되었다. 그 결과 북부에서는 소규모의 자영농민이 뿌리를 내리기 시작했다.

북부의 이런 생활조건은 식민지인들로 하여금 일찍부터 바다로 진출하려는 꿈을 꾸게 했다. 뉴잉글랜드 지방의 풍부한 삼림자원은 제재업과 조선업의 발달을 촉진시켰다. 게다가 선박을 건조하는 비용이 유럽보다 저렴했기 때문에 영국과의 경쟁에서 승리하여 선박 수출이 활기를 띠었다. 또한 1643년에 매사추세츠에 제철소가 세워지면서 뉴잉글랜드 지방은 제철업계의 선구자적 위치를 차지했다. 그러나 코네티컷, 펜실베이니아가 이 분야에 뛰어들면서 매사추세츠를 앞질렀다. 특히 펜실베이니아는 켄터키 소총이라고 불리는 펜실베이니아 소총을 대량 생산했다.

중부의 펜실베이니아 식민지는 북부와 남부의 조건이 혼합되어 있었다. 토지는 뉴잉글랜드보다 비옥하여 동일한 곡물일지라도 생산 규모가 크고 가축 사육도 대규모로 행해졌다. 남부에서처럼 혜택은 없었지만 이곳에서 생산되는 곡류와 육류가 서인도제도 등 기타 몇몇 지역에 수출되었다. 이로 인해 펜실베이니아에는 북부나 남부에서 보기 힘든 대지주층과 부유한 상인층이 형성되었다.

발전이 남긴 상처

영국령 식민지의 팽창과 경제적 발전이라는 밝은 면의 뒤쪽에는 적지 않은 어둠의 그림자가 있었다. 1691년에 매사추세츠가 왕령 식민지로 바뀐 후에 13개 식민지 중 8개가 차례로 왕령이 되었다. 본국에서 파견된 지사들은 본국의 지시에 따라 통치하면서 식민지 의회에 대해 거부권 행사를 서슴지 않았다. 식민지 의회는 지사에 의해 임명되는 상원과 식민지 각 지역의 대표들로 구성된 하원으로 이루어졌다. 이 의회가 과세권 및 예산 지출권을 갖고 있어서 지사는 권한을 충분히 행사하지 못하는 경우가 많았다.

시간이 지나자 지사와 의회 사이에는 갈등이 일기 시작했다. 지사는 거부권과 의회 해산권을 무기로 삼았고, 의회는 재정권으로 대항했다. 그러면서 식민지인들은 재판 과정에서의 권리, 즉 영장에 의한 체포, 피고의 인신보호권, 배심원제에 의한 판결권, 증인 출석심사권 등 영국인이 누리는 권리와 자유를 누리게 되었다. 그러나 영국 정부가 본

토의 제조업을 보호하려고 시행한 법들과 화폐 주조와 유통에 대한 통제로 인해 식민지인들 사이에는 영국의 통치체제를 무너뜨려야 한다는 의식이 팽배해져 갔다.

영국과 프랑스의 전쟁은 4차에 걸쳐 일어났다. 이 전쟁에서 영국은 13개 식민지와 손잡았고, 프랑스는 인디언과 손잡았다. 제1차는 윌리엄 왕의 전쟁(1689~1697년), 제2차는 앤 여왕의 전쟁(1702~1713년), 제3차는 조지 왕의 전쟁(1744~1748년), 제4차는 프렌치-인디언 전쟁이었다. 프렌치-인디언 전쟁이 일어나기 1년 전, 영국은 프랑스와 대접전을 예상하고 대책을 마련하고자 했다. 그러나 영국과 식민지 연합의 의견 차이로 백지화되었다.

결국 1755년에 영국은 식민지들의 어떤 지원도 없이 프랑스·인디언 혼합군과의 전쟁에 돌입했다. 영국군은 초반부터 밀렸다. 이에 매

퀘벡을 포위한 영국군

사추세츠, 코네티컷, 뉴욕 식민지가 병력, 군수품 등을 지원해 주었고, 울프 장군이 극적으로 퀘벡을 함락시키면서 전세가 역전되었다. 이 기세를 몰아 1760년에 프랑스령 몬트리올을 맹공격해 함락시킴으로써 전쟁은 영국의 승리로 끝났다. 1763년 파리조약이 체결되어 영국은 캐나다로부터 플로리다와 미시시피강 동쪽의 광대한 영토를 획득했고 북아메리카 대륙에서 입지를 다질 수 있었다.

서부의 토지 문제

1763년 파리조약으로 영국은 광대한 영토를 얻었지만 인디언에 대한 처리와 넓은 지역에 대한 관리라는 고민거리도 얻었다. 포티악 전쟁이라 불리는 인디언들의 저항은 강력했고, 영국군은 계속 타격을 입었다. 프랑스의 중재로 영국군과 인디언과의 적대 행위가 중지될 수는 있었지만, 많은 전투와 희생자를 낸 후에 겨우 이루어진 결과였다.

한편 파리조약 체결로 영국의 승리가 확인되자 식민지인들은 새로운 기대에 부풀었다. 그들은 서쪽으로 애팔래치아산맥 너머에 있는 새로운 땅에 희망을 품고 있었다. 그러나 오랜 전쟁에 지친 영국 정부의 생각은 달랐다. 농민, 투기업자, 사냥꾼 등이 앞다투어 서부로 진출할 경우 적지 않은 문제가 발생할 것으로 판단했다. 영국 정부는 '과거 우리의 200여 년 경험을 헛되이 할 수는 없다'고 강경한 입장을 취하면서 포고령을 내렸다. 이로써 애팔래치아산맥 서쪽의 땅을 식민지인들에게 불하하지 않을 것을 분명히 했다. 또한 영국 정부는 앨리게니 산맥, 미시시피강 그리고 오대호에 둘러싸인 지역을 인디언 보호구역 Indian reservation 으로 설정했다. 따라서 이 지역에는 식민지인들이 거주하지 못했고, 특별한 허가가 없으면 인디언과 토지나 모피 등도 거래할 수 없었다. 그리고 이미 살고 있던 사람까지도 철수하도록 했다.

그러나 이 포고령은 엄격하게 시행되지 않았다. 조지 워싱턴은 오하이오평원에 3만 3천 에이커의 토지를 입수해 개척 사업을 시작했다. 벤저민 프랭클린과 윌리엄 존슨이 관계하고 있던 한 회사는 1773년에 앨리게니산맥과 오하이오강 사이에 있는 250만 에이커의 토지를 영국 상무원으로부터 불하받았다.

대표 없는 과세 없다

영국 정부는 오랜 전쟁으로 늘어난 국가 채무로 인해 골치를 앓고 있었다. 제국의 급격한 팽창과 함께 군사비와 행정비가 크게 증가하여 1763년에는 1억 4천만 파운드의 부채와 연이자 450파운드라는 무거운 부담이 제국의 숨통을 조이고 있었다. 급기야 영국 정부는 1764년 설탕법을 제정하고 1765년 인지세법을 제정했다. 식민지인들에게 세금을 거둬들여 국가의 세수입을 늘리려고 한 것이다.

사실 인지의 가격은 서류의 정도에 따라 1/2펜스부터 1파운드에 이르는 금액으로 큰 부담은 아니었으나 식민지인들을 뒤흔든 것은 정신

인지세법 폐지 운동을 벌이는 식민지인들

적인 문제였다. 식민지인들도 그들의 대외무역을 조정하려면 관세가 필요하다는 것을 충분히 인정했으나 그들의 대표가 참석하지 않은 영국 의회가 일방적으로 표결한 내국세는 낼 수 없다는 입장이었다.

또한 인지세법은 1763년의 포고령이나 설탕법과는 달리 식민지 전체를 대상으로 과세하는 것이었으므로 도처에서 거센 반대 운동이 일어났다. 인지세법의 시행을 방해하기 위하여 매사추세츠의 새뮤얼 애덤스를 중심으로 '자유의 아들들'이라는 과격한 단체가 조직되었다. 이 단체는 전 식민지로 확대되어 북부의 뉴햄프셔에서 남부의 버지니아에 이르기까지 데모와 폭동이 수없이 반복되었다.

각 식민지는 대책을 협의하기 위해 의회를 소집했다. 특히 버지니아 의회에서는 패트릭 헨리의 제의로 식민지인에 대한 과세권은 오직 식민지 의회에만 있다는 결의안을 채택했다. 또한 1765년 10월 인지세법 대책회의에 참석한 9개 식민지 대표들은 패트릭 헨리의 제의를 받아들여 '대표 없는 과세는 없다'는 원칙을 채택했다. 이러한 식민지인들의 주장에 영국 정부는 반대 논리를 내세웠다. 즉, 식민지인들이 그들의 대표를 영국 의회에 직접 보내지는 않았지만 보낸 것과 마찬가지이므로 그들의 의사가 반영되었다는 '사실상의 대표이론'으로 맞선 것이다. 이에 식민지인들은 국회의원은 자신의 선거구만을 대변하므로 식민지의 각 선거구에서 대표를 보내지 않았으므로 영국 의회는 세금을 부과할 권한이 없다고 반박했다. 그러자 영국인들은 국회의원은 전국을 대변하므로 대영제국 안의 모든 식민지에 세금을 부과할 수 있다고 주장했다. 상반된 주장이 오가는 가운데 인지세 반대투쟁은 13개 식민지에 파급되었고, 영국 상품에 대한 불매 운동까지 벌어졌다.

영국 의회는 자신들의 조치가 현명하지 못했음을 깨닫고 1766년 인지세법을 폐지했다. 그러나 그들은 자신들만이 식민지인들에게 적용되는 법을 제정할 권한을 갖고 있다는 '선언법'을 제정하여 여지를 남겨 두었다.

타운센드법이 만든 사건들

인지세법이 폐지되고 나서 1년 뒤인 1767년에 영국 정부는 재무장관 찰스 타운센드가 마련한 '타운센드법'을 제정했다. 이 법은 영국으로부터 수입하는 유리, 종이, 잉크, 페인트, 납, 차* 등에 관세를 부과하고, 그 세수입의 일부로 식민지 총독 및 관리들의 월급을 지불한다는 것이었다. 이러한 조치는 또다시 식민지인들을 항의의 소용돌이로 몰아넣었다.

급진적인 여성단체인 '자유의 딸들'이 주축이 되어 영국 상품 불매 운동을 전개하였고, 아메리카 상품 애용 운동도 함께 이루어졌다. 변호사인 존 디킨스는 과세하는 사람들의 위험한 정신 상태와 세수 증대를 위한 과세의 부당함을 주장했고, 새뮤얼 애덤스는 자연법의 원리를 내세워 과세 전 합의를 주장했다.

이렇듯 타운센드법에 대한 항의의 물결이 거세지자 영국 정부는 타운센드법의 시행을 위해 군대를 파견했고, 적당한 주둔지가 없는 군대가 머물 민박이나 타운센드법 시행에 비협조적인 뉴욕, 메사추세츠, 버지니아 의회를 탄압했다. 이 같은 영국의 강압적인 태도는 과세의 문제를 넘어 보다 확대된 의미의 자치 문제를 불러일으켰다. 매사추세츠의 보스턴을 중심으로 대대적인 항의 소동이 벌어졌다. 보스턴의 무질서 상태가 절정에 달하자 1770년 영국군은 보스턴에 진주했다. 그해 3월 5일 밤에 화재를 알리는 종소리를 듣고 어린 소년들이 섞인 군중들은 보스턴 거리로 모여들었다. 이 군중들과 보스턴 주둔 영국군 사이에 분쟁이 생겼고, 영국군이 발포한 총에 시민 4명이 사망한 '보스턴 학살 사건'이 일어났다.

해상에서도 충돌 사건이 빈발하고, 영국 상품 불매 운동이 각지로 확대되면서 영국의 대식민지 수출액이 급격히 감소했다. 그러자 런던에서도 상인들 간에 소란이 일어나 의회에 대책을 청원했다. 당시 수

보스턴에 상륙한 영국군

상이었던 노스 경은 런던 상인들의 어려움을 충분히 이해하고 문제가
된 법령을 폐지하도록 제안했다. 법 자체의 개정일 뿐이라 했지만 사
실상 타운센드법은 폐지되었다. 그러나 영국 의회는 식민지에 과세할
권한이 있다는 원칙은 고수하였고 차에 대한 과세도 폐지하지 않았다.

영국 정부의 이러한 조치는 아메리카에서도 어느 정도 지지를 받았
으며, 벤저민 프랭클린 같은 보수적인 식민지인들은 대체로 만족하는
입장을 취했다. 그러나 토머스 재퍼스 등은 계속 투쟁할 것을 격려했
고, 보스턴의 새뮤얼 애덤스와 버지니아의 패트릭 헨리와 같은 급진파
들은 자유사상을 고취시켰다. 그들은 식민지 간의 원활한 정보 교환
과 효과적인 선전 활동을 위하여 '연락위원회'를 구성했다. 특히 벤저
민 프랭클린은 매사추세츠 지사 토머스 허친슨이 영국의 친구에게 보
낸 편지를 연락위원회에 폭로함으로써 허친슨을 매사추세츠 의회에

서 탄핵했다. 이제 식민지인들은 자유를 위협하는 조그만 일에 대해서도 과민한 반응을 보이게 되었다.

보스턴 차 사건이 빚은 새로운 국면

인지세법과 타운세드법에 이어 반영 투쟁을 격화시킨 것은 1773년 5월에 제정된 '차세법'이었다. 이것은 영국 의회가 경영 부실로 파산 상태에 있던 동인도회사를 살리기 위하여 창고에 쌓여 있는 차를 아메리카 식민지에 직접 팔 수 있도록 허가한 법률이었다.

동인도회사는 아메리카에 대한 차 수출의 독점권을 얻은 것이나 다름없었다. 회사가 지정하는 상인에게만 차를 사야 했기에 식민지 상인들은 차 수입의 권한을 잃은 셈이었다. 그렇지만 급진적인 '자유의 아들들'이 주축이 된 철저한 불매 운동으로 상당수의 동인도회사 대리점들이 문을 닫았고, 차를 실었던 배들은 영국으로 되돌아가야만 했다. 그러나 보스턴에서는 상황이 달랐다. 동인도회사의 제1선인 다트머스호가 보스턴 항구에 닻을 내릴 무렵, 보스턴 시내 올드사우스 공회당에서는 대집회가 열리고 있었다. 거기에서 새뮤얼 애덤스와 조지아 퀸시가 영국의 조지 3세, 영국 의회, 영국 정부 그리고 동인도회사를 규탄하는 연설을 했다. 모호크 인디언으로 가장하고 파티를 즐기던 150여 명의 대집회 참석 청년들은 흥분하여 다트머스호로 달려가 배에 실려 있는 차를 바다로 내던졌다. 이것이 이른바 '보스턴 차 사건'이다.

영국 정부에 반발해 보스턴 차 사건을 일으킨 미국인들

당시 그들의 치기 어린 행동이 옳지 않았다는 여론도 있었기 때문에 관건은 영국 정부의 반응이었다. 이 사건이 영국에 알려지자 영국 정부는 분노했고, 영국 의회의 입법권에 대한 폭력적 도전과 사유재산권에 대한 공공연한 침해로 해석했다. 그리고 식민지를 응징하기 위해 일련의 법률들을 제정했다.

첫 번째가 1774년 3월에 제정된 '보스턴 항구법'이었다. 이는 동인도회사에 손해를 배상할 때까지 보스턴 항구를 폐쇄하는 것으로, 보스턴항은 모든 선박의 출입이 금지되었다. 항구가 폐쇄되던 날, 여러 식민지에서는 집집마다 반기를 게양하고 법령집들을 불태웠는데 영국의 강경조치가 흩어졌던 여러 식민지의 일체감을 불러일으켰다.

영국 정부는 두 번째로 '매사추세츠 정부법'을 제정하려 했다. 매사추세츠 정부법은 첫째, 식민지 의회의 상원의원을 하원에서 선출하는 것을 금지하고 영국 왕이 직접 임명하도록 한다. 둘째, 왕이 임명한 지사가 법원의 판사를 임명 또는 해임할 수 있도록 하며, 읍민회의도 지사의 요청에 의해서만 소집될 수 있다고 규정했다.

영국 정부는 세 번째로 '식민지인들에 의해 고발당한 병사나 관리는 매사추세츠가 아닌 다른 식민지나 영국 본토에서 재판받도록 한다'고 규정한 '재판운영법'을 제정했다.

끝으로 '군대 민박법'을 제정하여 식민지에 주둔하고 있는 영국군은 숙식을 위해 필요할 경우에는 언제든지 강제로 건물과 식량을 징발할 수 있도록 했다.

식민지인들은 이 법이 앞으로 전체 식민지에 파급될 것임을 예견했다. 그렇기에 1774년 9월 필라델피아에서 영국의 보복 조치에 대한 대책을 강구하기 위한 제1차 대륙회의가 소집되었다. 조지아를 제외한 12개 식민지 대표 55명이 참석한 이 회의에서 급진파가 주도권을 잡게 된 것은 당연한 일이었다. 처음에는 의견의 차이가 있었으나 시간이 지남에 따라 매사추세츠의 새뮤얼 애덤스와 버지니아의 패트릭 헨리 같은 급진파의 노선으로 의견이 통일되었다.

1차 대륙회의는 10월 14일에 '선언과 결의'를 채택하여 영국 의회의 식민지에 대한 모든 입법은 식민지인의 권리를 침해한 것임을 다시 한 번 밝히고, 식민지 의회의 동의를 거치지 않은 영국군의 주둔 역시 불법이라고 규정했다. 이어서 10월 18일에는 '대륙협정'을 맺어 그때까지 자발적으로 행사됐던 영국 상품에 대한 불매 운동을 강제적인 운동으로 전환했다. 10월 26일에는 영국 정부가 제정한 법들이 철회되지 않을 경우 이듬해 5월 다시 대륙회의를 소집하기로 하고 폐회했다.

혁명 전야

제1차 대륙회의가 열린 시기를 전후하여 여러 식민지에서는 중대한 움직임이 일었다. 그것은 혁명정권이라고도 할 수 있는 '협의회' 또는 '식민지 의회'의 구성이었다. 여기에는 제1차 대륙회의에 참석했던 대표들이 상당수 참석했다.

매사추세츠 식민지협의회는 토머스 게이지 장군 휘하의 영국군이 감시하던 보스턴을 피해 1774년 10월에 콩코드에서 회의를 열었다. 협의회에서 주민 각자의 무장과 '1분 대기반'인 민병대의 창설, 무기고 건립, 훈련과 동원 임무를 수행할 공안위원회를 조직했다. 협의회의 이런 활동은 다른 식민지에도 속속 파급되었다. 1775년 3월 버지니아 협의회에서는 패트릭 헨리의 연설 후 버지니아 자체 방위위원회가 조직되었다. 보스턴에서는 급진파들이 영국군의 보급품을 압수하고 세관을 점령했다. 뉴욕에서는 위협을 느낀 영국군이 군함으로 피신할 정도였다. 또한 식민지 도처에서 무기고 습격과 폭력이 빈번해졌다.

영국 의회는 식민지에서의 움직임이 심상치 않다고 판단해 대책을 협의했으나 강경론

1774년 콩코드에서 열린 매사추세츠 식민지협의회

과 화해론으로 갈라져 불꽃 튀는 논쟁이 벌어졌고, 결국 강경책이 선택되었다. 또한 1775년 2월에는 식민지가 반란 상태에 빠졌다고 판단하여 6,000명의 증원군을 파견할 것을 국왕에게 건의했다. 4월 18일 700명으로 구성된 영국군은 스미스 대령의 지휘 아래 화약고가 설치되어 있다는 콩코드로 향했다. 스미스는 야간 기습작전을 개시했다. 그러나 보스턴의 '자유의 아들들'과 '연락위원회'가 영국군이 진격해온다는 정보를 입수해 민병대에 알렸다. 영국군의 선발대가 렉싱턴에 이르렀을 때 40여 명의 민병대가 정렬하고 있었고, 열세에 몰린 선발대는 민병대의 기습 공격으로 많은 사상자를 내었다. 1775년 콩코드 전투에서 민병들의 빛나는 활약상은 아메리카 독립사에 길이 기억될 일임은 두말할 나위가 없었다.

혈전의 시작

영국과 식민지 사이의 사태가 심각해지자 1775년 5월에 필라델피아에서 제2차 대륙회의가 열렸다. 구성원들은 1차 때와 같았으나, 매사추세츠의 존 핸콕, 버지니아의 토머스 제퍼슨 그리고 원로 정치인 벤저민 프랭클린이 펜실베이니아 대표로 참석했다. 이때 대륙회의에서는 '무기를 들게 된 이유와 그 필요성에 대한 선언'이라는 결의문을 채택하여 최악의 사태에 대처하려 했다.

그러나 그해 6월 찰스타운반도의 벙커힐에서 영국군에게 민병대가 패배하는 사건이 발생했다. 사태가 심각해지자 제2차 대륙회의에서는 대륙군 창설에 관한 규정을 정하고 사령관으로 버지니아의 조지 워싱턴 대령을 임명하여 현지로 급파했다. 조지 워싱턴은 전투 경험이 풍부한 군인이었다. 그는 신대륙에서 영국 군인으로서 수많은 전투에 참가하여 빛나는 공을 세운 사람이었다. 그러나 이제 그는 독립군의 총사령관으로서 아메리카의 독립을 위해 영국과 싸워 승리해야만 했다. 워싱턴은 사령관직을 맡으러 가는 도중에 벙커힐 전투 소식을 들었다.

워싱턴이 작전 본부를 설치한 캠브리지에 뉴잉글랜드군까지 가세하자 영국 정부는 식민지의 반란 상태를 선포하고 3만 명의 증원군을 파견하는 한편 독일로부터 병사들을 사들여 합류시켰다. 캐나다를 대륙군에 가담시키려다 실패한 대륙회의는 벤저민 프랭클린과 존 애덤스를 프랑스로 보내 원조를 구하는 데 성공했다. 프랑스는 경쟁국인 영국을 약화시키고자 무기와 각종 보급품들과 해군기지를 제공했다.

1775년 말까지도 대륙회의는 싸움의 목적을 명쾌히 설정하지 못했다. 영국 본토와 관계를 끊기는 했지만 독립선포에 대해서는 엄두를 내지 못했다. 이처럼 독립선언을 주저하고 있던 식민지인들에게 확실한 방향을 제시해 준 것이 토머스 페인의 '상식'이라는 팸플릿이었다. 아메리카인들로 하여금 독립을 선포하고 자연의 법에 맞는 정부를 세우도록 촉구하는 이 팸플릿이 출간되자 반응은 대단했다. 농촌에서는 급진파의 성서처럼 인정받았고, 전체 식민지인들이 독립을 행동으로 옮기는 데 결정적인 역할을 했다.

1776년 1월에 열린 대륙회의에서 처음으로 독립 문제가 공개적으로 논의되었고, 얼마 후 13개 식민지는 개별적으로 독립정부를 수립

미국 독립에 중요한 역할을 했던 토머스 제퍼슨, 벤저민 프랭클린, 조지 워싱턴

하기 시작했다. 펜실베이니아에서는 프랭클린과 페인의 주도로 급진적인 정부가 수립되었고, 대부분의 식민지도 독립을 선포했다.

4월의 대륙회의는 영국을 제외한 유럽 각국들에 아메리카 항구의 개방을 결의하여 영국의 중상주의 정책 폐지를 선언하고, 이어 5월에는 13개 식민지가 각기 새로운 헌법을 제정할 것을 권고했다.

독립선언

1776년 6월 대륙회의는 버지니아 대표 리처드 헨리 리의 동의에 따라 독립선언에 관한 구체적인 문제를 논의했다. 토머스 제퍼슨, 존 애덤스, 벤저민 프랭클린, 로저 셔먼, 로버트 리빙스턴으로 구성된 위원회가 독립선언서를 작성하도록 했고, 토머스 제퍼슨에게 초안을 의뢰했다.

제퍼슨이 작성한 초안에 애덤스와 프랭클린이 수정한 위원회 안이 6월 28일 회의에 제출되었다. 7월 2일 헨리 리의 제안을 토의해 독립선언을 가결하고, 재차 수정해 마침내 7월 4일 정식으로 영국에 대한 아메리카 독립이 선언되었다.

독립선언서의 초안을 담당했던 제퍼슨은 아메리카인들의 감정 속에 잠재해 있던 사상을

미국 독립선언문

독립선언서에 명확하고 간결하게 표현했다. 독립선언서에 나타난 그의 독창성은 이론에 불과했던 체제를 현실에 적용한 데 있다고 하겠다.

독립 전쟁

독립선언서를 발표하여 자신들의 의사를 내외에 천명한 식민지인에게 남은 문제는 영국으로부터 어떻게 독립을 쟁취하느냐였다.

전쟁을 수행하기 위한 통제 기구나 군사 훈련이 되어 있지 않은 상황과 일부 왕당파가 영국군에 가담하는 상황의 식민지인들에 비해 영국군은 모든 조건에서 식민지와 비교가 안 될 만큼 우세했다. 영국은

당시 해상권을 장악하고 있었으므로 항구와 수로를 제압할 수 있었다. 수로 가운데서도 전략적 요충지는 바로 허드슨 강변이었다. 영국군 중 일부는 하우 장군의 지휘 아래 허드슨강으로 거슬러 올라갔고, 다른 부대는 상플렝호를 따라 남하하여 올버니에서 허드슨강에 도달했다.

한편 아메리카군의 사령관 워싱턴 장군도 누구 못지않게 허드슨강 연안 지방의 중요성을 잘 알고 있었다. 그는 육로를 통해 보스턴에서 뉴욕으로 진출하여 1776년 4월 그곳에 사령부를 설치했다. 그리고 허드슨강 입구를 방어하기 위해 워싱턴 요새와 리 요새를 오늘날 조지 워싱턴교가 있는 자리에 구축했다.

하우 사령관은 이번 전쟁이 커다란 희생 없이 해결되기를 희망했다. 그는 뉴욕에 도착하자 군대를 스테이튼섬에 상륙시켰다. 이때 하우 장군은 조지 3세의 친서를 휴대하고 있었다. 워싱턴은 연락장교가 전해 온 서신을 대륙회의로 회송했다. 그러나 대륙회의는 이 서신이 모욕적이라 수리하지 않겠다고 결정함으로써 타협의 가능성은 사라졌다.

해상권을 장악하고 있던 하우 장군은 8월 27일 밤에 그의 병력 절반을 시가 제압의 요충지인 브루클린으로 보내 공격을 개시했다. 이 기습 공격으로 아메리카군은 2천 명의 사상자를 내고 후퇴했다. 워싱턴 군 또한 영국군의 상륙을 저지할 수 없는 상황이었다. 그러나 평화적 해결을 바라던 하우 장군이 포로로 잡힌 설리번 장군을 대륙회의로 보내 평화적 해결의 가능성을 타진토록 했기 때문에 뉴욕 시내의 아메리카군은 숨을 돌릴 수가 있었다.

대륙회의도 평화를 원했으므로 영국에 합중국의 독립을 승인할 것을 요구했다. 그러나 하우 장군에게는 결정권이 없었으므로 협상은 중

허드슨강에 도달한 영국군

단되고 말았다. 워싱턴 장군은 병력 대부분을 허드슨강 우측 언덕에 배치한 뒤 교묘한 작전으로 영국군의 공격을 피해 북부로 도피했다. 하우 장군은 작전을 바꾸어 맨해튼으로 우회하여 워싱턴 요새를 공격하여 약 3천 명의 병사와 대포, 폭약 등을 노획했다. 이제 아메리카군이 살 길은 뉴저지를 가로지르는 퇴로를 확보하는 길밖에 없었다. 워싱턴은 하는 수 없이 델라웨어강을 건너 펜실베이니아로 후퇴했다. 그 뒤를 하우 장군이 바짝 추격해 왔다. 만약 워싱턴이 후퇴할 때 모든 배를 끌고 가지 않았더라면 필라델피아를 빼앗겼을지도 모른다. 대륙회의도 이곳을 떠나 볼티모어로 이동했다.

　하우 장군은 언제든지 작전을 전개하여 전쟁을 종결시킬 수 있다고 확신했다. 그는 서두르지 않고 다가올 크리스마스를 보내려고 뉴욕으로 떠났다. 그리고 그의 사령부는 독일 용병이 수비를 담당하여 트렌

델라웨어강을 건너는 워싱턴

턴에 남아 있었다. 그때 워싱턴은 하우가 뉴욕으로 갔다는 정보를 입수하고 대담한 작전을 폈다. 작전은 영국군이 대비 없이 축제 분위기에 젖어 있던 크리스마스날 감행되었다. 워싱턴이 델라웨어강을 건너 트렌턴을 점령하자 영국군의 콘 윌리스 경이 트렌턴을 탈환하기 위해 반격했다. 워싱턴은 다시 델라웨어강을 건넌 채 후퇴하지 않고 콘 윌리스의 공격을 고의로 유도했다. 그리고 영국군의 배후를 돌아 프린스턴에 진지를 구축하고 영국군의 연락선을 위협했다. 콘 윌리스는 연락선이 차단될지 모른다는 판단하에 급히 부대를 후퇴시켜야만 했다. 결국 이 전투는 워싱턴의 교묘한 작전으로 승리를 거뒀다. 그렇지만 이번 전투로 전쟁이 끝난 것은 아니었다.

영국 정부의 계획은 조금도 변경되지 않았고 더욱 강하게 워싱턴을 위협해 왔다. 존 버고인은 군단을 거느리고 허드슨 강변을 북상했으며, 센트 레저 대령도 소규모 부대를 거느리고 모호크 강변으로 내려왔다. 그들은 올버니에서 합류해 이 전쟁을 끝내려 했으나, 어설픈 계획과 하우군의 비협조로 물거품이 되고 말았다. 한편 빗나간 작전 때문에 몇 차례 수모를 당한 하우는 국가의 상징인 수도 필라델피아를 점령해 체면을 세우려 했다. 그러나 1777년 봄이 다 가고 여름이 올 때까지 이렇다 할 작전을 전개하지 못했다. 워싱턴군의 배치나 움직임에 대한 정확한 정보를 얻지 못했기 때문이었다.

워싱턴은 앞서 버고인군에 대비해 게이츠 장군의 소부대를 파견한 적이 있었다. 이제 하우군이 떠났으므로 버고인군을 무찌를 작전이 용이해졌다. 처음에는 전세가 영국군에게 유리했다. 버고인은 상플렝호를 지나는 교통 요충지인 타이콘데로가를 점령하고 포로와 대포를 노획함으로써 영국 왕을 기쁘게 했다. 그러나 한 달이 지나자 버고인군은 굶주림에 허덕였고 사기는 땅에 떨어졌다. 이때 영국 육군성은 버고인에게 올버니에 있는 하우군과 합류하라고 명령했다. 그러나 버고인군이 이 명령을 이행할 때쯤 하우군은 체서피크만을 향하고 있었다.

얼마 후 버고인은 독 안에 든 쥐처럼 꼼짝도 못 하게 되었다. 아메리카군의 베네딕트 아널드가 서쪽으로부터 모호크 계곡을 따라 공격했고, 동쪽에서는 뉴잉글랜드의 아메리카군이, 남쪽에서는 호레이쇼 게이츠의 아메리카군이 허드슨강을 따라 이동하고 있었다. 포위당한 버고인은 새러토가에 병력을 배치한 채 운명의 날을 기다렸다. 10월 17일 버고인은 항복하고 5천 명의 병사들은 무기를 압수당했다.

아메리카군의 게이츠 장군은 항복한 버고인군을 군인으로 대우하

게이츠 장군에게 항복한 버고인군

여 영국으로 돌아가도록 주선하려고 했지만 대륙회의가 이를 허락하지 않았다. 버고인의 군대는 어쩔 수 없이 방황하는 신세가 되었다. 훗날 독립 전쟁이 끝났을 때 버고인군을 본국으로 송환하려는 움직임이 일어났으나 모두 뿔뿔이 흩어져 개척자가 되거나 이민했다.

프랑스의 개입과 독립 전쟁의 변화

버고인의 항복은 유럽의 정세 변화에 큰 영향을 미쳤다. 프랑스는 수년 전 파리조약으로 영국에 굴복한 일이 있었다. 그 후 프랑스는 영국을 약화시킬 기회만을 엿보고 있었다. 이런 때 버고인의 항복은 아메리카인들이 프랑스의 원조를 얻는 촉진제가 되었다.

독립선언이 있기 전인 1776년에 사일러스 딘과 아서 리 그리고 벤저민 프랭클린은 프랑스에 아메리카의 독립을 공식적으로 승인해 줄 것을 요청했으나 프랑스는 시간을 끌기만 했다. 그러나 버고인의 항복 후 프랑스는 독립 전쟁을 지원할 가치가 있다고 생각하여 1779년 2월 동맹조약을 체결했다. 동맹조약은 첫째, 프랑스는 아메리카합중국의 독립을 승인하고, 쌍방은 최혜국의 대우를 한다. 둘째, 양국은 아메리카의 독립이 달성될 때까지 영국에 대하여 전쟁을 계속하고 단독으로는 강화할 수 없다는 것을 주요 골자로 했다.

1778년 6월 프랑스는 영국에 선전포고를 했다. 프랑스에 이어 스페인과 네덜란드는 차관을 제공했고, 러시아는 무장중립동맹을 체결했다. 최초의 동맹군으로 프랑스의 데스탱 백작이 거느리는 프랑스함대가 도착했다. 데스탱은 아메리카군의 설리번 장군과 협의하여 뉴포트를 공격했으나 실패했다.

한편 경질된 하우 장군의 후임이 된 헨리 클린턴 경은 뉴잉글랜드가 영국에 대한 적개심이 가장 높다고 판단하여 선뜻 공격하지 못했다. 그리고 버고인의 항복을 보았기 때문에 북부는 기피했다. 따라서 가장 공격하기 좋은 곳으로 남부를 택했다.

그동안 프랑스 정부는 우수한 장비를 갖춘 2개 연대의 로샹보군을 뉴포트에 상륙시켰다. 로샹보는 하트퍼드에서 워싱턴과 만났다. 워싱턴과 로샹보 장군은 승리를 거두기 위해서는 3만 명의 병력과 해상권이 필요하다는 데 합의하여 프랑스 국왕에게 증원을 요청했다.

당시의 아메리카군은 누가 보아도 곧 무너질 것만 같았다. 로드니가 지휘하는 영국 함대가 아메리카를 봉쇄한 가운데 아메리카군은 보급이 끊겨 사기가 엉망이었다. 로샹보는 프랑스 정부에 이 사실을 보고하고 다시 한번 증원병과 전비를 보내 줄 것을 간청했다. 프랑스 정부는 요청을 받아들여 1781년 5월 금화 6백만 파운드를 워싱턴에게 전달했고 워싱턴은 이 돈으로 밀렸던 봉급을 지불하여 사기를 높였다. 프랑스는 또 그라스 제독으로 하여금 대함대를 이끌고 서인도제도로 출발하게 했다. 이 함대는 일정 기간 워싱턴이 마음대로 사용할 수 있었으므로 서둘러 계획을 짰다.

워싱턴은 전략적 요충지인 뉴욕을 먼저 공격할 것을 제안했으나 로샹보는 콘 월리스군을 공격할 것을 주장했다. 이때 콘 월리스는 남부에서 나다니엘 그린군을 공격하면서 많은 희생자를 냈으나 결정적인 승리를 얻지 못하고 있었다. 콘 월리스는 여러 차례 지원 요청을 했으나, 클린턴은 이를 묵살하고 뉴욕의 수비 강화에 치중했다. 이때 프랑스군은 뉴포트에서 뉴욕에 공격 태세를 취하고 있었기 때문에 클린턴은 뉴욕이 공격의 표적임이 분명하다고 판단했다.

그러나 클린턴의 예상은 빗나가고 말았다. 로샹보의 제안대로 요크타운에 있는 콘 월리스를 공격하기로 한 것이다. 요크타운은 뉴욕보다 방비가 허술했다. 프랑스군과 아메리카군은 버지니아로 진격하기 위하여 뉴저지를 가로질렀다. 또한 체서피크만에는 프랑스의 라파예트가 28척의 전함을 이끌고 와 1천 명의 병력이 상륙했다.

지원군인 로드니의 함대만을 기다리고 있던 콘 월리스 앞에 난데없이 프랑스의 그라스 제독이 나타났다. 곧이어 1만 7천의 병사가 요크타운을 포위했다. 그레이브스 제독의 영국 함대가 체서피크만에서 봉쇄망을 돌파하려 했으나 아메리카군과 프랑스군의 협공으로 대패하

요크타운에서 항복한 콘 월리스

고 뉴욕으로 후퇴했다. 결국 10월 19일에 클린턴의 지원을 기다리던
콘 월리스는 항복하고 말았다.

평화협상과 새로운 공화국의 탄생

　요크타운의 항복이 그다지 대단하지는 않았지만 영국 여론은 전쟁
을 반대하는 쪽으로 기울고 있었다. 영국 상인들은 그들의 상품을 사
줄 아메리카인을 잃을지도 모른다는 생각에 불안해했고, 아메리카의

무장상선은 영국 무역에 막대한 손해를 입혔다. 1777년 한 해 동안 나포된 영국 상선이 무려 450척에 이르렀다. 어떤 선주는 3백만 달러에 달하는 막대한 물자를 약탈당하기도 했다.

이 같은 상황 변화를 계기로 영국 정부가 평화를 고려할 즈음, 대륙회의에서도 그 평화가 명예로운 것이라면 받아들여야 한다는 입장이 나왔다. 그리하여 1799년부터 존 애덤스를 비롯한 아메리카 대표들은 영국과 협상에 들어갔다. 협상 과정에서 아메리카 대표들의 관심 의제는 아메리카의 독립과 배상금, 캐나다의 영유, 서부 국경 확정, 어업권 확정 그리고 프랑스가 스페인과 공약한 지브롤터 회복 문제였다.

평화협상 체결은 1782년 영국 의회에서 단 1표 차이로 부결되는 등 순탄치 않았다. 평화안 동의가 부결되자 노스 경 내각은 물러나고 자유당의 로킹험 내각이 출범하게 되었다.

새로 출범한 자유당 내각의 셀번 경과 프랭클린은 비밀 협상을 했다. 파리조약의 이행, 캐나다와 노비스코치아의 처리 등에 대한 의견 차이가 심해서 협상은 난항을 거듭했다. 프랭클린과 셀번 사이에 협상이 진행되는 동안 마드리드에서 존 제이가 도착했다. 그는 이 협상에 참석하여 강경한 자세를 보였다.

"독립선언을 공식적으로 승인하지 않는 한 평화협상은 할 수 없다."

이에 영국 왕은 1782년 12월 5일 의회 연설을 통해 아메리카의 독립을 승인했다. 얼마 후 영국에서는 셀번 경이 수상에 올랐고, 지브롤터에서 벌어진 영국과 스페인의 일전에서는 스페인이 패전했다. 프랑스의 그라스 제독 함대도 서인도제도에서 영국에 대패했다.

이러한 상황 변화는 협상을 훨씬 수월하게 만들었다. 프랑스는 신경을 쓰지 않아도 되었고, 스페인을 어떻게 만족시킬 것인가 하는 문제만 남았다. 스페인은 아메리카와 적지 않은 이해관계를 맺고 있었고, 아메리카가 멕시코와 인접해 있다는 점에서 아메리카의 독립 문제에 대한 상황 변화를 조심스럽게 지켜보고 있었다. 계속된 협상 끝에 스페인은 플로리다를 얻는 데 그쳤다.

마침내 1783년 9월 파리에서 평화조약이 조인되었다. 이 조약은 아메리카에 매우 유리하게 체결되었는데 주된 내용은 다음과 같다.

1. 영국은 아메리카의 독립을 승인한다.
2. 아메리카의 영토는 서쪽은 미시시피강, 남쪽은 스페인령인 플로리다를 국경선으로 한다.
3. 아메리카합중국은 영국 상인에 대한 채무를 상환한다.

1783년 파리조약 미국 대표단

4. 아메리카합중국은 10만 명에 달하는 왕당파의 몰수재산을 보상한다.

그러나 평화조약 조인 당시 영국은 대륙회의가 13개 식민지에 대해 강제력을 행사할 수 있는 권한이 없었으므로 채무 상환이나 왕당파의 몰수재산의 보상 문제에 대해 이행이 어렵다는 사실을 알고 있었다. 그럼에도 평화조약은 조인되었고, 아메리카합중국은 세계 역사의 한 장을 장식하면서 힘찬 발걸음을 내딛게 되었다.

총사령관 워싱턴의 귀향

파리에서 평화조약이 조인된 후 왕당파 사람들이 뉴욕을 떠나자 그들의 안전을 위해 남아 있던 영국 수비대도 철수했다. 동시에 독립 전쟁을 승리로 이끈 워싱턴 장군의 개선군이 뉴욕 시내로 입성했다.

며칠 후 뉴욕시의 프란시스 호텔에서는 아메리카군 지휘관들의 만찬이 마련되었다. 이 자리에서 워싱턴은 그동안 함께 전쟁을 치른 지휘관들과 작별 인사를 나누며 대륙회의가 열리면 최고 사령관직을 사임하기로 결정했다. 12월 23일 대륙회의는 연방회의 의사당에서 열렸다. 대륙회의에서 고별행사를 마친 워싱턴은 개인의 몸이 되어 말 위에 올랐다. 쏜살같이 말을 몰아 달려 나가는 그의 모습은 전쟁 중 위엄 있고 위풍당당했던 모습 그대로였다.

파리평화조약 이후의 사회적 변화

1783년 파리평화조약을 끝으로 아메리카인들은 정치적 독립을 이룩했다. 그러자 독립 전쟁 중반기부터 전쟁 수행에 커다란 역할을 했던 농민과 수공업자 등이 전쟁에서 흘린 피의 대가를 요구하고 나섰고, 아메리카 사회는 대중들을 중심으로 변할 수밖에 없었다. 이것은 평등주의, 민주주의적인 방향으로의 전환이었다.

가장 큰 변화는 중앙정부기구의 권력구조에서 일어났다. 영국 정부의 중앙집권적인 권력에 억압받았던 아메리카인들은 권력이 정부에만 집중되는 것을 원하지 않아 하원의 권한을 강화했다. 13개 독립국들의 하원은 입법권과 재정권을 장악해 법원과 지사를 지배했고, 대륙회의에 보낼 대표 임명권과 그 대표들을 지시할 권한까지 갖게 되었다.

또한 13개 독립국의 헌법에는 개인의 권리를 구체적으로 밝혀 놓은 권리장전이 포함되었다. 대표적인 것은 1776년 6월에 채택된 '버지니아 권리선언'이었다. 여기에서 '인간은 모두 평등하게 자유를 누릴 수 있으며, 자연의 법칙에 따라 누구나 당연히 행사할 수 있는 권리가 있다'고 재확인했다. 그러나 권리장전이 정치적 민주주의의 완전한 토대를 마련한 것은 아니었다. 참정권과 관리 임용, 그 밖의 여러 경우에 있어서 소유하고 있는 재산의 정도에 따라 제한을 두었기 때문이다.

종교에 있어서도 일대 전환이 이루어졌다. 1785년 버지니아 의회에서 '신앙자유법'이 제정된 후에는 정교분리政敎分離의 원칙이 채택되어 종교적 자유가 보장되었다.

한편, 독립 혁명은 지금껏 행해지던 각종 경제적 특전을 폐지함으로써 기업 활동의 자유와 경제적 자유의 토대를 마련했다. 또한 버지니아 등지에서 답습되던 봉건적 잔재도 모두 폐지되었다. 대규모 토지를 여러 필지로 분할해 팔 수 있게 됨으로써 세습되던 상류 계급의 재산이 보다 많은 사람들에게 돌아가게 되었다. 이러한 독립 혁명 이후의 변화는 아메리카 사회 전반에 걸쳐 인도주의적인 개혁을 촉진했다.

개혁 운동 중 무엇보다도 중요한 것은 노예제 폐지 운동이었다. 노예제의 폐지를 달갑게 여기지 않았던 영국 정부와 달리 식민지인들은 노예 제도에 대해 도덕적인 부담을 느꼈다. 이 때문에 워싱턴이나 제퍼슨 같은 노예 소유자들도 노예제를 비판했고, 독립 전쟁이 일어났을 때 대륙회의는 아프리카와의 노예 무역을 금지했다. 산업구조상 노예가 별로 필요치 않았던 북부와 중부에서는 노예제 폐지 운동이 크게 확산되었다. 그러나 노예노동을 기반으로 해 온 남부에서는 이러한 개혁의 움직임을 쉽게 받아들이지 않았다.

이런 면에서 아메리카 독립 혁명은 그 독특한 한계성을 포함하고 있었다. 바로 남북전쟁의 싹을 품고 있었음을 시사한다.

위기가 준 교훈

1776년 7월 2일 대륙회의는 거의 만장일치로 독립을 가결하고 7월

4일 독립을 선포하여 13개 공화국이 되었지만, 공화국들 간의 영구적인 동맹을 약속한 '연합헌장'을 채택하기까지는 6년을 더 기다려야 했다. 연합헌장에서 국가의 명칭을 '아메리카합중국The United States of America'으로 하고, 각 '공화국'들은 제각기 국가로서의 완전한 주권을 가지게 되었다.

한편 가장 시급한 문제로 대두된 것은 경제적 곤란과 이로 인한 사회 계급들 간의 극심한 갈등이었다. 즉 아메리카는 독립 전쟁 이후에 불황을 맞이하게 된 것이다. 전쟁을 치르는 동안 급격히 증대했던 곡물 생산과 군수품 생산은 전쟁이 끝나면서 수요가 급격히 감소되었다. 게다가 독립 전쟁 중에 대륙회의와 독립국 정부들이 전쟁비용을 조달하기 위해 지폐와 채권을 마구 남발하는 바람에 통화 팽창과 국가 채무가 심각한 문제로 대두되었다. 각 독립국들은 금화만을 인정하는 등의 대안을 내놓았고, 버지니아에서는 채권을 갖고 있는 사람들에게 그 액수에 상응하는 서부의 토지를 할당해 주고 채권을 회수했다. 또 그들에게 세금으로 거두어들인 지폐를 없애는 등 그 양을 줄여 나갔다.

이러한 독립국들의 통화수축 정책은 농민과 채무자들을 매우 어렵게 만들었다. 그들은 세금을 내거나 빚을 갚는 데 필요한 화폐가 부족해 고통을 겪었다. 농민과 채무자들은 통화량을 늘릴 것을 요구했고, 빚을 받아내야 할 상인과 채권자들은 돈의 가치가 떨어진다는 이유로 지폐 발행을 억제하려 했다.

이런 상황이 계속되면서 상반되는 이해관계를 갖고 있는 계층 간에 갈등이 심화되었고 결국 매사추세츠의 농민들이 불만을 터뜨렸다. 매사추세츠에서는 '금융 견실화'를 구실로 농민들에게 징수할 예정인 세금 총액의 40퍼센트에 해당하는 금액을 빈부의 차별 없이 인두세 형식으로 징수했다. 농민들은 채무이행을 강제하는 판결이 내려지는 것을 막고자 재판소 개정을 저지했다. 그리고 주정부에 고충을 진정하는 청원서를 제출하기 위해 군협의회를 개최하고, 각 군에 연락위원회를 두어 행정적인 유대를 도모하는 등 조직을 확장했다.

1786년 가을 폭도화한 농민들은 매사추세츠 서부 4개 군과 동부 콩코드에서 재판 개정을 막기 위한 실력행사에 들어갔다. 그들의 의도는 차기 선거에서 새로운 의회를 구성해 다른 주정부가 이미 채택한 빈민구제법을 입법화할 때까지 부채와 세금 징수를 정지시키는 데 있었다.

그러나 당시 매사추세츠 주지사는 보수주의자 제임스 보든이었다. 그는 불법집회를 금지하는 내용의 포고령을 내리고 정부군을 출동시켜 그들을 해산시키려 했다. 정부에 충성을 서약한 정부군 사령관 셰퍼드 소장은 반란군들의 일차적 공격 목표가 군청과 연방 무기고일 것으로 판단해 작전을 전개했다. 반정부위원회 의장직을 맡고 있던 다니엘 셰이스가 이끄는 총 1,100명의 반란군은 무기고를 향해 성난 황소처럼 공격해 들어갔다. 정부군이 대포로 사격하자 대포가 하나도 없는 반란군의 전열은 금방 흩어졌다. 연이어 정부군의 지원부대가 도착하여 많은 포로가 생포당했다. 다른 곳에서도 두세 번의 충돌이 있었으나 셰이스의 주력군은 이미 궤멸되고 셰이스는 버몬트로 도망쳤다.

반란의 뒷처리에 나선 매사추세츠 정부는 다행히 현명하고 동정적인 태도를 보였다. 폭도를 지휘했던 14명 전원에 대하여 사형을 면하게 하는 관용을 베풀었다. 또한 새로 선출된 주의회 의원 과반수가 반란 농민에 대해 동정적이었기 때문에 세금 납부를 군표로 대신할 수 있는 조치를 취하는 등 빈민 구제조치를 강구했다. 그 결과 1787년에 이르러 매사추세츠는 번영을 되찾게 되었고, 농민들의 불만은 자연적으로 사라지게 되었다.

근세 역사를 개관하면 절망에 빠진 사람들이 폭동을 일으켰을 경우 진압의 수단으로 대량 살육을 자행하는 것이 특징처럼 되어 있다. 하지만 셰이스의 반란 처리는 이런 방법에 의하지 않고서도 법과 질서를 유지할 수 있다는 교훈을 주었다.

셰이스의 반란 이후 아메리카 전역의 채권자 집단은 두려움에 떨었고 워싱턴을 그리워했다. 각 독립국들을 통제할 강력한 중앙정부를 필요로 하게 되었고, 특히 대외적인 문제에 있어서 통일정부의 필요성은 매우 절실해졌다. 당시 아메리카 경제는 외국과의 무역에 의존하고 있었는데, 독립 후에는 영국과 프랑스와의 특혜관계를 청산하고 세계 시장에서 경제 대국들과 경쟁해야만 했다. 게다가 아메리카에는 여전히 외국 군대가 주둔하고 있었다. 오대호 남쪽에는 영국군이 주둔하여 아메리카인들의 서부 진출을 막았으며, 스페인군은 아메리카인들의 미시시피강 유역의 통행을 금지하고 있었다. 동맹국 프랑스도 아메리카를 영국을 견제하기 위한 위성국 정도로 생각했다.

이런 국내외의 여러 문제들 속에서 아메리카가 살아남는 길은 오직 강력한 통일정부를 수립해야 한다는 쪽으로 기울어 가고 있었다.

3장

대륙국가 형성

🌸 대륙국가 형성

독립 전쟁 후, 워싱턴 행정부의 출범은 연방헌법의 인준과 더불어 13개 주가 모두 가입한 미합중국의 탄생으로 이어졌다. 이후 연방 정부는 국가적 기틀을 확립하기 위하여 기구 조직을 보완·개편하고 제도를 정비했으며 국무성, 국방성, 재무성, 법무성 등을 설치하여 보다 종합적이고 체계적인 국가 경영을 시도했다.

정치적 당파가 발생하고 당파 간의 대립으로 시련도 겪었지만 애덤스 시대까지 꾸준한 정치적 발전을 이룩했다. 이후 토머스 제퍼슨 행정부로부터 존 퀸시 애덤스 행정부로 이어지는 20여 년 동안 미국은 서부 개척과 병행한 대외 통상의 확대로 경제적 자립 기반을 다져 나가는 데 주력했다. 이 과정에서 영국과의 통상 관계 악화로 국내 산업이 마비되고 해외 무역이 손상되어 어려움을 겪으면서도 미국의 국가적 단합과 애국심 강화의 계기로 전환시키는 저력도 보여 줬다.

시련 속에서도 성장을 이룩하며 잭슨 행정부가 출범했고 이때부터 미국은 정치 제도와 정당 구조상 평등주의적인 새로운 변화를 맞기 시작했다. 양당 제도가 뿌리를 내림으로써 어느 특정 지역 출신들이 대통령직을 독점하던 시대와는 다른 시대가 도래했다. 이러한 역사적 과정에서 경제 공황과 영토 확장에 따른 새로운 문제가 대두되었고 다른 한편으로는 노예 문제를 둘러싸고 연방이 분열될 위기가 시작되었다.

연방헌법 제정

통일된 국민정부를 세우기 위한 제헌회의가 1787년 5월 25일에서 9월 17일에 걸쳐 필라델피아의 정부청사에서 열렸다. 역사적인 신헌법의 기초가 마련된 첫 제헌회의에는 로드아일랜드 대표는 불참하고 나머지 12개 주 대표 55명이 참석했다. 그들의 공통적인 특징 중 하나는 젊다는 것이었다. 대부분 41세에서 45세 사이의 젊은층이고 60세를 넘은 사람은 4명, 가장 연장자인 벤저민 프랭클린만 81세였다. 어쨌든 이 회의에 참석한 대표들은 대학총장, 법률 전공자, 대륙회의와 연합회 의원, 주의원 등 나름대로 정치적 지식과 원대한 이상을 가진 아메리카인들이라고 말할 수 있다.

이 회의에서 각국 대표들은 워싱턴을 의장으로 선출했다. 워싱턴은 후대의 사람들의 손질하는 데 어려움이 없도록 국가의 기반을 만들어 놓아야 한다고 피력했다. 제헌회의를 실질적으로 주도한 사람은 뉴욕 대표인 알렉산더 해밀턴과 버지니아 대표 제임스 매디슨이었다. 이 둘은 보수적인 성향이 강해 중앙정부의 강화와 다수로부터 소수를 보호하는 기능의 헌법 제정을 주장했다.

이런 분위기에서 어떤 형태의 중앙정부를 세울 것인지 논의의 토대가 된 것은 에드먼드 랜돌프의 '버지니아 안'이었다. 중앙정부를 입법, 사법, 행정부로 나누고, 국민이 선출하는 하원과 상원으로 구성된 입법부가 행정부와 사법부의 관리들을 임명하는 것이었다. 입법부에서

필라델피아 제헌회의

각 주가 배당받은 의석수는 자유민의 수와 세금 납부액에 비례하도록
되어 있었다. 주의 인구가 많을수록 유리한 것으로 정부의 토대를 국
민 전체에 두려는 국민주의적인 입장이었다. 이에 반해 윌리엄 패터
슨은 연방 안에 있는 모든 주에 동등한 권한을 주어야 한다는 '뉴저지
안'을 발표했다. 또한 알렉산더 해밀턴은 강력한 중앙집권적 정부를
원했기에 대통령중심제 정부를 세우자는 안을 내놓았다. 그가 생각한
대통령직은 종신직이며, 의회가 제정한 법에 대해 거부권을 행사할 수
있었고, 주지사도 임명할 수 있는 권한을 가진 강력한 것이었다.

　의견 대립이 심각해지면서 회의 분위기가 거칠어지면 원로 격인 프
랭클린이 회의장 분위기를 조정했다. 그는 상의하려고 모인 것이지 싸
우기 위해 모인 것이 아님을 상기시켰다. 회의가 거듭되면서 대부분의
위원들은 기본원칙에 합의했고, 골자는 다음과 같았다.

첫째, 연합헌장을 폐기하고 새 헌법을 제정한다.

둘째, 이 회의에서 제정된 헌법하에 세워지는 정부는 삼권분립에 입각하여 입법, 사법, 행정의 3부를 둔다.

셋째, 입법부는 세금 징수, 무역, 국방, 외교 그리고 국민복지에 있어서 각 주들이 처리하기 어려운 국가 차원의 문제들에 관하여 입법권을 가진다.

넷째, 그동안 연합회의가 부담하던 모든 부채는 새 정부가 인수한다.

다섯째, 각 주의 주권은 앞으로 크게 제한을 받게 된다.

회의 분위기가 상당히 거칠어졌음에도 불구하고 대표들은 새로운 타협 방식을 모색했다. 상하 양원으로 구성되는 입법부를 조직하되, 상원은 모든 주가 동일하게 2명의 의원으로, 하원은 각 주의 인구비례에 따라 의원수를 결정하는 것이었다. 이때 하원의 의원수를 산출하는 인구 계산은 5명의 흑인을 3명의 백인으로 간주하여 흑인 수가 많은 남부에 유리하게 결정이 내려졌다. 이 밖에 상원에 외국과의 조약에 대한 발의권을 준 것도 타협의 하나였다. 결국 의회는 주 상호 간의 타협과 남북 지역 간의 타협으로 결정했음을 알 수 있다.

한편 헌법은 행정부의 권한을 연방과 주에 균등하게 배분하여 어느 쪽도 다른 쪽을 마음대로 할 수 없게 제정했다. 행정부의 책임자인 대통령은 각 주의 상하 의원을 합친 수만큼의 선거인들이 선출하되, 선거인 선출 방식은 각 주의회에서 결정하게 했다.

대통령을 선출할 때 각 주에서 선출된 선거인들은 2명의 후보에게 투표하여 그중 가장 많은 표를 얻은 자를 대통령으로, 차점자가 부통령이 되도록 정했다. 2명의 후보 중 1명은 반드시 다른 주의 후보자여야 했고, 대통령으로 선출되려면 선거인 과반수 이상의 지지를 얻어야 했다. 만일 후보 중 아무도 과반수를 얻지 못하면 하원에서 재투표하도록 했다. 대통령의 임기는 4년이며 재선 횟수에 제한은 없었다.

연방 내의 모든 주들은 합의체를 두어 모든 것을 결정하는 공화제 정부를 가지도록 규정해 군주제 부활을 방지했다. 그뿐만 아니라 새로운 주가 연방에 가입하는 것은 가능하나, 이미 연방에 가입된 주에서 영토를 분할하여 새로운 주를 만들거나 다른 몇 개의 주들이 서로 합병하는 것도 금지했다. 또한 노예 제도는 1808년까지 존속을 인정했다. 마지막으로 이러한 헌법의 효력에 관해서는 13개 주 중 9개 주 이상의 비준을 받아야만 그 효력이 발생할 수 있게 했다.

헌법 비준을 둘러싼 대립

진통 끝에 만들어진 헌법 초안은 비준 절차를 거쳐야 했다. 연합회의는 헌법 초안을 각 주로 발송했고, 각 주에서는 '헌법의 비준은 특별히 소집된 비준협의회의 심의에 의한다'는 규정에 따라 협의회를 소집했다. 각 주마다 회의 시작부터 열띤 논쟁이 벌어졌다.

새 헌법에 찬성하는 쪽은 연방주의자, 반대하는 쪽은 반연방주의자라고 불렀다. 각 주의 비준협의회 결과는 연방주의자들에게 유리하게 흘러갔다. 1787년 12월 델라웨어가 만장일치로 비준을 마친 데 이어 펜실베이니아가 비준을 마쳤다. 뒤이어 1788년 6월까지 9개 주가 비준을 마침으로써 헌법은 효력을 발휘할 수 있게 되었다.

그러나 연방주의자들과 반연방주의자들과의 대립이 팽팽하게 맞서고 있었기 때문에 버지니아와 뉴욕에서는 비준이 쉽지 않았다. 비준에 반대하는 사람들이 문제 삼은 내용 중 하나는 연방의 통상규제권이었다. 그들은 이것이 북부의 상공업자들에게 유리하게 운영되지 않을까 우려했다. 뉴욕에서도 비준을 반대하는 측이 압도적이었지만, 해밀턴이 끈질기게 설득하고 다른 주들이 비준을 마치자 마침내 1788년 7월 헌법이 비준되었다.

이 과정에서 연방 정부가 개인의 자유를 침해할 경우에 대책이 없다는 것이 헌법의 결함으로 드러났다. 그러자 제임스 매디슨의 주도하에 10개 조항으로 이루어진 권리장전이 덧붙여졌는데, 이것은 흔히 수정헌법으로도 불린다.

첫째, 연방은 개인 신앙의 자유를 인정하고 국교 제도를 도입하지 못한다.

둘째, 연방은 국민의 언론, 출판, 집회, 청원의 자유를 축소시키지 못한다.

셋째, 국민은 무기를 휴대하고 무기를 들 수 있는 권리를 갖는다.

넷째, 국민은 부당하게 수색이나 체포를 당하지 않을 권리가 있다.

다섯째, 어떠한 사람도 법의 정당한 절차 없이는 생명, 자유, 재산을 빼앗기지 않는다.

여섯째, 어떠한 사유재산도 정당한 보상 없이 공익을 위해 강제로 사용될 수 없다.

일곱째, 고소당한 사람은 공정한 배심원들에 의해 신속하고도 공개적인 재판을 받을 권리를 가진다.

여덟째, 지나치게 많은 보석금이나 벌금을 부과하거나 잔인하고 전례가 없는 가혹한 처벌을 하지 못한다.

아홉째, 헌법구조에 대한 원칙을 고수한다.

열째, 헌법에 의해 연방 정부에 구체적으로 위임되지 않은 권한은 각 주나 그 주민에게 속한다.

수정헌법을 마지막까지 반대하던 노스캐롤라이나가 대통령 취임 후인 1789년 11월에, 제헌회의에 대표조차 파견하지 않았던 로드아일랜드가 1790년 5월에 어렵게 비준을 마침으로써 아메리카 독립 혁명의 1막이 평화적으로 종지부를 찍게 되었다. 연방헌법은 정치적 창건기에 활약한 사람들이 후세에 남긴 최대의 업적인 동시에 천재의 손에서 만들어진 하나의 작품이라고 해도 과언이 아닐 것이다.

워싱턴 행정부의 출범

새로운 헌법에 따라 1789년 1월에 총선거가 실시되어 연방 의회가 구성되었다. 각 주에서 선출된 선거인들은 뉴욕에 모여 조지 워싱턴을 대통령으로 선출하고, 부통령에는 존 애덤스를 뽑았다.

1789년 4월 30일, 당당한 풍채를 자랑하는 합중국의 초대 대통령 워싱턴은 월가가 보이는 연방홀의 발코니에서 엄숙하게 선서했다.

"나는 합중국의 대통령으로서 직무를 충실히 이행함은 물론 능력이 미치는 한 우리가 제정한 합중국 헌법을 보존하고 수호할 것을 엄숙히 선서합니다."

이 선서를 시작으로 아메리카합중국 정부가 정식 출범했다.

앞으로의 호칭을 '합중국 대통령'과 '명철한 부통령'으로 정한 의회는 새로운 정부 운영에 필요한 기구, 즉 국무성, 재무성, 국방성을 설치했다. 워싱턴은 국무장관에 토머스 제퍼슨, 재무장관에는 독립 전쟁 중 자신의 보좌관이었던 알렉산더 해밀턴 그리고 국방장관에는 헨리 녹스를 임명했다. 또 의회는 정부운영에 필요한 재정을 확보하고, 국민의 통상을 보호하기 위해 수입 물품에 관세를 부과하는 동시에 외국 선박에 대해 선박세를 부과했다. 연방 사법부도 조직하여 대법원장 존 제이를 비롯한 5명의 대법원 판사로 구성되는 대법원, 3개의 순회법원, 13개의 지방법원을 설치했다. 이렇게 해서 정부의 기본 골격이 갖추어졌다.

1789년 4월 30일에 열린 워싱턴의 취임식

알렉산더 해밀턴의 활약

새 정부의 성격 결정에 중요한 역할을 했던 사람은 재무장관인 알렉산더 해밀턴이었다. 뉴욕 출신의 연방주의자 해밀턴은 신생국이 살아남기 위해서는 농업, 공업, 상업이 균형 있게 발전해야 하며, 자급자족 경제체제가 이루어져야 한다고 생각했다. 이를 위해 그는 연방 정부가 적극적인 역할을 담당해야 한다고 믿었다. 그는 '공신력에 관한 보고서'에서 각 주들의 채무를 연방 정부가 인수해야 한다고 주장했다. 또한 '제조업에 관한 보고서'에서 중앙정부 주도의 상공업 육성 정책이 추진되어야 한다고 요구했다.

이러한 주장에는 워싱턴 정부의 정치적인 목적도 있었다. 해밀턴은 새로운 연방 정부가 유지되려면 유산 계급의 지지가 반드시 필요하다고 생각했기에 강력한 중앙정부의 수립을 바라고 있었다. 또한 상공업의 육성·발전이라는 자신의 경제 정책과 직접적인 관련이 있는 금융가들의 요구를 따라주는 것이 국가 전체의 이익이 된다고 생각했다.

그러나 해밀턴의 주장에 농민들이 완강히 반대했다. 채권이 처음 발행되었을 때 그것을 샀던 사람들은 주로 농민들이었다. 그러나 시간이 경과하면서 채권은 채권 수집가인 부유층들에게 헐값으로 넘어갔다. 그러므로 연방 정부가 현재의 채권 소유자들에게 액면 그대로 상환하려는 정책은 재산가와 금융가들에게 유리한 것이었다. 특히 농업 지대의 남부 주들은 일방적으로 세금 부담을 안겨 줄 채무 인수 정책을 극렬히 반대했다. 그러나 해밀턴의 채무 인수 법안은 의회에 제출되었고, 남부 세력과 농업 세력이 강한 하원에서 2표 차이로 부결되었다.

알렉산더 해밀턴

그런데 이 법안을 반대하는 선봉에 섰던 펜실베이니아와 버지니아는 명예와 실리 때문에 연방의 수도를 자기 주에 끌어가고 싶어했다. 이것을 이용하여 해밀턴은 수도 이전에 대한 절충안을 제시했고, 남부 측은 수도를 워싱턴으로 옮긴다는 조건으로 채무 인수 법안에 동의했다. 이제 부유한 채권 소유자들은 연방 정부로부터 채무에 대한 상환금과 이자를 받게 되었고, 그것을 기업자금으로 활용할 수 있게 되었다.

한편, 재무장관 해밀턴의 상공업 육성 정책은 영국의 잉글랜드 은행과 같은 중앙은행을 합중국에 설치하려는 의도에서 구체화되었다. 해밀턴은 상업자금과 장차 소요될 공업자금을 중앙의 국립은행에 의존하게 되면 연방 정부의 권한이 강화될 수 있다고 생각해서 이 계획을 밀고 나갔다. 반면 헌법상 연방 정부가 은행을 설립할 수 있는 권한이 없다는 점을 들어 제퍼슨 측에서 중앙은행 설립에 제동을 걸었다.

양측의 팽팽한 논쟁 속에 워싱턴이 해밀턴을 지지하는 결재를 내렸다. 1791년 2월 25일 1천만 달러의 자본금으로 중앙은행인 합중국은행이 설립되었다. 설립자본의 5분의 4는 민간투자로 이루어졌고, 설립허가 기간은 20년으로 정했다. 이에 미국의 상인과 금융가들은 상호 간에 지속적이고 믿을 수 있는 신용 제도를 확립할 수 있는 기틀을 마련한 셈이었다.

위스키 반란

상대적으로 해안에서 멀리 떨어져 있는 서부의 오지에 사는 농민들은 유통에 어려움을 겪고 있었다. 그들은 궁리 끝에 곡물을 이용하여 위스키를 만들어 유통하는 방법을 강구해 냈다. 그런데 정부가 세수입을 늘리기 위해 위스키에 물품세를 부과했다. 그들은 이 과세를 아메리카의 전 식민지를 격노케 했던 '인지세법'처럼 부당한 것으로 받아들였다. 마침내 그들은 관세 거부와 더불어 서부 펜실베이니아를 중심으로 폭동을 일으켰다.

'위스키 반란'이 일어난 것이다. 농민들은 이 반란을 식민지 시대 주

펜실베이니아의 위스키 반란

민들이 영국 의회에 반항한 것처럼 정당한 것으로 생각했다. 이 반란은 그리 흉폭하지도 오래 지속되지도 않았으나 워싱턴은 이 기회에 연방 정부의 실력을 보여 줄 필요가 있다고 판단해 민병대를 동원했다. 워싱턴은 다니엘 모건, 헨리 두 장군과 알렉산더 해밀턴으로 하여금 민병대를 거느리고 험준한 앨리게니산맥을 넘어 반란을 진압토록 했다. 민병대가 현지에 접근하자 폭동의 지도자 대부분은 도망쳤고 주모자 2명이 체포되었다. 그들은 반역죄로 사형까지 언도되었으나 대통령의 중재로 처형되지는 않았다. 결과적으로 워싱턴 행정부는 피 흘리지 않고 반란을 진압하여 연방 정부의 위신을 유지하는 데 성공했다.

프랑스 혁명과 중립 선언

워싱턴이 초대 대통령으로 취임한 1789년에 유럽에서는 프랑스 혁명이 일어났다. 아메리카인들은 유럽에도 신생 공화국이 탄생하는 것을 호의적이고 동정적인 시선으로 바라보고 있었다. 그런데 1793년 프랑스가 루이 16세를 단두대로 보내고 공포정치를 실시한 데 이어 영국과 전쟁을 벌이자 합중국은 중대한 외교 문제에 직면하게 되었다.

프랑스는 합중국과 동맹조약을 맺고 있었다. 1778년에 체결한 통상동맹조약에서 '만약 외국이 프랑스령인 서인도제도를 공격할 경우 합중국은 이들 섬을 방위함은 물론 프랑스에 대해 합중국의 항만을 사용토록 한다'고 약속했던 것이다. 1793년 4월 1일 영·프 전쟁이 확대되

어 서인도제도를 둘러싸고 문제가 발생할 것을 대비해 합중국은 이 조
약을 재검토했다. 워싱턴은 프랑스에 동정적이었으나 국가의 기초가
확고하지 않은 상태에서 자칫 유럽의 분쟁에 휘말리고 싶지 않았다.

해밀턴은 조약 체결 당사자인 국왕이 없어졌으므로 조약의 효력 정
지 선언을 해야 한다고 하였다. 제퍼슨은 조약은 국민 간의 체결이므

프랑스 혁명에 참가한 국민위병과 시민들

로 의무를 저버려서는 안 된다며 해밀턴의 주장을 반박했다. 그러나 서로 상반된 의견에도 불구하고 전쟁 불개입이라는 정책에는 이견이 없었다. 1793년 4월 22일 대통령은 아메리카합중국은 어떤 교전국의 편도 들지 않겠다며 중립 선언을 발표했다.

그런데 당시 합중국에는 두 개의 대립된 견해가 존재했다. 하나는 영토확장론자와 프런티어 농민들로, 아메리카 대륙에서 여전히 이익을 취하는 영국과 스페인을 비롯한 모든 외국 세력을 몰아내야 한다는 것이었다. 또 다른 견해는 영토 확장이 필요하지 않다고 여기는 동부의 상인·무역업자들로, 그들은 대부분 한정된 지역의 영토에서만이 합중국의 안전과 발전을 기대할 수 있다고 주장했다.

그런데 워싱턴의 중립 선언은 우연히도 이 대립된 쌍방 모두를 만족시켰다. 무역업자들은 중립무역으로 톡톡히 재미를 볼 희망에 부풀었고, 영토확장론자들은 유럽 제국이 그들의 전쟁에 급급하여 아메리카에 손을 쓸 여유가 없을 것이라고 생각했던 것이다. 어쨌든 워싱턴의 중립 선언은 합중국 전체의 의견이 반영된 적절한 정책이었다.

에드몽 쥬네의 반발

워싱턴의 중립 선언이 발표된 후 파격적인 인물인 에드몽 쥬네가 주미 특사로 사우스캐롤라이나 찰스턴에 상륙했다. 쥬네는 합중국의 항구를 프랑스 무장선박의 기지로 사용케 하는 임무를 받은 자였다. 쥬네는 신임장을 제출하기 전에 국무장관 제퍼슨에게 무장선박 조달을 요청하는 한편, 조지 로저스 클라크 등 일부 영토확장론자와 결탁하여 영국령 캐나다와 스페인령 루이지애나, 플로리다를 공격할 의용병을 모집하기 시작했다. 쥬네는 이 같은 행동이 1778년에 체결된 미·프 조약에 의한 것이라고 주장했다.

아메리카 정부로부터 아무런 원조도 얻을 수 없음을 확인한 쥬네는 무례하게도 대통령을 제쳐 놓고 미국민들에게 직접 호소하겠다고 선언했다. 그는 워싱턴이 참수당하는 모습이 그려진 'G-W-의 죽음'이라는 판화를 출간했다. 이것으로도 모자라 급진적인 자코뱅 클럽을 조직했다. 그러나 그의 안하무인적인 태도와 거침없는 선동에 존 애덤스를 비롯한 몇몇 사람들은 불안감을 느꼈고, 친분이 있는 사람들까지도 거부감과 불만을 표시했다.

쥬네가 무장선박의 무장을 진행하는 동안 미국 정부는 소리 없이 프랑스 정부에 그의 소환을 요청했고, 1794년에 마침내 승인을 얻었다. 얼마 후 쥬네를 체포하여 프랑스로 송환하는 임무를 맡은 후임자 포쉐가 도착했지만 워싱턴은 쥬네의 생명만은 구해야 한다고 생각해 그의 인도를 거부했고, 쥬네는 미국에 귀화했다.

당파 간의 대립과 워싱턴의 고별사

쥬네 사건은 미국과 프랑스의 관계를 긴장시켰다. 그와 동시에 영국과의 관계도 껄끄러웠다. 영국군은 아직도 서부의 요새들을 점령하고 있었고, 독립 전쟁 중 영국군이 탈취해 간 재산은 여전히 반환되거나 보상되지 않았다. 미국의 중립 선언에도 불구하고, 영국 해군은 미국의 교역에 훼방을 놓고 있었다. 이런 문제들을 해결하기 위해 워싱턴은 대법원장인 존 제이를 특명전권 사절로 런던에 파견했다. 그 결과 미국과 영국 사이에 '제이의 조약Jay's Treaty'이 체결되었다. 이 조약에서 영국은 영국

제이의 조약 첫 페이지

령 서인도제도에서 미국 상인이 자유롭게 교역하도록 했다. 1796년 이전에 미국의 서부 변경 지방에서 군대를 철수시키기로 약속했다.

그러나 체포된 미국 선원의 석방이나 서부의 인디언 선동 중지 같은 중요한 문제에 대해서는 아무런 양보를 얻어 내지 못했다. 연방파와 공화파 모두에게 비난받았고, 영국의 윌리엄 그렌빌이 승인했다는 것을 강조하는 의미로 '그렌빌조약'이라고 비꼬듯 불린 제이의 조약은 중립 정책을 둘러싸고 나타난 해밀턴파와 제퍼슨파의 대립을 연방파와 공화파라는 정치적 당파 간의 대립으로 변형시켰다.

그러나 워싱턴 대통령은 심한 대립에서 초연하려 했고, 1792년부터 늘 은퇴를 생각하다 마침내 1796년 9월 고별사를 발표했다. 워싱턴은 당시 헌법에 대통령의 임기를 제한하는 조항이 없었음에도 불구하고

3차 임기를 위해 출마하지 않을 것을 분명히 밝혔다. 이후 미국은 루스벨트 대통령을 제외한 모든 대통령이 2차 임기를 마치고 물러나는 전통을 가지게 되었다.

존 애덤스 행정부

워싱턴의 간곡한 당부에도 불구하고 1796년의 대통령 선거전은 연방파와 공화파의 대립 속에서 거행되었다. 연방파는 존 애덤스와 토머스 핑크니를 후보로 내세웠고, 공화파는 제퍼슨과 에런 버를 후보로 내세웠다. 선거인단 투표에서 연방파의 존 애덤스가 가장 많은 표를 얻어 대통령에 당선되었고, 차점자로 공화파의 제퍼슨이 부통령이 되었다. 대통령과 부통령이 다른 정당 출신이라 애덤스는 취임 초부터 정치적으로 어려움을 겪게 되었다. 그는 연방파 내에서도 해밀턴 세력과는 불화상태에 있었고, 해밀턴은 여전히 막후의 지도자로 대통령을 조종했다.

신임 대통령인 애덤스는 공화국이란 중용의 길을 가야 하며, 언제든지 인간 사회를 위협하는 전제주의와 무정부주의 사이의 중도를 고수해야 한다고 생각했다. 그는 부유하고 권력을 가진 소수파와 가난하고 행동적인 다수파를 똑같이 두려워했다. 또한 정치가의 임무는 탐욕과 사리사욕으로부터 국가를 수호하는 데 있다고 생각했다. 그의 생각은 정치적으로 타당한 자세였으나 대중을 납득시킬 수는 없었다. 그래서 그에게는 진정한 지지자가 거의 없었다.

취임 직후 대외적인 관계, 특히 프랑스와의 관계에 있어 중대한 위기에 직면했다. 그것은 존 애덤스 행정부가 출범할 당시 신임 파리 대사가 된 제임스 먼로가 프랑스 국민의회에서 친프랑스적 인사말을 한 데서 비롯되었다. 미국 국무성은 제임스 먼로가 중립 정책과 모순되는 발언을 했다는 이유로 그를 소환했다.

1796년 12월 먼로의 후임으로 찰스 핑크니가 파리에 도착했으나, 프랑스 내각은 인준을 거부했다. 그리고 공해에서 미국 선박을 나포하는 등 비공식이기는 하지만 외교 단절 상태로 들어갔다. 평화를 희망하던 애덤스 행정부는 버지니아 출신의 존 마셜과 매사추세츠 출신의 엘브리지 게리 그리고 찰스 핑크니를 프랑스 특사로 파견하여 독립 전쟁 시 프랑스와 체결했던 동맹조약을 폐기토록 했다.

이에 프랑스 정부는 이름을 밝히지 않은 세 명의 관리 X, Y, Z를 내

XYZ사건을 풍자한 그림

세워 협상에 임했다. 이 황당한 XYZ사건이 미국에 폭로되자 연방파는 공화파를 맹렬히 비난하며 프랑스에 대한 전쟁을 요구했다. 프랑스와 미국 간에는 산발적인 해상 충돌이 일어났다. 그러나 애덤스 행정부는 전쟁을 피하려 했다. 프랑스도 나폴레옹 정부가 들어서면서 양국은 1800년에 협상에 성공했다. 이때 애덤스 행정부는 미국의 국력이 약함을 통감하고 해군성을 신설하고 군사력을 증강하는 작업에 착수했다.

한편 새로 이주해 온 이민자들이 공화파를 지지하자 연방파는 이민 배척 운동을 벌였다. 의회를 지배하고 있던 연방파는 1798년에 일련의 외국인 규제법을 제정했다. 그것은 외국인이 미국의 시민권을 얻는 데 필요한 거주기간을 종전의 5년에서 14년으로 연장한 '귀화법'과 요주의 외국인들을 추방할 수 있는 권한을 대통령에게 부여하는 '외인법'이었다. 의회는 또 '보안법'을 만들어 대통령 혹은 정부의 법률 집행을 방해하거나 서신·언론·출판 등으로 명예를 훼손시키는 경우를 대비하였다. 이것은 야당인 공화파의 정부 비난과 공격을 봉쇄하기 위한 것으로, 이 법으로 수십 명의 언론인이 기소되었다.

이런 법들의 제정과 시행은 국민들에게 행정부와 연방파에 대한 심한 반감을 불러일으켰다. 여기에 연방파의 상징적 인물인 조지 워싱턴이 1799년에 타계하자 연방파는 급격히 쇠퇴하기 시작했다. 또한 연방파 내부에서도 초기부터 줄곧 이어진 애덤스와 해밀턴 간의 계속된 분쟁으로 당의 힘은 점점 약화되었다. 이런 상황에서 1800년 대통령 선거전이 치러졌다. 정치적으로 상반된 이념을 가진 정당들은 험담과 흑색선전을 하는 등 목숨을 건 선거운동을 벌였다.

선거인단의 투표 결과 공화파의 제퍼슨과 에런 버가 똑같이 73표를 얻었다. 헌법은 이런 경우에 하원에서 대통령을 선출하도록 규정했다. 이때 해밀턴은 제퍼슨보다 버가 두려웠기 때문에 오랜 숙적인 제퍼슨을 지지했다. 결선 투표에서 마침내 36표 차이로 제퍼슨이 당선되었고, 야당이었던 공화파의 손에 정권이 넘어갔다.

최고의 평화주의자

제퍼슨은 전임자인 애덤스와는 신조가 매우 달랐지만, 교양 있고 온후한 버지니아 사람의 태도를 갖추고 있었다. 그는 정치가로서의 직책과 철학가로서의 장점을 교묘히 조화시켰고, 다방면에 걸쳐 폭넓은 관심과 지식도 많았다. 그렇기에 미천한 사람과 농부와 노동자에게 더욱 애정을 느꼈으며, 사람 만나는 것을 좋아했다. 낙천적인 성격을 가졌지만, 유머 감각은 다소 부족했다.

1801년 진흙 벌판 위에 흑인의 판잣집 몇 채밖에 없었던 워싱턴에서 취임식을 거행하기로 결정한 제퍼슨은 취임식을 며칠 앞두고 콘래드 여관에 투숙했다. 행사 당일 공사 중인 의사당까지는 도보로 갔으며 국산 천으로 만든 검소한 양복을 입었다. 그는 취임사에서 모든 사람은 법률을 준수하고 공동의 복지를 위해 일해야 하며, 다수의 의사는 모든 경우 존중되나 반드시 정당하고 합법적이어야 하고, 소수도 같은 법률로써 보호를 받을 수 있는 균등한 권리를 갖는다는 원칙을 내세웠다. 또한 그는 좋은 정부란 사람들이 자기 사업을 자유로이 할 수 있도록 국민에게 가깝고, 작고, 약한(국민의 사업을 방해하지 않는) 정부라고 생각했다. 엄격하게 내핍하는 간소한 정부를 원했으며, 국채를 갚기 위해서 모든 부분에서 절약할 것을 당부했다.

취임식이 끝나자 그는 걸어서 콘래드 여관으로 돌아왔다. 그는 그때 내각에 대한 구상을 굳혔으며 국무장관에 오랜 심복이었던 제임스 매디슨을 임명했다. 재무장관에는 앨버트 갤러틴을 임명했다. 그 밖에 정부 요직에 있던 연방파 인사들을 서서히 몰아내고 공화파 인사들로 교체했다. 그러나 변동 범위는 극히 한정되었으며, 사법부에 대해서는 사실상 손대지 못했다. 왜냐하면 전임 애덤스 대통령이 연방파인 존 마셜을 대법원장에 임명하고, 사법부 개편법을 제정해 판사의 정원을 늘려 그 자리에 연방파 인사들을 앉혀 놓았기 때문이었다. 그리고 판사의 임기를 종신제로 함으로써 사법부는 강한 세력으로 군림했다.

제퍼슨은 이러한 사법부를 약화시키기 위해 공화파가 우세한 의회를 움직여 1801년의 사법부 개편법을 폐기했다. 이때 윌리엄 마베리는 국무장관 매디슨에게 콜롬비아 지구 치안판사 임명을 승인해 달라고 요구했으나 거절당했다. 그러자 마베리는 매디슨을 최고재판소에 제소했다. 대법원장 마셜은 이 사건을 사법부의 권위와 명예를 강화하는 계기로 삼았다. 그는 1803년 '마베리 대 매디슨' 판결에서 대법원이 의회가 제정한 법에 대하여 위헌 여부를 심사할 권한을 가진다고 선언하여 행정부와 맞섰다.

이것은 대법원이 대통령과 의회를 견제할 이론적인 근거가 되었고, 사법부의 위상과 권위는 확고해졌다. 마셜은 오랫동안 대법원장으로 재임(1801~1835년)하면서, 헌법의 신성성과 연방의 우월성을 강조했다.

그는 해밀턴과 함께 중앙정부의 권력을 강화하고 위신을 높임으로써, 신생 공화국인 아메리카의 국가적 토대를 다지는 데 기여했다. 반면 제퍼슨이 꿈꾼 국민들과 가장 가깝고 작고 약한 정부는 물거품이 되었다.

제퍼슨의 영토 확장

대통령으로서 제퍼슨의 업적은 국내 정책보다는 대외 정책과 영토 확장에서 찾을 수 있다. 당시 미국 선박들은 북아프리카의 튀니지, 알제리 등지에 기지를 둔 해적들의 잦은 습격으로 골치를 썩고 있었다. 제퍼슨은 1803년부터 네 차례나 해적을 소탕할 함대를 파견했다. 미국의 순양함 필라델피아호가 좌초했고 사관과 수병들이 포로로 잡힌 경우도 있었지만, 육상 원정군의 편성에 힘입어 다나를 점령한 것을 계기로 미국 해군은 달라졌다. 이때 미국 해군이 보여 준 위대한 활동과 용기 때문에 처음으로 유럽 해군의 존경을 받게 되었고, 자신들의 해군력에 대해 자신감도 갖게 되었다.

제퍼슨의 가장 두드러진 업적으로 꼽을 수 있는 사건은 1803년 루이지애나로 불리던 미시시피강 서쪽의 광대한 영토를 프랑스로부터 매입한 것이었다. 1801년 프랑스는 스페인으로부터 이 땅을 빼앗았으나 관리하기가 쉽지 않았다. 이를 간파한 제퍼슨은 제임스 먼로를 파리로 파견했고, 결과적으로 1,500만 달러를 주고 루이지애나를 사들였다. 또한 미시시피강 어귀에 있는 뉴올리언스 항구가 미국의 영토가

루이지애나 지역은 1803년 프랑스로부터 매입.
오리건 카운티는 영유권 분쟁 지역.

1810년의 미국 영토

됨으로써 미시시피강의 항해권과 뉴올리언스에 상품을 출하할 수 있게 되었다. 그와 함께 미국 내의 수많은 수로들이 개통되기 시작했다.

이후 제퍼슨은 새로운 영토로 탐험대를 파견해 로키산맥 일대와 콜롬비아강에서 태평양 연안에 이르는 지역으로 손길을 뻗쳤다. 그것은 장차 여러 개의 독립된 주들로 발전할 가능성을 보였고, 새롭게 연방에 가입될 서부의 주들은 정치적으로 제퍼슨의 공화파에 가깝게 될 가능성이 있었다. 그러므로 연방파 측에서는 이를 상당히 우려했다.

연방파의 우려는 1803년에 오하이오가 연방에 가입하면서 현실로 드러났다. 그러자 연방파 중 강경파는 뉴잉글랜드주들을 연방으로부터 탈퇴시키려고 일을 꾸몄다. 그들은 뉴잉글랜드의 5개 주와 중부 지역의 뉴욕, 뉴저지를 떼어 내어 '북부연합'을 만들려 했고, 지도자로 추대하려고 해밀턴과 에런 버에게 차례로 접근했다. 그러나 해밀턴과 버 둘 사이의 해묵은 적대감으로 인해 무산되고 말았다.

제퍼슨은 1805년부터 시작된 2차 임기 중에도 대외 문제에 많은 관심을 기울였다. 그는 1793년의 중립 선언 이후 중립을 지지했고 대통령이 된 이후에도 변함없이 이를 고수했다. 그러나 1806년 이후 프랑스의 나폴레옹이 대륙봉쇄령을 선포한 뒤로는 영국과 프랑스가 각기 자신들의 국가와 미국과의 교역만을 인정하려 했으므로 미국이 계속 중립을 유지하기는 어려웠다. 특히 영국은 미국과 프랑스 사이의 교역을 방해했을 뿐만 아니라 영국 탈영병들을 체포한다는 명목으로 공해상에서 미국의 선박을 검색하고, 때로는 미국인을 체포하기도 해 미국의 위신을 크게 훼손시켰다.

제퍼슨은 영국에 대한 경고로 1807년에 미국 선박의 출항을 금지하는 '출항금지법'을 제정했다. 미국이 스스로 교류를 중단함으로써 영국을 각성시키려는 정책을 쓴 것이다. 그러나 이 법은 식량난을 겪은 영국보다 영국 산품에 의지했던 미국에 더 큰 불이익을 주었다. 제퍼슨은 퇴임 직전 이 법을 폐기하고 새롭게 '통상금지법'을 제정했다.

매디슨 행정부의 출범과 미·영 전쟁

1808년 대통령으로 선출된 매디슨은 제퍼슨과 더불어 공화파를 키웠고, 제퍼슨 밑에서 8년간이나 국무장관을 지냈다. 대통령 매디슨은 제퍼슨에 비하면 키도 작고 몸도 허약했지만 정치적 수완이 미숙했을 뿐 '위대한 조그만 사람'이라는 평이 있을 정도로 비범했고 제퍼슨보다 유식했다. 그의 부족한 정치적 수완은 아내 돌리 도트가 채워 주었다.

매디슨 행정부에서도 역시 가장 시급한 문제는 외교 정책이었다. 그는 통상금지법을 시행하는 데 있어 그간 통상이 단절된 모든 나라와 통상을 다시 시작하되, 영국과 프랑스에 대해서만은 양국 중 우선 미국과의 통상제한을 해제하는 나라부터 통상을 재개한다는 원칙을 세웠다. 이에 영국이 먼저 호응하여 미·영 간의 통상이 재개되었다. 그러나 얼마 안 가서 영국 정부가 친미적인 주미 영국공사의 교섭내용을 월권이라고 취소함으로써 양국 간의 통상은 다시 단절되었다. 미·영 관계가 악화되어 가는 동안 미국 내에서는 독립 전쟁 이후 세대인 젊은 정치가들이 주전론을 폈다. 헨리 클레이, 존 칼훈 등을 중심으로 한 주전론자들은 영국과 전쟁을 할 경우 북부의 캐나다와 남부의 플로리다를 동시에 점령할 수 있다고 생각했다. 결국 매디슨의 재선에 절대적인 영향력을 행사하는 클레이와 칼훈의 압력으로 매디슨 대통령은 의회에 영국에 대한 선전포고를 요청하여 승인받았다. 이리하여 마침내 1812년 미·영 전쟁이 일어났다.

전쟁이 일어났을 때 미국은 육군이 겨우 7천 명밖에 되지 않았고, 무기나 장교들의 지휘 능력도 부족했다. 따라서 전쟁 초기에 진행된 캐나다로의 진격은 실패로 끝났다. 1813년 이리호에서 벌어진 해전과 템즈 전투에서 미국이 영국군을 격파하긴 했지만, 1814년 영국은 프랑스를 격파한 후 병력을 증강시켜 나이아가라 방면, 샘플레인호, 뉴올리언스 등 세 곳의 경로로 공세를 펼쳤다. 이 싸움에서 미국의 신예

부대와 토머스 맥도너 해군 사령관의 뛰어난 활약으로 영국 함대를 격파하고 다시 한번 침입을 막아냈다. 그러자 이 패전을 보복하기 위하여 영국은 대서양에서 수도 워싱턴을 강습하는 작전을 감행했다. 교전이 시작되자 영국의 예상대로 민병들은 총 한번 제대로 쏴 보지 못한 채 퇴각했다. 더 이상 워싱턴을 지킬 수 없는 상황이 되자 매디슨 대통령 부처와 각료들은 피난을 떠났다. 이후 워싱턴으로 환도하여 부서진 관저를 수리할 때 백색 도장한 것에서 연유하여 '백악관^{White House}'이라 불렀고 미국 대통령 관저의 공식 명칭이 되었다.

영국군의 공격도 미국군의 완강한 저항에 부딪치면서 순조롭게 진행되지 못했다. 민병대 소장인 앤드루 잭슨^(제7대 대통령)은 영국의 뉴올리언스 공격에 대항해 신병을 징집해 진지를 방어함으로써 전투를 승리

미·영 전쟁을 끝내기 위해 1814년 미국과 영국이 체결한 겐트조약

로 이끌었다. 이 전쟁에서 영국군은 과감하기로 소문난 에드워드 파켄햄 장군을 잃었고, 2천여 명에 달하는 부상자를 냈다. 이 전쟁은 미국에 '제2의 독립 전쟁'이라 할 만큼 커다란 자부심을 안겨 주었고 양분되었던 연방을 결속시켰다. 또 국가적 단합과 애국심도 강화시켰다.

이 전쟁은 1814년 벨기에의 겐트에서 양국 간의 평화조약이 체결됨으로써 끝을 맺었다. 전쟁으로 인해 미국은 국내 산업이 마비되었고, 해외 무역은 타격을 받았으며 화폐 가치도 떨어졌다. 게다가 전쟁 종결과 동시에 싼값의 영국 공산품이 미국 시장으로 몰려들어 왔다. 이때 경쟁력 없는 미국의 공업을 보호하기 위해 관세법이 제정되었다. 국가 채무의 상환과 공업 육성 등에 국가 자본을 효율적으로 이용하기 위해 합중국은행을 부활시켰다.

건국 초 해밀턴이 설립했던 제1 합중국은행은 1811년을 만기로 허가가 끝났으므로 의회는 1816년에 제2 합중국은행을 설립했다. 허가 기간은 20년이었고, 자본금은 3천500만 달러로 증액되었다. 또한 급격히 늘어나기 시작한 주민들의 서부 이동에 발맞춰 물자를 쉽게 수송하려고 교통망 개량사업에도 박차를 가했다.

화해의 시대

연방파가 주장한 보호관세 제정과 합중국은행의 부활은 연방파의 우호적 움직임뿐만 아니라 상당수의 일반 대중들로부터 환영을 받았다. 따라서 1816년의 선거에서 화합으로 변화를 주도한 공화파의 버지니아 출신 제임스 먼로가 연방파 후보 루퍼스 킹을 압도적으로 물리치고 대통령으로 당선되었다.

제임스 먼로

대통령 취임 전 40년을 공직에서 보낸 먼로의 탁월한 각료 임명은 건전하고 민첩한 정치 감각이라는 평을 받았다. 국무장관에 존 퀸시 애덤스, 국방장관에 존 칼훈, 재무장관에 윌리엄 크로퍼드, 법무장관에 윌리엄 워드를 임명했다.

1817년 미국과 영국이 맺은 협정으로 양국은 오대호 연안에서 해군시설을 경쟁적으로 세우거나 존속시키지 않을 것을 약속했다. 또한 1818년의 회담에서는 루이지애나와 캐나다 사이의 경계가 이루어졌고, 최종 결정을 내릴 때까지 오리건을 공동 지배할 것에도 합의했다. 플로리다반도가 완전히 미국의 수중으로 들어온 것도 먼로 대통령의 임기 때였다. 명예로운 철수를 선택한 스페인에 500만 달러를 주고 플로리다를 손에 넣은 것이다.

노예주와 자유주 사이에 최초의 심각한 싸움이 일어난 것도 먼로의 첫 번째 임기 중이었다. 상공업이 주종을 이루고 있는 북부에서는 노예제가 별로 필요치 않아 1804년에 완전 폐지되었다. 그러나 흑인 노예가 면화 재배에 적합한 노동력인 남부에서는 노예제가 확대되는 추세였고 노예 무역도 성행했다.

직접 문제를 일으킨 것은 1819년에 노예 제도를 인정하는 미주리가 연방에 가입하려 한 데 있었다. 북동부와 북서부의 자유주들이 미주리가 노예주로 연방에 가입하는 것을 반대한 것은 너무도 당연한 일이었다. 2년에 걸친 논쟁 끝에 1820년 대타협이 이루어졌다. 때마침 매사추세츠에 붙어 있던 메인이 자유주로 연방 가입을 신청했고, 미주리와 메인을 함께 연방에 가입시켰기에 가능한 일이었다. 이로 인해 노예주와 자유주는 각각 12개로 다시 균형을 이루었다. 이후부터는 북위 36도 30분 이북에서는 자유주가, 이남에서는 노예주가 각각 성립한다는 내용의 '미주리 타협'까지 이루어졌다.

먼로 행정부의 가장 중요한 사건은 먼로 대통령의 두 번째 임기 중에 일어났다. 그가 1820년에 압도적인 득표로 재선될 당시 유럽에서는 신성동맹이 결성되고 있었다.

신성동맹은 나폴레옹 퇴위 후 유럽의 혼란을 수습하기 위해 1814년 9월에 열린 빈회의 직후 러시아의 알렉산더 1세가 주도해 결성한 동맹이다. 신성동맹은 절대주의 체제를 복원하려는 태도를 취했고, 나폴리와 스페인의 자유주의 운동을 진압했다. 또한 남미에서 스페인의 옛 식민지들을 회복시키려는 움직임을 보였다.

영국은 미국에 스페인의 남하를 함께 저지하자고 제안했으나 국무장관 애덤스는 북미에 대해서만 관심을 갖고 있었다. 그는 북미에서 더 이상 유럽의 지배가 확대되어서는 안 된다는 입장을 취했다. 따라서 영국과 러시아에도 적용할 원칙을 미국이 독자적으로 선언하자고 주장했다. 애덤스의 의견에 동의한 먼로는 다가올 의회 교서에서 정책 선언을 준비했다. 1823년 12월 2일 발표된 그의 교서 속에는 '먼로 독

쿠바 독립 전쟁에 개입해 스페인과 전쟁을 치르는 미국군

트린'으로 알려진 유명한 선언이 포함되었다.

1. 유럽 강국들은 이후부터 아메리카 대륙을 그들의 식민지 획득의 경쟁무대로 생각하지 말 것.
2. 합중국은 유럽 열강들의 어떠한 전쟁에도 참여하지 않을 것이다.
3. 그러나 아메리카 대륙 안에서 발생하는 모든 사건에는 무관심할 수 없으며, 아메리카 대륙에 유럽의 체제를 확대하려는 기도는 아메리카의 평화와 안전을 위협하는 위험한 행위로 간주할 것이다.
4. 합중국은 유럽 강국들이 보유하고 있는 아메리카 대륙 내의

식민지에 대해서는 아무런 간섭도 하지 않을 것이다.

5. 남아메리카 몇몇 공화국들의 독립에 대한 유럽제국의 탄압
은 합중국에 대한 비우호적인 행위로 간주한다.

먼로는 아메리카 대륙에는 비식민지의 원리를, 아메리카 대륙과 유
럽 대륙의 관계에 대해서는 상호불간섭의 원리를 내세웠다.

한편 그는 초기부터 중앙집권에 반대했다. 1822년에 먼로는 '의회
는 순수한 국가 개발 비용에 대해 표결할 권리가 있다'고 발표하여 연
방 원조를 계속할 바탕을 만들었다. 2년 후 그는 일반조사법에 서명했
는데, 그것은 군사, 우편, 상업에 이용될 도로와 운하의 탐사 권리를 허
용한 것이다. 그는 또 1824년 강력한 특별관세법에 서명함으로써 클
레이의 '미국 계획'에 큰 공헌을 했다. 이 특별관세법은 블럭수입을 목
적으로 한 것으로 새로운 관세원리가 되었다.

애덤스와 잭슨의 대결

1824년, 제임스 먼로 대통령의 임기가 끝나고 새로운 대통령을 뽑
기 위한 선거전이 벌어지면서 미국 정치의 양상은 달라지기 시작했다.
남부와 동부가 돌아가며 대통령에 취임한 것에 대한 서부의 불만이 표
면화되었고, 통치 계급 내부에서 일어난 불화는 1824년 대통령 선거
에서 공화파 후보자들만이 출마하는 결과를 낳았다. 연방파는 흔적을

찾아보기 어려울 정도로 쇠퇴하였고 대부분의 정치인들이 공화파에 속하게 되었다. 그러나 공화파도 주로 동북부의 상공업 세력을 대변하는 국민공화파와 남부와 서부의 농업 세력을 대변하는 민주공화파로 분열했다. 이처럼 서로 상반된 이해관계를 가지고 팽팽하게 대립하며 열기를 더해 가는 가운데 어느덧 대통령 선거가 가까워졌다.

1824년 초 당간부회의가 소집되었다. 이 회의에서 조지아 출신의 재무장관인 윌리엄 크로퍼드가 대통령 후보로 지명되었다. 그러나 뉴잉글랜드 지역의 공화파들은 매사추세츠 출신의 국무장관인 존 퀸시 애덤스를 후보로 지명했고 일부 서부 지역의 공화파들은 하원의장인 헨리 클레이를 후보로 지명했다. 그리고 남서부 지역의 공화파들은 테네시 출신의 앤드루 잭슨을 후보로 내세웠다.

초반에는 크로퍼드와 클레이가 우세한 듯했으나, 선거가 무르익으면서 두각을 나타낸 사람은 애덤스와 잭슨이었다. 투표 결과는 잭슨이

존 퀸시 애덤스

앤드루 잭슨

99표, 애덤스가 84표, 크로퍼드가 41표, 헨리 클레이가 37표를 얻은 것으로 나타났다. 그러나 그 누구도 과반수를 넘어 득표하지 못했고, 선거는 헌법에 따라 다시 하원으로 넘겨졌다. 이때 각 주는 오직 한 표만을 행사할 수 있었다. 클레이는 같은 서부 출신의 잭슨을 미래의 경쟁자로 생각했기 때문에 암암리에 애덤스를 지지했다.

하원으로 넘겨진 선거에서 클레이의 지지에 힘입어 애덤스가 13개 주, 잭슨이 7개 주, 크로퍼드가 4개 주의 찬성표를 얻음으로써 애덤스가 대통령으로 당선되었다.

당선이 결정된 날 밤에 애덤스를 찾아가 정중하게 축사를 전한 잭슨을 놔두고 애덤스는 클레이를 국무장관에 임명하는 어리석음을 범했다. 이는 '더러운 정치적 거래'에 대해 의심을 품고 있던 잭슨파의 비난을 부채질했으며 애덤스에게 호의를 갖고 있던 잭슨으로 하여금 등을 돌리게 했다. 이후 잭슨에게 애덤스는 기필코 이겨야 할 적이 되었다. 애덤스가 대통령에 당선된 그해부터 잭슨의 선거 운동은 시작되었다. 그 결과 애덤스와 클레이의 국민공화파와 잭슨의 민주공화파 사이의 대결이 첨예화되었다.

애덤스는 대통령에 취임한 이후 과거에 연방파들이 주장한 중앙집권화와 통일 정책을 실시하려 했다. 그는 연방 정부 주도하에 아직 정리되지 않은 각 지역의 교통망을 개선했다. 기업의 파산을 처리하고 군대를 편성하는 데 필요한 통일된 법을 마련했다. 나아가 국립 대학, 해군사관학교, 국립 천문대 등을 설립하여 미국의 국력을 신장시키는데 총력을 기울였다. 다른 한편으로는 남부인들의 반대를 무릅쓰고 보호주의적인 성격이 짙은 '1828년의 관세법'을 제정했다.

1828년을 겨냥한 잭슨의 선거 운동

잭슨의 선거 운동은 애덤스가 대통령에 당선된 다음 해부터 본격적으로 시작되었다. 전국적인 조직망을 갖추고 추진된 선거 운동을 통해 잭슨은 수많은 지지자들을 확보하고 있음을 확신했다. 잭슨은 지지 세력을 유지하기 위하여 전국 각지를 돌아다녔다. 잭슨이 자신들의 이익에 부합하지 않는 정책은 모두 애덤스 탓이라고 여기는 주민들 속을 파고드는 동안, 애덤스 대통령은 그를 다시 당선시키지 않겠다는 정적들의 공동작전 때문에 곤궁에 처했다.

특히 잭슨파는 대통령 선거를 위해 애덤스에게 항상 비수를 겨누고 있었다. 그런 그들의 눈에 애덤스가 백악관에 당구대와 체스를 사들인 것이 목격되었다. 애덤스 자신의 돈으로 구입한 것들이었지만 잭슨파의 대변인은 맹렬히 비난했고, 애덤스 대통령의 일거수일투족을 비난 거리로 삼았다. 이 모든 것은 1828년 선거를 겨냥한 선거 전략이었다.

애덤스의 지지자들도 잭슨을 잔인하게 공격했다. 그들은 잭슨을 술주정뱅이며 노름꾼, 암살자, 결투자라고 선전했고, 그의 사생활까지 들춰내어 '간통 사건'을 문제 삼았다. 이는 잭슨의 격렬한 성격을 이용해 그를 격분시켜 자멸하게 하려는 전략이었으나 다행히도 잭슨은 자제했다. 이처럼 서로가 서로를 인신공격하는 것이 끊이지 않았다. 1828년의 선거는 가장 악취를 풍기는 최초의 대통령 선거였으며, 미국이 이제까지 경험했던 어떤 것보다 졸렬한 선거였다.

미국의 공업을 마비시키기 위해 손해를 감수하며 수출을 강행하고 있던 영국에 대항하여 애덤스 정부는 수입세를 부과했다. 그런데 영국에 목화를 수출하고 대신 목화 가공 제품을 수입하는 남부는 수입세를 반대할 수밖에 없었다. 남부인들은 잭슨파가 주도한 모임에 참여해서 쉬지 않고 애덤스를 비난했다. 게다가 애덤스 대통령이 1828년에 제정한 관세법을 찬성했던 서부가 잭슨을 지지하는 상황이 되어 버렸다. 서부인들은 관세법으로 발생되는 수입이 대규모 공공사업에 쓰일 것을 바라며 찬성했는데 뜻대로 되지 않기 때문이다.

잭슨은 관세를 반대하는 남부와 찬성하는 서부 사이에서 어떤 입장을 취할지 결정하기가 어려웠다. 그는 보좌관 마틴 밴 뷰런의 조언대로 고율의 관세법안을 제시했다. 그러나 동부 스스로의 거부를 전제로 한 이 전략은 실패해 고율의 관세법안이 그대로 통과되었다. 이에 남부는 분개하여 찰스턴에서는 반기를 게양하는 사태까지 발생했다.

이렇게 본격화된 선거 운동 과정에서 국민공화파는 애덤스와 클레이의 주도하에 관세, 대규모 공공사업, 헌법의 자유해석을 주장했다. 이에 맞서 잭슨과 칼훈이 이끄는 민주공화파는 그들의 권익을 옹호하면서 관세에 반대했다. 투표 결과는 잭슨의 압도적인 승리였다.

잭슨 민주주의의 서곡

잭슨의 취임식은 성대하게 거행되었다. 전날 밤부터 수도 워싱턴은 전국 각지에서 모여든 추종자들로 북새통을 이루었다. 그들 가운데는 선거 운동의 대가로 공직을 요구하려고 온 사람들도 있었으나 대부분은 잭슨을 직접 보고 경의의 갈채를 보내기 위해 모여든 것이었다.

취임식 당일 워싱턴은 자신들의 영웅을 보기 위해 찾아온 사람들로 가득 찼다. 잭슨은 간소한 차림으로 그의 숙소에서부터 국회의사당까지 반 마일을 걸어갔다. 수많은 마차와 말과 사람의 행렬이 대통령의 뒤를 따라 백악관으로 밀려들었다.

취임 후 잭슨이 우선적으로 해야 할 일은 내각을 조직하는 것이었다. 그는 국무장관으로 밴 뷰런을 생각하고 있었다. 잭슨을 당선시키

앤드루 잭슨의 취임식

는 데 크게 기여한 밴 뷰런은 스스로를 미국인 중에서 잭슨 다음가는 인물로 사려 깊고 신중한 사람이라고 믿었고 또 그렇게 되기를 바랐다. 국무장관의 자리를 승낙한 후 발표된 각료 명단을 보고 뷰런은 국무장관직을 수락한 것을 후회했다. 잭슨의 관료 임명이 어찌나 졸렬했던지 각 분야에서 비난이 난무했다. 그러나 잭슨은 자기의 뜻을 굽히지 않았다.

선거 운동을 같이하던 때부터 잭슨이 대통령에 당선된 얼마 후까지 잭슨과 칼훈은 좋은 관계를 유지했다. 잭슨의 당선과 더불어 부통령이 된 칼훈은 다음 선거에서는 자신이 대통령 자리에 오를 것으로 믿었다.

그러나 잭슨 대통령의 측근들은 잭슨의 재출마 계획을 세웠고 다음 후보로는 밴 뷰런을 물망에 올렸다. 잭슨과 칼훈 사이는 점점 멀어졌고 둘 사이를 결정적으로 갈라놓은 것은 주정부와 연방 정부에 관한 견해 차이였다. 칼훈은 애덤스 행정부가 1828년에 제정한 이른바 '증오의 관세법'이 농업 지대인 남부에 불리하다는 이유로 반대했다.

주는 연방의 결정에 대해 거부권을 행사할 수 있다고 한 칼훈과 주의 권리 주장은 연방의 테두리 안에서만 가능하다고 한 잭슨은 같은 민주공화파이면서도 상반된 견해를 갖고 있었다. 그들은 서부 국유지 매각을 둘러싼 의회 논쟁 때문에 연방 지지파와 주 지지파로 갈라져 공개적으로 상대방을 비난했다. 서부의 농민들은 국유지로 되어 있는 땅을 정부가 싼 가격으로 불하하길 바랐다. 이때 남부는 관세폐지 운동에 대한 서부의 지지를 얻기 위해 서부의 요구를 지지했다. 그러나 동북부의 상공업 세력들은 입장이 달랐다. 국유지 매각 시 일정한 한계를 정하는 법안을 코네티컷 상원의원인 새뮤얼 푸트가 의회에 제출했다. 그러자 미주리 상원의원인 토머스 밴튼이 이에 항거했다.

이 대립이 계기가 되어 남부 출신의 유명한 웅변가 로버트 헤인과 동부 출신의 대니엘 웹스터 사이에 논쟁이 벌어졌다. 사우스캐롤라이나 상원의원으로서 칼훈의 대변자인 로버트 헤인은 연방이 주에 불리한 법을 제정한다면 주는 그 법을 무효화할 수 있다는 주권론을 주장했다. 이에 대해 연방 정부를 대변하는 매사추세츠의 대니엘 웹스터는 미국 전체의 안녕을 위해서는 주의 자유보다 연방의 유지가 더 강조되어야 한다고 반박했다.

헌법 제정 이래 최대의 쟁점이 된 주정부와 연방 정부에 관한 문제는 잭슨과 칼훈 사이에서 더욱 첨예화되었다. 1830년 4월 제퍼슨의 생일 축하연에 두 사람이 동석했다. 살얼음판 같은 축하연에서 둘은 서로의 이견을 재확인했고, 이후 칼훈은 부통령직을 사임했다.

잭슨의 재선과 공황

잭슨이 연방의 보존을 강조했다고 해서 동북부의 상공업자들과 같은 생각을 가진 것은 아니었다. 그는 농업을 일으키려고 애썼고, 지방 분권화를 정착시키려고 했던 민주공화파의 지도자였다. 정부와 평민이 어떻게 하면 가까워질 수 있을까 고민해 온 정치적 민주주의자였다. 다른 한편으로는 모든 개인에게 동등한 기회를 부여하고, 그들로 하여금 자유롭게 자신들의 이익을 추구할 수 있도록 최대한의 자유를 허용하자는 자유주의자였다.

잭슨은 대통령에 취임한 1829년 의회에 보낸 최초의 연차교서에서 합중국은행법의 합헌성과 타당성에 의문을 제기하며 합중국은행에 반대하는 입장을 밝혔다. 잭슨은 은행의 특허 연장을 거부했는데, 거부교서는 그의 정치관을 이해하는 중요한 문서였다. 잭슨은 합중국은행은 배타적 독점의 극치를 달리고 있고, 합중국은행의 주식은 외국인과 수백 명의 미국인에게만 국한되어 있다는 사실을 지적하며, 대다수 국민의 이익을 위하여 합중국은행의 재특허를 불허한다는 입장을 밝혔다. 이로 인해 1832년 선거에서는 더욱 많은 국민의 지지를 얻어 합중국은행의 재특허를 선언한 클레이에게 압승했다.

잭슨은 재선 이후 정부의 재정 수입을 종전과 같이 합중국은행에 예금하지 않고 각 주에 있는 은행에 분산시켰다. 한창 발선이 신행 중인 서부 지역과 농산물 가격이 안정세에 접어든 남부에서는 많은 지방 은행들이 생겨나는 결과를 보였다. 그러나 1835년 서부 지역에 대흉작이 들었고, 1836년에 남부 지역에서 면화 가격이 폭락해 농민을 상대로 하던 지방은행의 경영이 부실해졌다. 게다가 과열된 토지 투기를 냉각시킬 의도로 잭슨 행정부가 1836년 7월에 국유지 매각 대금을 금화나 은화인 정화正貨로만 영수한다는 조치를 취하자 경기는 후퇴하기 시작했다. 마침내 1837년 5월 미국 금융계를 좌우하는 뉴욕의 여러 은행들이 정화 지불을 중지했다. 그러자 전국의 788개 은행 중 정화 준비가 거의 없던 618개 은행이 도산했다. 또한 채권을 남발한 주 중에서는 원금 상환마저 거부하는 곳이 속출하여 주 채권의 신용이 붕괴되면서 본격적인 불황을 맞게 되었다.

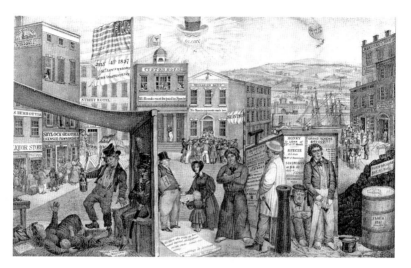

대공황 시기 미국 독립기념일의 축하연을 풍자한 캐리커처

이처럼 잭슨은 희비가 엇갈리는 시대를 통치했다. 비록 임기 말년에 미국이 불황을 맞이했지만 임기 동안에 미국 사회에 평등주의가 깃들게 했고, 시민의 영향력을 크게 신장시켰다.

현대적인 정당의 출현

잭슨 시대의 가장 두드러진 특징은 시민의 정치적 신장이었다. 이는 미국의 정치 제도와 정당 구조상에 새로운 변화를 몰고 왔다.

첫 번째로 선거에서 공로가 있는 지지자에게 관직을 나누어 주는 '엽관제'가 등장하였다. 자신을 지지한 사람들을 공무원으로 만드는 것은 종전의 정상적인 방법으로는 관직을 꿈꿀 수도 없던 일반인들에게 공직에서 일할 수 있는 길을 열어 주는 것으로, 민주주의 발전에 크게 이바지했다.

다음으로 정부에서 임명하는 관리의 수가 줄고 민선 관리의 수가 늘어났다. 잭슨 시대에는 선거인단이 대부분 주민들에 의해 선출되었는데, 이는 곧 참정권이 일반 대중에게 평등하게 확산되었다는 사실을 말해 주고 있다.

또 다른 변화는 대통령 후보를 지명할 때 일반인 출신의 정당 대의원들이 영향력을 발휘할 수 있는 회의가 열리기 시작했다는 것이다. 1831년에 처음으로 전국 지명 대회를 통해 대통령 후보를 결정했으며, 잭슨 행정부 말기에는 제도적으로 자리 잡았다.

마지막으로 대통령이 각료 외에도 개인적으로 보좌관을 임명하여 정책을 논의하는 관행이 생겼다는 사실이다. 잭슨은 선거에는 도움이 되었지만 억지로 임명할 수밖에 없었던 탐탁지 않은 각료들의 영향을 덜 받기 위하여 여러 가지 국가 일들을 신뢰할 수 있는 보좌관들과 의논했다.

이처럼 일반인의 정치 참여가 확대됨에 따라 대중에 뿌리를 둔 현대적인 정당이 나타났다. 공화파가 민주공화파와 국민공화파로 갈라졌고, 그것은 다시 민주당과 휘그당으로 변화했다. 잭슨을 지도자로 하는 민주당은 농업 세력을 지지 기반으로 갖고 주권론을 주장한 반면, 웹스터를 중심으로 한 휘그당은 상공업 세력을 지지 기반으로 두고 연방 강화를 부르짖었다. 시간이 지나자 양당의 구분은 뚜렷해졌고 이는 곧 양당 제도가 그 자리를 굳혀 가는 모습이었다.

불운한 대통령 마틴 밴 뷰런

잭슨 시대를 통해 달라진 정치 풍토 속에서 치러진 선거가 1836년 대통령 선거였다. 이 선거에서 민주당의 마틴 밴 뷰런은 대통령에는 쉽게 당선되었으나 운이 나빴다.

21세에 변호사가 된 밴 뷰런은 1808년 선거에서 공화당을 지지한 덕택에 판사로 임명되었다. 4년 뒤인 1812년에는 주 상원의원으로 당선되었고, 이어 주 검찰총장, 주립대학협의회 의원직을 거쳐 1821년에는 상원의원에 선출되었다. 1824년 선거에서 그는 비공식적이긴 했지만 윌리엄 크로퍼드를 지지했다. 선거 결과 애덤스가 당선되었고 상원에 있던 그는 애덤스파의 범국가적인 여러 정책을 시종일관 반대했다. 그리하여 뷰런은 잭슨의 두터운 신망을 얻었고, 결국엔 잭슨의 선거 운동을 총괄하는 선거 사무장이 되었다. 1828년 잭슨의 대통령 당선으로 그는 국무장관에 임명되었고, 잭슨의 재임 동안 부통령이 되어 잭슨을 성실하게 보좌했던 것이다.

민중의 열렬한 지지를 받은 잭슨이 지명한 후보자 밴 뷰런은 예상대로 당선되었다. 그러나 잭슨이 그에게 넘겨준 것은 민중의 환호성만은 아니었다. 고객 없는 은행, 살 사람도 없는 토지, 주민이 없는 도시, 교통이 두절된 운하, 가치가 없어진 저당권, 억지로 올려놓은 물가, 필수품의 부당한 가격 상승 등 풀기 힘든 현안만을 잔뜩 넘겨주었다.

결국 그가 취임하고 얼마 지나지 않아 수확 감소, 무역 적자 등 거센

마틴 밴 뷰런

바람이 불었다. 여기에다 영국의 경제 파탄으로 미국에 투자되었던 영국 자본이 빠져나가는 바람에 1837년에 최대의 경제 공황이 터지고 말았다. 물가폭등에 항의하는 집회가 연일 열리고 은행 앞은 예금을 찾으려는 사람들로 장사진을 이루는 등 군대가 동원될 만큼 치안이 어수선해졌다. 여론은 정부를 향해 책임을 추궁하기 시작했고, 비난의 화살은 밴 뷰런과 잭슨에게 날아갔다.

부실했던 은행 경영이 이 재난에 가세했다. 잭슨 시대에 제정된 '경화통용법'은 서부 토지에 대한 투기 활동을 억제했으며 투기꾼에게 돈을 빌려주던 금융가들의 활동을 위축시켰다. 동부 해안 도시에서는 실업자들이 속출했고, 공장은 문을 닫았고 가격 폭락으로 농산물들이 마구 버려졌다. 운하와 철도사업도 중단되었다. 일자리를 잃은 노동자들은 거리로 나와 자선단체에서 제공하는 빵을 얻기 위해 줄을 섰다. 불경기는 1843년까지 계속될 정도로 심각했다. 밴 뷰런의 인기는 급속도로 떨어졌고, 나아가 증오의 대상이 되었다.

이때를 틈타 야당인 휘그당은 다가올 선거에서 승리할 방법을 철저히 연구했다. 협의회에서 대통령 후보를 선출하던 방법 대신 민중이 선택하는 방법으로 바뀌었기 때문에 대중성을 갖춘 인물을 찾아야만 했다. 이때 휘그당원들의 눈에는 노군으로 인기가 많았던 윌리엄 해리슨이 적격으로 보였다. 과거에 티페카누 전투에서 인디언들을 격파하여 영웅으로 추앙받던 그는 휘그당의 대통령 후보로 지명되었다. 휘그당은 평민에게 호소하기 위해 해리슨을 순박하고 건전한 민중의 한 사람으로 만들려고 했다. 그러기 위해서는 밴 뷰런이 백악관을 호화롭고 타락한 환락의 장소로 만든 방종한 금권정치가라는 인상을 심어 주어야만 했다. 그러나 사실 뷰런은 가난한 가정에서 자란 사람이었고, 반대로 해리슨은 2천 에이커나 되는 토지를 가진 농부 출신이었다. 그들은 거짓말을 퍼뜨려 밴 뷰런을 깎아내리기에 여념이 없었다. 그리고 당내 소수파인 남부 세력을 위해 버지니아의 존 타일러를 부통령 후보로 내세웠다.

'휘그당 환영'이라는 깃발이 나부끼는 가운데 연사가 '티페카누를!' 하고 외치면 청중들은 '타일러를!' 하고 응수했다. 이 효과적인 운동방법으로 티페카누의 해리슨과 타일러는 나란히 당선되었다.

텍사스 합병과 멕시코 전쟁

노령의 해리슨 대통령은 취임한 지 1개월도 못 되어 사망했고 부통령인 타일러가 대통령직을 계승했다. 당시 타일러는 당내 소수파인 남부 휘그당을 대변하고 있었기에 당내 다수파인 북부 휘그당이 지배하는 의회와의 충돌은 불가피한 일이었다. 그는 합중국은행을 부활시키려는 북부 휘그당의 시도에 두 번이나 거부권을 행사했다. 또한 클레이가 추진한 관세법에 대해서도 두 번이나 거부했다. 이로 인해 국무장관 웹스터를 제외하고는 출범 시에 임명한 각료들이 모두 사임하는 사태까지 생겼다.

민주당은 1844년 선거에서 비교적 잘 알려지지 않은 인물인 제임스 포크를 후보로 내세웠고, 휘그당은 헨리 클레이를 후보로 내세웠다. 새로 창설된 자유당은 노예제를 반대하는 제임스 버니를 후보로 내세웠는데 이는 휘그당에 불리하게 작용했다. 그 결과 휘그당의 클레이는 적은 표 차이로 민주당의 포크에게 지고 말았다.

포크 대통령의 앞날도 그리 밝지만은 않았다. 잭슨 시대부터 본격화된 서부로의 팽창이 서서히 국경 문제로 옮겨 가기 시작했던 것이다.

텍사스는 1823년에 스티븐 오스틴이 멕시코 정부로부터 개척지를 만들 수 있는 권리를 얻어 낸 곳이었다. 특히 산타페에는 멕시코와의 무역거래소가 있었는데, 7~8배의 이익이 남는 거래에 수많은 미국인들이 몰려왔다. 멕시코 정부는 텍사스로 이주해 온 미국인들을 환영했었다. 그러나 멕시코인과 미국인의 비율이 1대 10에 이르자 멕시코는 이주를 금지하는 한편 미국인들도 멕시코 법률에 따를 것을 명했다. 미국인 이주자들은 멕시코의 조치에 아랑곳하지 않았고, 1835년까지 약 3만 명이 텍사스로 이주해 왔다. 이에 멕시코 정부는 군대를 주둔시키고 관세를 부가하는 등 강경한 자세를 취하였다.

1836년 텍사스의 미국인들은 독립을 선언했다. 미국인들의 반란을 진압하기 위해 멕시코는 대통령이 직접 군대를 지휘하여 텍사스로 진격했고, 알라모 전투와 골리아드 전투에서 승리를 거두었다. 그러나 미국인들도 만만치 않았다. 그들은 샘 휴스턴 장군의 지휘하에 샌재신토 전투에서 멕시코군을 대파했다. 그리고 멕시코 대통령을 포로로 잡

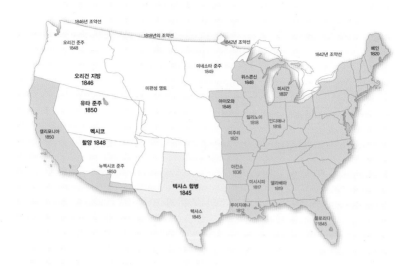

1845년 텍사스 합병

았다. 멕시코는 리오그란데강을 국경선으로 하는 텍사스 공화국을 승인한다는 벨라스코 조약에 어쩔 수 없이 서명했다.

이후 텍사스 공화국은 미국에 텍사스를 합병시켜 달라는 안을 제출했다. 텍사스의 연방 가입은 노예주가 늘어나는 것을 의미했다. 노예제를 거부하는 북부는 텍사스의 연방 합병을 거부했고, 남부는 지지하는 양상을 보였다. 텍사스는 자신들만의 힘으로는 독립국을 유지하기 힘들었기 때문에 계속적으로 합병을 요구했다. 마침내 1844년 상하양원 합동회의를 통해 합병안이 통과되었다. 텍사스는 드디어 미연방의 한 주가 되었다.

미국의 텍사스 합병이 멕시코를 자극한 것은 당연했다. 멕시코는 합병 소식이 전해지기가 무섭게 즉각 항의 성명을 발표했다. 또한 미국

주재 대사를 소환함으로써 미국과의 공식적인 관계를 끊었다. 포크 대통령도 최악의 사태가 발생할 수 있다고 판단해 테일러 장군을 멕시코로 급파하는 한편, 존 슬라이델을 특명대사로 따로 멕시코에 보내 텍사스 문제를 해결하는 것뿐만 아니라 뉴멕시코, 혹은 가능하다면 캘리포니아까지 매매할 것을 공식적으로 제의하려 했다. 그러나 멕시코의 거부로 양국은 팽팽한 대치 국면에 접어들었다. 이러한 가운데 먼저 긴장을 깬 것은 멕시코였다.

1846년 4월에 멕시코군의 제1선 부대가 리오그란데강을 건너 진지를 구축하고 있던 미군을 강타했다. 기마 전투가 벌어졌고 쌍방 간에 전사자가 발생했다. 이에 의회는 1846년 5월 12일에 선전포고를 하기로 결정했고, 미국과 멕시코 사이에 전쟁이 시작되었다. 양국 군대는 몬테레이 지역과 부에나비스타에서 치열한 교전을 벌였다.

미군은 압도적인 승리를 거두었다. 승리 기세를 몰아붙여 포크 대통령은 윈필드 스콧 장군에게 멕시코시티로 진격할 것을 명령했다. 이때 캘리포니아에서도 존 프레몽과 군장교들의 도움을 받은 미국인들의 폭동이 일어났다. 사태가 격화되자 멕시코는 곤란해졌다. 멕시코군의 전력이 약한 데다가 내부적으로 와해되기 시작한 것이다. 멕시코가 피해를 더 내지 않는 범위에서 전쟁을 끝내는 것이 과제라고 생각했기에 미국은 어렵지 않게 캘리포니아를 정복할 수 있었다. 이때가 1846년 가을 무렵이었다.

포크 대통령은 1848년에 멕시코에 평화사절을 파견하여 과달루페이달고 조약을 체결했다. 미국은 영토를 손에 넣은 대가로 멕시코 정부가 미국인들에게 지고 있는 채무를 갚아 주기로 합의했다. 이 조약

1847년 멕시코시티를 점령한 미국군

으로 미국은 오늘날의 캘리포니아, 네바다, 유타, 애리조나, 뉴멕시코 등을 포함한 광대한 영토를 얻었다. 또한 이 지역에서 수 세대 동안 살아온 스페인계 주민들도 받아들였다.

1850년의 타협

1848년 1월 어느 날 새크라멘토에서 동북쪽으로 80킬로미터가량 떨어져 있는 아메리칸 강가를 한 사나이가 걷고 있었다. 무엇인가 빛

금을 캐러 캘리포니아로 가라는 광고

나는 것을 발견한 그는 강물로 뛰어들었다. 그의 손에는 황금 덩어리가 들려 있었고, 주위에는 같은 빛의 덩어리들이 여기저기에 흩어져 있었다. 이 소문은 캘리포니아는 물론 동부 지역에까지 알려졌다. 많은 사람들이 앞다투어 시에라네바다의 산록에 괭이와 냄비를 갖고 모여들었다. 그 결과 1848년 한해 동안에 4천 명이 넘는 사람들이 몰려와 약 1천만 달러 상당의 황금을 캤다. 이듬해인 1849년에는 금을 파기 위해 모여든 사람 수가 10만 명에 육박했다. 2만 정도에 불과했던 캘리포니아의 인구가 급격히 증가한 것이다. 그 결과 1849년경에는 캘리포니아를 주로 끌어올리는 데 충분했다.

캘리포니아는 노예 제도가 필요하지 않았으므로 자유주로서 연방에 가입하기를 희망했다. 그러나 멕시코로부터 받은 나머지 영토를 자유주로 하느냐 노예주로 하느냐의 문제는 남북 싸움의 불씨가 되었다.

결국 한 치도 양보할 수 없는 남북은 타협의 길을 모색했고, '1850년의 타협'을 체결했다.

> 첫째, 캘리포니아는 자유주로서 인정하되 그 밖의 멕시코로부터 얻은 영토에 대해서는 주민의 결정에 맡기는 준주로 한다.
> 둘째, 콜롬비아 지구에서의 노예 매매는 금지하되, 노예 제도는 폐지하지 않는다.
> 셋째, 도망노예 단속에 관하여 기존의 법보다 더 강력한 단속법을 제정한다.

이 중 특히 '도망노예 단속법'의 시행은 북부 사람들에게는 노예 제도의 폐단 중에서도 가장 참혹한 일면을 드러내는 것이었다. 사실 이 법령은 연방 공무원에게 도망노예를 체포할 의무를 부과했고, 일부 시민에게는 도망노예 수색 활동에 협조하도록 요구했다. 뿐만 아니라 수색 중인 도망노예를 모르고 도와주어도 처벌받도록 규제했다.

타협 이후의 위기

캘리포니아가 자유주로 연방에 가입함으로써 자유주와 노예주 비율은 16대 15가 되었다. 자유주와 노예주 수를 항상 동일하게 함으로써 상원에서 남북 간의 정치적 균형을 유지하려 했던 남부에게는 커다란 타격이었다. 남부는 수적 열세에서 벗어나 안정된 정치 세력을 확보하기 위해 노예 제도 확대에 열을 올렸다. 나아가 급진파들은 노예 제도를 유지시키기 위해서는 연방으로부터의 탈퇴도 불사하겠다는 강경론을 펼쳤다.

한편 북부도 '1850년의 타협'에 결코 만족하지 않았다. 특히 타협의 한 조건이었던 도망노예단속법이 때로는 자유 흑인을 도망노예로 몰아붙이는 경우를 유발하기도 해 북부의 감정을 격화시켰다. 결과적으로 '1850년의 타협'은 문제를 더욱더 악화시켰다.

분열은 1852년의 선거를 맞는 휘그당에서 뚜렷이 나타났다. 휘그당은 북부와 남부, 즉 '양심적인 휘그'와 '면화왕들'로 나뉘었다. 그 때문에 휘그당은 당시 대통령 밀러드 필모어를 추대하지 못하고, 대신 멕시코 전쟁이 낳은 영웅 윈필드 스콧 장군을 후보로 지명했다. 민주당도 마찬가지로 분열되어 있었지만, 멕시코 전쟁에서 이름을 떨친 프랭클린 피어스를 후보로 지명하는 데 성공했다. 선거 결과는 민주당의 승리였다. 프랭클린 피어스가 대통령에 당선되었다.

피어스 대통령이 들어서도 지역 간의 불화는 해소될 기미가 보이지 않았다. 의회에 대한 첫 교서에서 그는 관세율의 더 많은 인하를 제안했고, 서부의 철도 건설에 연방의 원조를 제안했다. 그러나 피어스 대통령의 계획도 좋은 결과를 가져오진 못했고 정당 간에 경쟁만이 더욱 치열해졌다.

캔자스·네브래스카법

피어스 대통령 재임 중에 연방 정부는 북부 민주당의 지도자이며 상원의원이었던 스티븐 더글러스의 제안을 토대로 캔자스·네브래스카법을 제정했다. 이 법은 사실상 대륙횡단철도를 북부 쪽에 건설하려는 데 있었다. 더글러스는 대륙횡단철도를 시카고를 거치는 북부선으로 결정하려면 무엇보다 남부인의 지지가 필요하다고 생각했다. 이런 속셈으로 남부인에게 혜택을 주려 한 것이 1854년의 캔자스·네브래스카법이었다. 이 법은 캔자스와 네브래스카가 자유주가 될 것인지, 아니면 노예주가 될 것인지는 전적으로 그 지역 주민들의 의사에 따른다는 내용을 담고 있었다.

북부의 노예 폐지론자들은 맹렬히 반대했다. 그러나 더글러스는 피어스 대통령의 협력을 얻어 그 법안을 의회에서 통과시키는 데 성공했다. 그러자 북부 측은 남부에 대한 도전으로 공화당을 결성했다. 그 구성원은 휘그의 일파, 반남부 민주당원, 자유토지당원으로 되어 있었으며 북부와 서부의 자본가나 농민, 노동자로부터 지지를 받았다.

캔자스·네브래스카법의 성립이 공화당 결성으로 일단락된 것은 아니었다. 법안 통과를 계기로 남부와 북부 양쪽에서 캔자스로 이주하면서 무장한 이주민 집단 간에 대립이 발생했다. 두 집단의 대립은 무력 투쟁으로 발전해 '유혈의 캔자스'를 빚어냈다.

의견이 다른 의원을 폭행하고 신문을 이용해 서로 공격하는 대립 속

캔자스 · 네브래스카법을 제정할 당시 노예제와 주유주로 나뉜 미국의 상황을 보여 주는 지도

에서 1856년 선거가 가까워졌다. 민주당은 펜실베이니아 출신 외교관 제임스 뷰캐넌을 후보로 지명했다. 뷰캐넌은 캔자스 · 네브래스카법으로 미국이 떠들썩할 때 국내에 없었으므로 비교적 이 문제에 냉정할 수 있는 인물로 생각되었다. 휘그당은 밀러드 필모어를 지명했다. 또한 새롭게 창당된 공화당이 선거에 참가했다. 노예제에 반대하는 입장을 강하게 표명하면서 서부 개척으로 이름을 날린 존 프레몽을 후보로 지명했다. 선거 결과 민주당의 뷰캐넌이 대통령에 당선되었다.

이때 대법원에서는 '드레드 스콧' 판결이 있었다. 스콧은 미주리의 노예였다. 그는 주인을 따라 자유의 땅인 위스콘신으로 가게 되었고 노예 신분에서 해방되었다. 그러나 그가 다시 미주리로 돌아오자 문제가 발생했다. 이 문제는 대법원까지 올라갔고, 노예주로 돌아온 이상 스콧은 노예이며 연방 의회가 노예 제도를 금지했다고 해도 그 효력이 적용되지 않는다는 판결이 내려졌다. 이 판결로 전국은 걷잡을 수 없는 소용돌이 속으로 말려들었다.

4장

민주화·산업화 시대

🌻 민주화·산업화 시대

노예 문제로 격화된 남북 간의 대립은 링컨의 등장과 남부 11개 주의 연방 탈퇴로 인해 전쟁이라는 극한 상황으로 치닫게 되었다. 전쟁 초기에는 남부군이 우세했으나 앤티텀 전투를 계기로 북부군이 세력을 회복했고, 게티즈버그 전투에서 결정적인 승리를 거둠으로써 이 전쟁은 북부의 승리로 막을 내렸다. 그 결과 연방이 유지되었고, 노예 제도가 폐지되었으며, 공업 발전을 위한 토대가 마련되었고, 서부 개척의 활력소가 제공되었다.

한편 남북전쟁 후 좀 더 활기를 띠기 시작한 서부 개척은 광부, 목축업자, 농민들의 대이주에 따른 인구 증가 및 국토 개발로 급격한 변화를 이루었고, 1890년대에 이르러 프런티어가 소멸되었다. 그뿐만 아니라 전후에 추진된 정부의 친기업 정책 및 대륙횡단철도 건설 등의 영향으로 등장한 대기업가들의 활동으로 미국은 이제 유럽 열강들도 만만히 볼 수 없는 산업 국가로 변했다. 그러나 번영의 상징인 산업화·도시화는 미국의 이상을 가로막는 어두운 그림자로 둔갑했다. 수많은 노동단체의 활동, 농민 운동, 언론·문학작품 등을 통하여 제기된 항변에도 불구하고 부패는 더욱 만연했고, 빈부 격차는 더욱 심화되었다. 평등·정의·민주 사회를 건설한다는 미국의 꿈이 수포로 돌아가는 듯했다.

누가 미국의 꿈을 회복시켜 줄 것인가? 이에 대한 해답이 '혁신주의 운동'이었다. 이 운동은 빈곤 및 부정부패 추방을 통한 사회정의 운동과 정치 개혁 운동으로 확산되어, 제1차 세계대전 직전까지 미국을 변화시켰다.

남북전쟁과 재건

링컨의 등장

전국을 긴장시킨 '드레드 스콧' 판결 후에도 여러 번의 긴장 상태가 이어졌다. 남부 측은 1856년에 관세 인하를 단행했고 다음 해에는 북부 선박에 대한 보조세를 끊어 버렸다. 제임스 뷰캐넌 대통령은 자영 농지법을 계속 거부했다. 이제 미국은 사실상 파국에 몰린 것이나 다름없었다.

이러한 위기에 미국의 지도자로 새롭게 등장한 인물이 에이브러햄 링컨이었다. 1834년에 일리노이 주의회 의원으로 당선된 링컨은 네 번이나 의원직을 역임했다. 그 후 변호사로서 명성을 얻어 1846년에 휘그당 하원의원 후보로 지명되었고, 선거에서 승리했

다. 1854년에 캔자스 · 네브래스카 파동이 일어날 무렵 링컨은 다시 정계로 뛰어들어 1855년 상원의원 선거에서 캔자스 · 네브래스카법의 주역인 더글러스와 맞붙었다. 이 선거의 첫 투표에서 링컨은 가장 많은 표를 얻었다. 그러나 출마한 세 후보 중 단 한 사람도 과반수 득표를 하지 못했다. 노예 제도에 대한

에이브러햄 링컨과 아들

동요가 더해 가면서 링컨은 중도파의 대변자로서 인기를 더해 갔다. 1856년에 그는 새롭게 창당하는 공화당을 조직하는 데 기여했고 공화당의 세력을 넓히는 데도 중요한 역할을 했다.

1858년, 더글러스가 상원의원에 재출마했을 때 링컨도 출마했다. 당시 그는 스프링필드에서 내분을 일으키고 있는 집안이 오래갈 수 없듯이 연방도 반노예와 반자유의 양립 속에서는 계속될 수 없다는 내용의 연설을 했다. 이 연설로 인정받고 있던 일리노이와 북서부뿐 아니라 기대하지 않았던 동부에서도 주목받게 되었다.

링컨의 대통령 당선

링컨은 소신 있는 행동과 착실한 정계 활동으로 1860년 공화당 전당대회에서 대통령 후보로 지명되었고, 해니벌 햄린이 부통령 후보로 지명되었다.

당시 가장 큰 정치 문제로 대두된 노예 문제에 대한 링컨의 견해는 온건하고 상식적이었다. 물론 그는 노예 제도를 증오했고 하루빨리 사라지기를 희망했다. 그러나 정치가로서의 입장은 노예 문제로 인하여 미국이 분열되고, 한 국가의 기틀이 파괴되는 것은 방지해야 한다는 것이었다. 그러므로 새롭게 만들어지는 주에는 일체 노예 제도를 허용하지 않고, 이미 노예 제도를 수용하고 있는 주는 얼마간 그 상태로 두자는 입장을 취했다.

1860년 선거에서 민주당은 남북으로 분열되었다. 남부는 노예 제도의 유지를 주장했고, 북부는 더글러스의 주장대로 주민의 의사에 따르기로 했다. 결국 북부 민주당과 남부 민주당은 각기 다른 후보를 내세

흑인 노예를 파는 사람들

었다. 또한 이 선거에서는 노예 문제와 관계없이 오직 미국의 분열만을 방지할 것을 주장하는 입헌통일당이라는 정당도 생겼다. 선거 결과 링컨이 당선되었다.

링컨이 대통령에 당선되긴 했으나 아직은 민주당의 뷰캐넌이 대통령직에 있었다. 그런데 남과 북 사이의 긴장이 절정에 다다른 시점에서 뷰캐넌은 아무런 대책도 강구하지 못했고 여러 주가 연방에서 탈퇴하기 시작했다.

다음 해 3월 4일 링컨이 취임하기 전까지 사우스캐롤라이나를 비롯하여 미시시피, 플로리다, 루이지애나, 앨라배마, 조지아 등 6개 주가 탈퇴했다. 그들은 1861년 2월 말에 새로이 '남부연합'을 조직하고, 새 정부를 앨라배마의 몽고메리에 세웠다. 그리고 미시시피 출신의 제퍼슨 데이비스를 대통령으로 선출했다.

섬터 요새의 포성

1861년 3월 4일, 링컨은 미국의 16대 대통령에 취임했다. 그는 취임 연설에서 '연방'이 '헌법'보다 역사가 깊은 이유를 설명하고, 몇몇 주의 영원한 분리는 불가능함을 강조하면서 남부 측에 타협을 호소했다. 그러나 흥분한 남부 측은 링컨의 호소에 귀를 기울이지 않았다. 그들은 동맹을 결성하여 전쟁을 준비했고, 남부에 있던 연방의 재산이나 요새는 모조리 몰수했다. 사우스캐롤라이나의 찰스턴 항구 안에 있는 섬터 요새와 플로리다에 있는 몇몇 요새만이 연방에 남아 있었다. 그중에서도 가장 중요한 것은 로버트 앤더슨 소령이 지키던 섬터 요새였다.

심터 요새에 식량과 지원병을 요구하는 앤더슨의 편지를 받은 링컨은 이제 남부 분리 운동의 거점이며 가장 커다란 위험이 도사리고 있는 장소에 구원대를 보내야 하는 상황에 봉착했다. 이때 국무장관인 윌리엄 수어드를 비롯하여 각료 대부분은 섬터 요새를 포기하라는 의견을 제시했다. 링컨은 섬터 요새를 포기할 것인지, 구원을 단행할 것인지를 놓고 한 달을 고민했다. 마침내 4월 6일 구원대의 출동을 명령하고 동시에 사우스캐롤라이나 주지사에게 섬터에는 식량만을 보급할 뿐 병력과 탄약을 상의 없이 절대 투입하지 말라고 통고했다.

그러나 몇 달 전부터 남부 측이 집요하게 요구했던 섬터 요새에 구원대를 보낸다는 것은 남부 측의 요구를 거부하는 것이며, 전쟁이냐 항복이냐의 양자택일을 남부에 강요하는 것이나 다름없었다. 북부와의 충돌을 피하려 노력한 남부연합의 데이비스 정부는 이틀에 걸쳐 신

1861년 남북전쟁

중히 협의했다. 그들의 결론은 강경론으로 기울어졌고, 피에르 보우리
가드 장군으로 하여금 섬터 요새를 인수하라는 지시가 내려졌다. 마침
내 남부연합은 4월 12일에 섬터 요새에 포격을 개시했고, 다음 날 요
새는 함락되었다. 이로써 남북전쟁의 막이 올랐다.

제1차 불런 전투

섬터 요새에서 총성이 울리자 남부연합에 몇 개의 주가 더 가담하여
남부연합은 11개 주가 되었다. 그리고 워싱턴에서 100마일 떨어진 버
지니아의 리치먼드로 남부연합의 수도를 옮겼다. 워싱턴과 리치먼드
사이에는 포토맥강, 래퍼해녹강, 요크강이 앨러게니산맥에서부터 체
서피크만까지 거의 평행선을 그으며 흐르고 있었다. 이 천연적인 요새

의 덕을 보며 남부인들은 강의 남쪽에서 수비만 하면 되었다.

북부 측에서는 리치먼드가 워싱턴과 가까우므로 작전이 쉽게 성공할 것이라고 생각했으나 남부연합의 수도가 된 리치먼드의 점령이 실질적으로 얼마나 중요한가 하는 것에 대해서는 의구심을 가졌다. 그러나 리치먼드를 공격하자는 쪽으로 의견이 모아져서, 서부 방면으로 패터슨 장군을 진군시키는 동시에 동부 방면에서는 어빈 맥다월 장군으로 하여금 포토맥강을 향하여 공격하도록 했다. 이때 남부연합군은 워싱턴에서 남쪽으로 30마일 지점에 있는 불런 강변에 진지를 구축하고 매너서스에서 철도 교차점을 방위하고 있었다.

북부군은 소풍 가는 기분으로 진군했다. 그들은 승리를 목전에 둔 것처럼 패배 따윈 생각조차 하지 않았다. 그런 데다 피차가 훈련이 제대로 안 된 상태에서 전쟁을 할 때는 공격하는 쪽보다 수비하는 쪽이

제1차 불런 전투

훨씬 유리하다는 것까지 간과했다. 북부 측이 공격을 개시하고 얼마 되지 않아 서부 방면의 패터슨 부대가 셰년도어강 골짜기에서 밀리기 시작했다. 만약 남부군이 계속 공격했더라면 아마도 워싱턴은 그들의 수중에 들어갔을 것이다. '불런 전투'라고 불리운 이 첫 대전에서 북부 군은 예상치 못한 패배를 맛보았다.

고집쟁이 매클렐런 장군

1차 불런 전투에서 패배한 북부군은 새롭게 전열을 정비하고 유능한 조지 매클렐런을 포토맥군 사령관으로 임명했다. 매클렐런은 오합지졸을 훌륭한 군인으로 양성하는 데 뛰어난 능력을 갖고 있었다. 그는 군대 조직을 강화해야 할 필요성을 절실히 느껴 1년여 동안 전투를 회피하면서 부대 편성에만 주력했다. 1862년 4월, 매클렐런은 군대를 버지니아 해안에 상륙시켜 요크강과 제임스강을 건너 리치먼드를 우회 공격한다는 작전을 세워 링컨의 승인을 받았다. 그런데 매클렐런이 해안에 상륙하자 링컨은 워싱턴의 수비 병력이 부족해 증원군을 파견할 수 없다는 의견을 내놓았다. 그러자 매클렐런은 공격 명령을 철회한 채 진군을 멈추었고, 이로 인해 둘의 불화가 시작되었다.

로버트 리 장군을 사령관으로 바꾼 남부군은 이런 기회를 놓치지 않았다. 그는 토머스 잭슨 장군에게 셰너도어 계곡에서 워싱턴을 위협하여 증원군을 보내지 못하게 하라는 작전을 내렸다. 그 사이에 리 장군 휘하에 있던 남부군은 지원 병력의 방향을 바꿔 해안에 상륙해 있던 매클렐런을 공격했다. 매클렐런은 전투 중에도 링컨이 증원군을 계속해서 보내 주지 않는다며 행정부에 맹렬한 비난을 퍼부었다. 이때 매클렐런은 리치먼드를 점령할 수 있는 충분한 기회가 있었지만 북군의 무기와 차량을 남부군에게 넘겨주고 철수함으로써 사령관 지위를 박탈당했다.

후임으로 존 포프가 임명되었으나 리 장군과의 머내서스 전투, 즉 2차 불런 전투에서 패전함으로써 남부군에게 메릴랜드로 침입할 수 있는 길을 열어 주었다. 이 때문에 매클렐런이 다시 사령관에 임명되어 앤티텀 전투에서 리 장군을 저지하게 되었다. 그러나 링컨의 승전 격려 전보에도 매클렐런은 이렇다 할 행동을 취하지 않았고, 그 사이에 리 장군은 자신의 병력을 무사히 철수시켰다. 이 소식을 전해 들은 링컨은 참다못해 매클렐런을 다시 해임시켰다.

노예해방 선언

앤티텀 전투를 계기로 전세는 북부군에 유리하게 전개되었다. 그럼에도 북부군이 남부군을 격파할 수 없다는 불안감, 특히 리 장군이 볼티모어를 점령하게 된다면 상황이 어떻게 바뀔지 모른다는 불안감이 팽배해져 갔다. 그렇기에 영국과 프랑스도 이번 사태를 주시하고 있었다. 영국은 자국의 섬유 산업을 위해 남부의 면화가 절대적으로 필요했기 때문에 북부군이 승기를 잡았다고 해서 태도를 쉽게 바꾸지는 않았다. 영국의 입장을 변화시킬 유일한 방법은 전쟁의 초점이 되었던 노예해방을 선언하는 길밖에 없었다.

노예해방 문제는 당시에 가장 중요한 문제였다. 아무리 연방 측이 완전히 세력을 회복한다 해도 그것은 무의미한 것이었다. 앤티텀 전투에서의 승리 5일 후인 9월 22일의 각료회의에서 링컨은 노예해방 선

노예해방 선언을 공표하는 링컨

언을 공표했다. 링컨이 이번 회의를 소집한 것은 각료들의 의견을 듣기 위한 것이 아니었다. 링컨은 반란군이 메릴랜드에서 쫓겨 가면 곧바로 노예를 해방하겠다고 신에게 맹세했었다. 앤티텀에서 북군의 승리는 신에 대한 맹세를 지킬 기회를 부여했다. 다음 날 공포된 노예해방 예비 선언에서 대통령은 육·해군 총사령관으로서 1863년 1월 1일을 기해 연방에 반란 중인 주의 모든 노예에게 지금 즉시 그리고 이후 영원히 자유를 부여한다고 선언했다. 1776년 이래 미국 역사상 다른 어떠한 사건과도 비교될 수 없는 혁명적인 인간관계를 창조한 선언이었다. 이는 남북전쟁을 십자군전쟁과 어깨를 나란히 할 숭고한 전쟁으로 격상시키는 것이었다.

남부에서는 링컨의 선언에 즉각적으로 반대하는 반응을 보였다. 북부의 장병들은 무덤덤한 반응을 보였고, 민주당은 의석수 확보를 위한

노예해방 선언문

정치적 수단으로 활용했다. 뿐만 아니라 미국, 캐나다의 유력한 신문들도 이 선언에 냉소적이며 경멸적인 태도를 보였다.

노예폐지론은 영국을 비롯한 유럽의 자유주의자와 혁신파에게 환영받았다. 북부의 전쟁 목적이 인간의 자유를 수호하는 정신으로 일관되었다는 사실을 국내외 여론이 인식하게 되었다. 영국의 몇 개 도시에서는 북부를 지지하는 모임이 열렸다. 맨체스터에서는 6천 명의 노동자가 지지 집회를 열기도 했다. 링컨의 해방 선언은 해외 제국에 북부 지지의 강한 바람을 일으켜 영국과 프랑스가 남부 독립을 승인하지 못하도록 했다. 게다가 앤티텀 전투로 남부의 독립 가능성이 매우 희박해졌음을 인정하게 했다.

게티즈버그의 결전

링컨의 노예해방 선언이 있고 난 후에도 남북 간의 전투는 끊이지 않고 이어졌다. 1862년 9월, 북부의 율리시스 그랜트 장군에게 빅스버그를 점령당한 남부의 리 장군은 빅스버그를 약화시키고 보급로를 확보하기 위해 펜실베이니아로 진격해 들어갔다. 그는 만약 펜실베이니아를 점령한 후 볼티모어, 필라델피아 그리고 워싱턴을 점령할 수 있다면 빅스버그의 위협이 해소될 것이며, 대외적으로 유럽이 남부연합을 정식으로 승인하게 될 것이라고 전망했다. 그러나 그것은 최고의 도박이었다. 남부연합의 수도인 리치먼드를 무방비 상태로 방치하기 때문이었다.

링컨은 남부군의 진격을 저지하기 위하여 8만 8천 명의 병력을 거느리던 조지 고든 미드 장군을 파견했다. 저돌적인 미드 장군은 전형적인 군인으로 판단력과 지형을 관찰하는 데 탁월한 안목이 있었고, 임기응변에 능했다. 민주당과 공화당의 지사들이 지원병 모집을 격려하는 등 민간인들까지 군에 가담하여 펜실베이니아를 지키겠다는 결의를 불태웠다. 따라서 링컨은 서부에 배치되어 있는 북군의 지원을 받을 필요가 없게 되었다.

1863년 6월 30일, 남군의 집결을 엄호하는 부대가 군화를 수집하기 위해 게티즈버그 쪽으로 행진하던 중(당시 남군은 군화가 부족하여 고민했음) 북군의 전초 부대와 마주치게 되었다. 양군은 마치 자석처럼 달라붙어 전투를 벌였다. 잇따라 도착한 양군 부대 사이에서 7월 1일에서 3일까지 남북전쟁의 대세를 가름하는 치열한 전투가 벌어졌다.

첫째 날 전투에서는 남군이 윈필드 핸콕의 북군을 격퇴했다. 핸콕은 남은 병력을 세미트리 릿지(묘지 능선)에 집결시켜 다음 작전에 대비했다. 이때 북군의 하워드가 이 언덕 위에 부대를 배치한 것은 탁월한 안목이었다는 평을 받고 있다. 이곳은 방어 진지로서는 최고의 자리였다.

한편 남군은 세미트리 릿지를 포위하는 대형을 취하여 부대를 배치했다. 리 장군은 다음 날인 7월 2일 공격을 결심했다. 그는 북군을 이중으로 포위하여 섬멸할 예정이었다. 그런데 이날 아침 북군이 완전한

게티즈버그 전투

진용을 갖추기 전에 남군의 한 부대가 북군의 우익에 있는 컬프스 힐의 일부를 점령했다. 그러나 남부의 제임스 롱스트리트의 부대가 늦게 도착하는 바람에(흔히 있었던 일이었지만) 북군의 좌익에 타격을 주지 못했다. 게다가 롱스트리트의 부대는 엉뚱하게도 조그마한 언덕을 점령하고 있던 북군의 3군단을 공격했다. 3군단은 리틀 라운드 탑까지 후퇴하면서 방어선을 구축했는데 이곳을 남군의 보병 부대가 점령했더라면 북군의 여러 진지에 직각 방향으로 포탄을 퍼부을 수 있어 북군에게 결정적 타격을 주었을 것이다.

셋째 날인 7월 3일에 이르러 컬프스 힐을 놓고 치열한 전투가 벌어졌다. 공방전 끝에 남군이 쫓겨났다. 정오 무렵이 되자 모든 전선에 마치 태풍전야와 같은 정적이 감돌았다. 조지 미드는 정적 다음에 올 사태를 예측하여 진지 중앙을 보강했다. 오후 1시가 되자 남군의 포대에서 172문의 포가 일제히 불을 뿜기 시작했지만, 북군에게 결정적 타격을 주지는 못했다. 그러자 리 장군은 정면 승부를 택했다.

세미트리 릿지에서 북군이 내려다보니 회색 군복으로 무장한 1만 5천의 남군 병사가 3열 대형으로 3마일 정도 떨어진 숲속에서 구릉 사이의 골짜기를 따라 진격하고 있었다. 이를 지켜보던 푸른 제복의 북군이 일제히 사격을 퍼부었다. 남군의 준장 2명이 전사하고 사단장 1명이 부상을 입었다. 연대장 가운데 전사자가 15명, 부상자가 5명이나 됐다. 그런데도 남군의 루이스 아미스테드 장군이 칼을 휘두르며 북군 진지에 뛰어들자 1백 명의 부하가 그 뒤를 따랐다. 눈 깜짝할 사이에 세미트리 릿지 정상에 남군의 기가 펄럭였다. 그러나 전열을 가다듬은 북군이 남군을 포위하여 모두 사살하거나 생포했다. 남군의 정면 돌파를 정점으로 치열했던 전투는 남군에 많은 사상자를 냈고, 남군은 후퇴했다.

7월 4일 저녁 무렵, 남군은 화물과 포로들을 이끌고 샤프스버그 서쪽까지 후퇴했다. 여기서 포토맥강을 건너려 했으나 포토맥강이 범람하여 건널 수가 없었다. 남군은 독안에 든 쥐가 되었다. 그러나 미드는 7월 12일 작전회의를 소집하는 등 꾸물거렸고, 그 사이에 포토맥 강물이 빠져 남군은 모두 철수했다. 게티즈버그 전투를 고비로 남군의 주력인 북버지니아군은 전세가 급격히 약화되어 이후의 전투에서 열세를 면치 못했다.

게티즈버그에서의 전투가 끝나고 링컨은 이 격전지를 국립묘지로 지정한 후 전사자들을 위한 위령제를 지냈다. 이 자리에서 링컨은 그 유명한 '국민의, 국민에 의한, 국민을 위한'이라는 게티즈버그 연설을 했다. 이 연설은 고대 그리스의 페리클레스와 데모스테네스의 연설에 견줄 만한 것으로 자못 중요한 의의를 지닌다.

리치먼드 공략 작전

게티즈버그 전투 후 리 장군이 이끄는 남부연합군은 절망의 늪으로 빠져들었다. 테네시강이 완전히 연방군의 손아귀로 들어감에 따라 남부연합은 두 동강이 났다. 그리고 아칸소, 루이지애나, 텍사스 같은 서부 지역들로부터의 보급품 지원을 기대할 수 없었을 뿐 아니라 남부와 동부에 걸친 전 해안이 북부해군에 의해 봉쇄되어 유럽으로부터도 고립되었다. 리 장군의 남부연합군은 자체 힘만으로 이 위기를 극복해야 할 운명에 놓였다.

남부연합군은 북부가 전쟁에 염증을 느껴 종전하기를 바랐으나, 그것은 약자의 희망일 뿐 1863년 가을 동안에 북부의 그랜트 장군은 공세를 늦추지 않았고, 마침내 1864년 봄 이 전쟁을 종결짓기 위한 최후의 승부수를 던졌다. '리치먼드 공략 작전'이 바로 그것이었다.

링컨의 재선

제2차 세계대전 이전의 근대국가로서는 처음으로 연방 정부는 남북전쟁의 와중에 총선거를 실시했다. 그 이유는 링컨이 말한 다음과 같은 취지 때문이었다.

"선거를 행하지 않으면 우리들은 자유스러운 정치를 행할 수 없다.

만약 반란을 이유로 총선거를 중지하거나 연기한다면 반란자는 그때 우리를 정복하고 파괴했다고 서슴없이 주장할 수 있을 것이다."

1864년 6월 7일, 링컨은 공화당과 민주당 내의 전쟁협력파를 대표하는 전국통일당대회에서 대통령 후보로 지명되고, 북군 군정하의 테네시 주지사로서 용맹을 떨친 앤드루 존슨이 부통령 후보로 지명되었다. 한편 1864년 민주당은 시카고에서 전당대회를 열고 적대 행동 중지 선언을 발표하면서 매클렐런 장군을 후보로 지명했다. 그런데 그는 후보 지명을 수락하겠으나 적대 행동의 중지는 승인할 수 없다는 뜻을 당에 전달했다.

1864년 11월 8일에 실시된 선거인단 투표에서 링컨은 212표를 얻었고 매클렐런은 21표를 얻는 데 그쳤다. 일반투표에서는 220만 표 대 180만 표의 득표수를 나타냈다.

링컨이 당선되었다. 링컨의 당선은 승리만큼이나 중요한 성과를 가져왔다. 북부는 자신들이 포기하지 않는 한 이 전쟁에서의 승리를 확신했고, 전쟁을 계속해야 한다는 결의를 보인 것이다.

이런 가운데 1864년 봄에 시작되었던 북군의 리치먼드 공략은 순조롭게 진행되었다. 그랜트 장군과 셔먼 장군의 주도하에 펼쳐진 이 작전에서 셔먼의 군대는 남

링컨과 존슨의 대통령 선거 포스터

에서 북으로 남부연합군을 공격했다. 순식간에 조지아를 뚫고 서배너에서부터 대규모 공세를 펼쳤다. 셔먼이 진격을 시작한 지 17일째 되는 날 남부군은 콜롬비아를 포기하고, 그들의 최후 방어 진지를 골즈버러로 옮겼다. 이후 셔먼군의 진격은 본격화되었다.

남부군은 밤을 이용하여 소규모 기습 공격을 펼쳤다. 그러나 보급품조차 제대로 받지 못한 남부군으로서는 버티는 데 한계가 있었다. 1865년 3월 중순, 골즈버러도 점령되고 말았다. 이제 남부연합군의 마지막 남쪽 진지가 있는 롤리만 점령하면 리치먼드의 함락은 시간 문제였다.

한편 그랜트 장군은 셔먼군과 합류하기로 한 작전을 변경하여 와일더네드, 콜드하버를 공격한 후 지체없이 제임스강 도하작전을 전개했고, 1864년 6월에 이르러 피터즈버그에 대한 포위 공격을 감행했다. 이때부터 얼마간 팽팽한 접전이 계속되었으나 1865년 3월에 들어서 전세가 북부군에 유리하게 기울었다. 그해 4월 2일, 리 장군은 수도 리치먼드를 포기했다. 동시에 그는 제퍼슨 데이비스에게 리치먼드에서 철수할 것을 권고하여 마침내 남부연합 정부는 남쪽으로 도주했다. 이로 인해 남부연합은 해체되었다.

남부연합의 항복

북부군이 리치먼드를 함락한 얼마 후 링컨이 리치먼드를 방문했다. 그는 군중들에게 연방군은 리치먼드와 미국의 자유를 위하여 싸운 것이라고 연설했다. 링컨은 흑인들로부터 대대적인 환영을 받았다.

남부연합의 리 장군은 리치먼드를 포기하고 퇴각하던 중 그랜트 휘하의 기병대 추격을 받아 포위되고 말았다. 4월 9일에는 서쪽과 남쪽에 남겨졌던 퇴로마저 북군이 차단했다. 더 이상 무고한 생명을 희생시킬 수는 없다는 생각에 리 장군은 그랜트 장군과의 회담을 요청했다. 두 장군은 애퍼매턱스에서 회담했다. 그랜트 장군은 '남부연합의 장교 및 병사들은 항복선서를 한 후 바로 석방한다. 무기와 자재는 북군에게 인계한다. 장교는 허리에 차고 있는 무기를 그대로 휴대해도 좋다. 말을 필요로 하는 병사들은 말을 가져가도 좋다'라는 항복 조건을 제시했다. 리 장군은 정중하게 사의를 표시했다. 그러면서 굶주린 부하들에게 식량을 보급해 줄 것을 요청했고, 그랜트는 2만 5천 명분의 식량을 제공했다. 이 회담을 통하여 두 장군이 보여 준 위엄과 순박함은 모든 사람들을 탄복시켰다.

회담이 끝나고 리 장군이 자신의 야전 사령부로 돌아가자, 북군 대열에서는 일제히 환호성이 터져 나왔다. 병사들은 미친 듯이 길바닥으로 뛰어나가 한껏 아우성치며 모자를 하늘로 던지며 열광했다. 포병들은 대포를 쏘아 댔고 악대들은 연주하고 깃발을 흔들었다. 이러한 소동이 벌어지자 그랜트 장군은 반란군도 국민이 되었음을 인지시키며 즉각 중지하도록 명령했다.

한편 남부연합의 데이비스 대통령은 4월 2일 북군이 리치먼드에 도착하기에 앞서 특별 열차로 리치먼드를 탈출했다. 데이비스는 퇴각한다는 생각은 전혀 갖지 않았고 오직 새로운 수도를 찾아나선다는 생각이었다. 그는 4월 4일 남부의 국민은 새로운 국면에 들어섰으며 승리를 위해 물러서지 않을 결의만이 필요하다는 대국민성명을 발표했다. 리 장군이 항복했다는 소식에도 불구하고 데이비스의 결의는 전혀 흔들림이 없었다. 그는 노스캐롤라이나의 그린즈버러에서 조지프 존스 턴과 P. G. T. 보러가드 장군을 남부연합의 각료회의에 출석시켜 그들에게 전투를 계속 할 것을 지시했다. 여러 각료들이 데이비스에게 패배를 인정해야 한다고 설득했으나 그는 이를 거부했다. 결국 5월 10일, 북군의 기병대가 조지아에서 데이비스 대통령 부처를 체포하면서 남부연합 정부의 등불은 완전히 꺼졌다.

암살된 링컨

남북전쟁은 남부에서 '로버트 리'라는 영웅을 낳은 동시에 북부에서는 보다 더 위대한 영웅 '에이브러햄 링컨'을 탄생시켰다. 그는 무엇보다도 사랑과 관용으로 연방을 결속시키려고 노심초사했던 사람이었다. 1864년 선서에서 재선된 그는 두 번째 대통령 취임 연설에서 온 국민을 다독이는 연설을 했다.

"누구에게나 악의를 품지 말고 자비심을 가지며, 신이 우리에게 보여 주신 보다 정의로운 편에 굳건히 서서 우리가 지금 하고 있는 일을 완수하기 위해 그리고 전쟁이 만들어 놓은 이 나라 국민의 상처를 아물게 하기 위해 모두 합심하여 노력해 나갑시다."

3주 뒤인 4월 11일에 링컨 대통령은 전후의 전반적인 재건 정책과 관련하여 자신의 견해를 밝히는 연설을 했다. 그러나 이 연설이 마지막 연설이 될 줄은 아무도 몰랐다.

그랜트 장군도 동석한 4월 14일 아침 각료회의에서 링컨은 해상봉

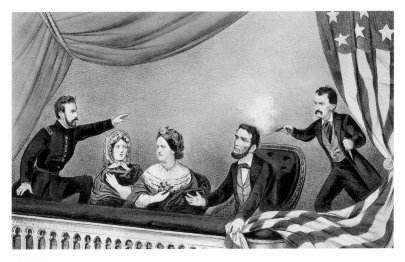

링컨 암살

쇄 해제를 의결하고 각료들에게 평화와 재건에 관심을 기울이도록 종용했다. 그리고 더 이상 피를 흘리는 일도, 박해하는 일도 있어서는 안된다고 강조했다.

연극을 좋아하는 링컨은 그날 밤 부인과 두 친구를 대동하고 포드 극장으로 향했다. 공연이 시작된 후에 도착했으므로 연극은 잠시 중단되고 관중들은 일어나 환영의 박수를 쳤다. 대통령이 자리에 앉자 연극은 다시 시작되었다. 로열박스 입구를 경호하던 경호원들도 연극을 보기 위하여 이층으로 자리를 옮긴 뒤 한 시간쯤 지난 오후 10시 13분, 어디선가 피스톨의 날카로운 굉음이 울렸다. 그 순간 대통령 링컨은 자리에 앉은 채 푹 쓰러졌다. 암살자는 로열박스 쪽에서 무대로 뛰어내려와 피스톨을 흔들어 보였다. 배우였던 암살자는 극장 안의 구조를 잘 알고 있었고, 관리인들과도 안면이 있었기에 의심받지 않고 극장의 출입이 가능했던 것이다.

해군장관 벨즈는 잠결에 대통령이 저격당했다는 소식을 듣고, 스탠턴 육군장관과 함께 대통령이 옮겨져 있는 양복점 피터슨 하우스로 갔다. 어둡고 음산한 밤이었으며 날이 샐 무렵에는 비가 내렸다. 거리에 남아 있는 군중들은 간호하는 사람들이 밖으로 나올 때마다 무슨 좋은 소식이 없느냐며 저마다 걱정의 말을 건넸다.

4월 15일 오전 7시 20분, 혼수상태였던 대통령의 호흡은 멈추고 심장의 고동도 멎었다. 링컨의 목사인 피니어스 걸리 박사가 드리는 짧은 기도 소리 외에 방안에서는 그 어떤 소리도 들리지 않았다. 응접실에서는 수어드를 제외한 각료들이 모여 앉아 존슨 부통령에게 사건의 전모와 이제 정권이 그의 손으로 넘어갔음을 편지로 알렸다. 백악관 앞에는 수백 명의 흑인들이 모여 위대한 사람을 잃은 슬픔에 눈물을 흘렸다.

존슨의 유화 정책

전후 문제 처리에 관한 링컨의 구상이 너무도 관대했기 때문에 북부 급진파들은 링컨의 정책에 비난의 화살을 퍼부었다. 그러나 링컨이 암살되고 존슨이 대통령직을 승계하자 그들은 안도했다. 왜냐하면 존슨은 평소에 남부를 가리켜 '썩을 대로 썩어 위험스럽기 짝이 없는 귀족 정치 집단'이라고 공격했기 때문이다. 대농장을 몰수한 후 작게 나누어 성실하게 일하는 소농들에게 공매해야 한다고도 말해 왔다.

그러나 정권을 잡게 되자 존슨은 복수심에 불타는 정책이 위험하다는 것을 알게 되었다. 그리하여 1865년 5월 반란자 남부인들에 대한 대사면령을 공포했는데, 거의 모든 사람들이 사면을 받았다.

또한 존슨은 그해 여름 의회 폐회기를 이용해서 약간의 수정을 가한 링컨의 재건계획을 실시하려 했다. 몇 개 남부 주에 재건 지사를 임명하고, 노예 제도의 폐지를 규정한 수정헌법 제13조를 인준했다. 그런데 얼마 후 합법적인 절차를 밟아 재건된 남부연합 각 주의 상하 양원 의원들이 워싱턴에서 열린 연방 의회에 참석했을 때, 연방 의회는 신임장 심사와 인준을 거부했다. 왜냐하면 남부연합 각 주의 상하원 의원들이 사실상 남부식으로 흑인 문제를 해결하고자 했기 때문이다. 남부는 그들의 패배와 노예해방을 인정하고는 있었지만 당장 흑인과 동등한 지위를 갖는 것은 인정할 수 없었다.

대부분의 남부 주에서는 흑인에 대한 차별대우가 좀처럼 고쳐지지 않았다. 흑인 단속법은 백인과 흑인의 결혼을 금지했고, 학교 교육에서도 원칙적으로 차별을 인정했다. 또 불량자 단속법은 글을 모르는 흑인에게 벌금을 부과했고, 벌금을 내지 못할 경우 강제 노동으로 보상하게 되어 있었다.

남부의 백인들은 흑인에게 자유와 평등을 허용하되 점진적으로 이루어져야 한다고 생각했다. 따라서 의회의 급진파는 남부가 명목만 바꾸었을 뿐 노예 제도를 부활시키려 한다며 맹렬한 비난을 퍼부었다.

해방 노예의 선택

흑인 문제는 단순히 노예해방만으로 해결될 수 있는 간단한 일은 아니었다. 1860년 남부에는 4백만 명의 흑인이 있었다. 이 가운데 약 25만은 자유 신분이었고, 19만 명 정도는 연방군에 복무했으며, 30만 정도

기대와 달리 힘든 생활을 해야 했던 해방 노예들

가 북부가 점령한 여러 주에서 해방을 맞았다. 그러나 나머지 남부의 농장 안에서만 살아온 3백만 정도의 흑인은 해방과 동시에 자력으로 생계를 꾸려 나가야만 했다. 그들은 간섭을 받지 않게 되었지만 집도, 신분도 그리고 생활수단도 잃었다. 자유의 몸이 되었다는 주인의 선언에 대부분의 흑인들은 당황해 어쩔 줄 몰라 했다. 그리고 여전히 연방 정부가 곧 농토와 말을 줄 것이라고 기대했다.

이 같은 상황 속에서 의회는 임시해결책으로 흑인에게 백인과 동등한 시민권을 부여하는 시민권 법안Civil Rights Bill을 제정하고, 해방노예관리국을 존속시키기로 했다. 해방노예관리국은 1865년 3월 1일, 1년 기한으로 발족한 관청으로서 군인과 문관들이 흑인의 구호 문제와 취업 알선, 교육과 재판 그리고 반역자로부터 몰수한 재산의 운용 등에 관한 일을 맡았다. 그러나 사리사욕에 눈이 먼 공무원들이 이것을 맡고 있었기 때문에 성과는커녕 오히려 폐해만 더 야기시켰다. 그들은 부당하게 돈을 갈취했다. 그러나 한 가지 다행스러운 일은 노동계약에 관한 문제만은 해방노예관리국과 농장주 간의 협조가 잘 이루어졌다. 백인 고용주와 흑인 노동자 사이에 법적인 고용관계의 명문화가 절실했기 때문이다. 이때 상당수의 흑인들은 계약을 부자유한 것이라고 생각해서 계약 자체를 꺼렸지만 '소작인 제도'에 의한 농장 경영 체제가 뿌리내리기 시작했다.

급진파의 반발

존슨 대통령의 전후 문제 처리를 지켜보던 북부의 급진파는 마침내 그의 유화 정책에 분노를 터뜨렸다. 그들은 미국 헌법을 '아무 소용도 없는 휴지 조각'이라고 비난하면서 문맹인 흑인에게까지도 투표권을 부여하자고 요구했다. 그리고 1866년 6월, 14차 헌법 수정안을 제출하여 의회의 승인을 얻고자 했다. 그 수정헌법의 골자는 다음과 같았다.

첫째, 흑인에게 국적과 시민권을 부여한다.
둘째, 흑인 남자의 투표권을 인정하지 않는 주에는 이에 비례하여 연방 의회의 의석수를 줄인다.
셋째, 남부연합의 반정부적인 난동이나 반역에 가담한 자는 모든 공직에서 추방한다.
넷째, 남부연합의 전시 채무는 무효로 한다.

이에 존슨 대통령은 급진파가 제출한 법안을 거부함으로써 거센 반발을 샀다. 급진파는 전국을 돌아다니며 존슨에 대한 비난과 공격을 퍼부었고, 존슨의 연설을 방해했다. 그리고 15명의 위원으로 '합동재건위원회'를 조직하여 행정부에 도전했다. 급진파는 수적인 우세를 이용하여 남부의 주들을 5개 군관구로 분할하여 5명의 육군소장이 통치하는 법안을 통과시켰다. 그들 주에서는 반역자가 아닌 백인과 흑인이 선출한 의원들이 의회를 구성하여 흑인들에게 참정권을 부여하는 주헌법을 제정하기로 하였다. 뿐만 아니라 주헌법의 인준이 끝나면 새롭게 구성된 주의회가 14차 헌법 수정안을 비준하기로 하였다.

남부 백인들의 비밀공작

북부 급진파의 남부 장악 노력에도 불구하고 남부의 백인들은 여전히 실질적인 힘을 갖고 있었다. 그들은 토지, 직장, 자본을 바탕으로 전쟁 전과 다름없는 체제를 유지했다. 뿐만 아니라 법망을 피해 흑인들에게 사적인 형벌을 가했다. 1867년에 테네시에서 조직되어 남부 전역으로 확대된 큐클럭스클랜^{Ku Klux Klan} 조직은 흑인들에게 조직적인 폭력을 행사했다.

그들은 밤이 되면 수의로 몸을 감싸 유령으로 분장한 후 장난삼아 흑인들을 공포 속으로 몰아넣는 것을 재미로 삼았다. 그리고 이 방법은 흑인들을 괴롭히는 효과적인 방법으로 인식되어 남부 전역에 확대되었다. 그들이 특별히 폭력을 행사하지 않아도 겁에 질린 흑인들은 투표장에 나오지 못했다. 시간이 흐르면서 그들은 서서히 폭력을 사용하기 시작했다. 흑인들을 묶어 말로 끌고 다니는가 하면 꿇어앉힌 채

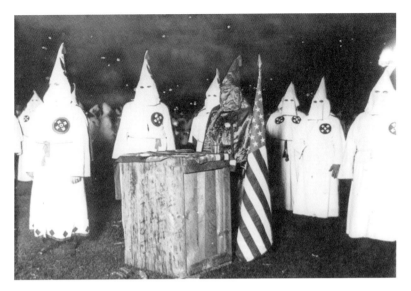

흑인들에게 조직적인 폭력을 행사한 K.K.K.의 1920년 시카고 집회

마구 구타했고, 심한 경우 공화당원에게까지 폭력을 가했다. 남부의
백인들이 폭력을 휘두르기 시작하자 마침내 연방 정부가 간섭하기에
이르렀고, 의회는 그들의 활동을 금지하는 법을 제정했다.

그러나 그들의 세력이 깊이 뿌리박혀 있었기 때문에 아무런 효과를
거두지 못했다. 이로써 법으로 흑인들에게 평등권을 보장해 주려던 급
진파의 노력은 수포로 돌아가고 말았다.

대통령 탄핵 소동

의회 내에서 압도적인 우위를 차지하고 있던 북부 급진파는 남부에
대한 노력이 실패로 돌아가자 그 책임을 존슨에게 돌렸다. 이때 존슨
이 의회의 급진파와 가까운 국방장관 에드윈 스탠턴을 해임하자, 의회

는 상원의 동의 없이는 대통령이 임의로 각료를 해임할 수 없도록 하는 신분보장법을 제정했다. 동시에 하원에서는 존슨 대통령 탄핵안을 표결에 붙이면서 상원에서도 탄핵안을 지지할 것을 촉구했다.

존슨 대통령에 대한 탄핵 사유는 연방 의회의 정책에 대한 반대와 정책을 비판했을 때 대통령의 품위를 손상하는 과격한 용어를 사용했다는 것 등이었다. 결국 상원에서 탄핵 재판이 열렸다. 그러나 존슨에게 불리하게 작용했던 의회의 초기 여론 속에서도 그가 각료를 해임한 것은 월권행위가 아니었음이 밝혀졌다. 그리고 이보다 더 중요하게 작용한 것은 만약 탄핵안이 통과되어 대통령이 물러날 경우 위험한 선례를 남기게 된다는 점도 지적되었다. 결국 존슨에 대한 탄핵은 1표 차로 부결되었다.

변화된 남부

남북전쟁 후 남부의 경제 문제는 정치 못지않게 심각했다. 농장주들은 드넓은 농장을 어떤 방법으로 경작해야 할지 몰랐고, 해방된 노예들도 어떻게 살아가야 할지 몰랐다. 이때 가장 일반적으로 시행된 방법은 대농장을 소규모로 흑인 소작인들에게 나누어 경작하게 하고 필요한 모든 물건들을 미리 빌려주는 방법이었다. 농장주들은 흑인 소작인에게 집, 농기구, 비료, 종자 따위를 먼저 빌려주고 그 대가로 수확의 3분의 2를 차지했다. 대부분의 농장주들은 영농자금을 은행에서 융자받아 이를 해결했다. 은행들은 융자 조건으로 환금이 용이한 담보인 담배나 면화 같은 단일 경작물을 재배하게 했고, 남부에서는 쌀이나 사탕수수의 재배를 강요했다. 이에 따라 다각적 경작과 낙농을 겸한 소농 형태가 생겼는가 하면 빈농 계급으로 몰락한 백인이 생겼다.

한편 남북전쟁은 남부의 공업에도 많은 변화를 가져왔다. 남부에는 석탄, 철광석 등 자원이 풍부했으므로 우선 광산을 개발했다. 그리고 대부분 소작인이 된 흑인과 생존 경쟁을 할 수밖에 없었던 가난한 백인 등 상당수의 노동자들을 취업시켰다. 또 대량생산되는 면화의 효과적인 활용을 위한 면직물 공업의 육성도 필요했다.

대서부의 개척

원시 그대로의 서부

남북전쟁이 끝난 후 로키산맥이 걸쳐 있는 대서부는 아직도 손길이 닿지 않은 대평원과 사막으로 남아 있었다. 처음에 이곳에 왔던 스페인 탐험가 코로나도는 이곳을 '북미의 황야'라고 표현했다. 멕시코와 캐나다로 무작정 뻗어 나간 황야는 망망대해만큼이나 무한하고 거칠게 보였다. 게다가 이곳은 연료로 쓰거나, 주택, 울타리, 외양간 따위를 지을 만한 목재도 찾아볼 수 없었다. 토지를 비옥하게 적셔 주는 비는 거의 내리지 않았고, 그 대신 맹렬한 우박과 수분이 없는 눈이 세찬 바람을 타고 몰려오곤 했다. 이 같은 바람은 대서부의 평원 위에 극심한 열과 냉기를 주기적으로 몰고 와 강물들을 바싹 말려 버리거나 꽁꽁 얼려 버렸다. 자연의 혜택을 누려 오던 서유럽이나 미국 동부 지역의 백인들에게 이곳은 그다지 개발할 가치가 없는 곳으로 여겨졌다. 그러나 남북전쟁이 끝나고 한 세대가 지나는 동안에 시대적 요구에 의해 대서부도 정복되기 시작했다.

대평원의 숨결

원시 그대로의 대평원은 일부 탐험가들이나 여행가들에 의해 그 모습이 드러남으로써 차츰 활기를 띠게 되었다. 사실 대평원의 모습은 자연에 의해 자동적으로 유지되는 자연생태계였다. 헤아릴 수 없이 많은 북미산 토끼들과 몰못류의 동물들이 평원 곳곳에 널려 있는 풀들을 먹고, 수천만에 달하는 이리와 늑대들은 토끼들과 몰못류 동물들을 잡아먹으며 살아간다. 또한 대초원을 누비는 인디언들은 거대한 들소 떼에 의지하면서 생활을 영위했다. 들소 고기는 그들의 식량이었고, 가죽은 의복과 천막 재료로 이용되었다. 그들의 생활은 들소 사냥을 둘러싼 생활이었으며 의식과 예배는 사냥 성공을 위한 형식과 절차였다.

그러나 16세기에 스페인 사람들이 말을 들여온 뒤부터는 사냥 범위가 넓어졌고, 동시에 타부족에 대한 침범이 용이해져서 부족 간에 치열한 투쟁이 벌어지기 시작했다. 또한 사냥 기술이 발달함에 따라 들소를 비롯한 여러 짐승들이 급격히 감소하여 사냥감을 얻기 위한 부족 간의 전투는 점점 더 빈번해졌다. 인디언들은 살아남기 위하여 적개심에 불타는 훌륭한 전사로 변모해 갔다.

수많은 인디언 부족 중 코만치족을 능가할 종족은 거의 없었다. 남부 사막인 애리조나와 뉴멕시코에 사는 나바호족과 아파치족만이 코만치족과 대적할 만한 힘과 기술을 가지고 있었다. 1860년경에는 이러한 인디언들 약 25만이 서부에 흩어져 살았다. 그리고 약 18만의 백인들도 광대한 평원 여기저기에 정착해 있었다. 여기에 남북전쟁이 일어나면서 양군에서 탈영해 온 사람들이 몰려들어 서부의 인구는 무시 못할 정도로 증가했다.

토지에 대한 열기

서부로의 이주를 부채질한 것은 1862년에 제정된 자작농지법이었다. 이 법에 의하면 누구든지 국유지에 5년간 거주하며 개척에 종사하면 160에이커의 토지를 정부로부터 무상으로 받을 수 있었다. 정부는 1873년에 식목법을 제정하여 40에이커의 토지에 나무를 심는다는 조건으로 다시 160에이커의 토지를 무상으로 주었다. 또한 1877년에는 사막개발법을 제정해 3년 안에 자신이 소유하고 있는 토지의 일부에 물을 끌어들이기만 하면 에이커당 1달러 25센트의 헐값으로 640에이

대평원을 횡단하는 정착민들

커까지의 토지를 살 수 있게 했다. 이 밖에도 1878년에는 다시 새로운 토지법을 제정해 경작이 불가능한 토지를 에이커당 2달러 50센트를 주고 160에이커까지 살 수 있게 하는 등 적극적인 이주 정책을 썼다.

이러한 토지법에는 허점이 많아 그 허점을 이용한 토지 사기가 번번히 일어났고, 영세 자작농들보다는 대토지회사가 큰 이득을 보았다. 그럼에도 불구하고 서부의 광대한 토지는 여전히 이주민들에게 매력적이었으며, 이 지역에 잘 맞는 토지 이용방법이 개발·발전되면서 대서부는 차츰 새로운 모습으로 변모했다.

광부들의 행진

대서부의 개척에 선도적 역할을 한 사람들은 '골드러시'에 캘리포니아로 몰려온 광부들이었다. 그들은 1848년부터 1858년까지 약 10년 동안 5억 5천만 달러의 금을 캘리포니아에서 캐냈다. 그러나 1858년에 콜로라도의 파이크스피크에서 금광이 발견되면서 골드러시는 방향을 동쪽으로 돌리게 되었다. 뿐만 아니라 같은 시기에 네바다의 캄스톡에서도 금광이 발견되었다. 이곳에서는 1859년부터 1879년까지 20여 년 동안에 무려 3억 달러 이상의 금과 은이 채굴되었다. 마지막으로 다코타의 서부 지역인 블랙힐스에서 대금광이 발견되어 다시 한번 골드러시를 일으켰다. 그러나 이런 광맥이 줄어들어 경기가 쇠퇴하면 광부들이 새로운 광맥을 찾아 다른 지역으로 이동함으로써 하룻밤 사이에 생겼던 덴버나 버지니아시티 같은 광산 도시는 순식간에 폐허로 변하고 말았다.

골드러시 기간은 결코 긴 것은 아니었지만 미국 사회에 여러 가지 영향을 미쳤다. 대서부의 여러 곳에서 채굴된 금과 은은 미국의 부를 증대시켰으며, 특히 많은 양의 은은 1890년대에 '은화 자유주조 운동'을 일으키는 원인이 되기도 했다. 또한 무법과 폭력이 난무한 다코타의 데드우드나 애리조나의 툼스톤은 서부 영화에 소재를 제공했다. 그리고 비록 골드러시는 사라졌지만 로키산맥과 케스케이드 및 시에라 산맥 사이의 고원지대는 광산지대로 그 명맥을 이어 나갔다.

서부의 광산거리

금과 은을 찾아 모여든 사람들에 의해 생겨난 서부의 광산거리는 이제까지의 프런티어와는 아주 다른 이색지대의 모습을 나타냈다. 하루 아침에 광맥을 캐내 큰 부자가 된다는 부푼 꿈과 기대가 있었으므로 거리의 사람들은 대담하고 낙천적이었다. 그러나 한편으로는 술이나 도박에 몰두하는 불량배들도 많았다. 그러나 광맥을 찾기란 그리 쉬

광산에서 금을 채굴하는 사람들

운 일은 아니었으며 요행히 광맥을 찾았다 해도 그 광석으로부터 금이나 은을 얻어 내기까지는 많은 비용이 들었다. 광맥을 찾지 못한 사람들은 다른 곳을 찾아 헤매거나 광맥 찾는 일을 포기하고 일당 4달러의 고용 노동자가 되는 등 다른 일거리를 구했다.

산에서 노다지를 캐내어 부자가 된 사람들은 광산거리에 호화저택을 짓고 동부의 부호들 못지않은 호화로운 생활을 했다. 그러나 실제로 재미를 본 사람들은 뉴욕이나 샌프란시스코의 투자가들이었다. 광산붐을 타고 부를 이룬 또 다른 사람들은 화물 운송업자들이었다. 금이나 은을 비싼 값으로 팔기 위해서는 운반이 필수였고, 운송업자들은 이런 점을 이용해 비싼 운송료를 받았다. 때로는 운송을 거부하는 등의 횡포까지 부렸다.

또한 광산거리는 짧은 기간에 형성된 것이었으므로 관공서나 재판소가 설치되기까지는 소동과 혼란이 그치질 않았다. 강도들은 금과 은을 운반하는 마차들을 탈취했고, 심한 경우 광산으로 직접 쳐들어가 금과 은을 휩쓸었다. 치안이 극도로 혼란해지자 자체 경찰단 조직을 촉구하는 여론이 형성되었고, 곧이어 경찰단의 활동이 개시되었다. 그러나 경찰단은 강도나 불량배 집단에 비해 많은 희생자를 내는 등 소기의 목적을 이루기에는 한계가 있었다.

카우보이의 세상

광산거리와는 대조적으로 서부의 텍사스에서 캐나다에 이르는 대평원에서는 전후 20여 년에 걸쳐 소의 방목이 이루어졌다. 대평원에서의 방목은 멕시코인이나 텍사스인에 의하여 이미 행해지고 있었다.

대평원의 카우보이

그중에서도 특히 소에게 낙인을 찍는 일, 밧줄을 던지고 소 떼를 몰아넣는 기술은 스페인 사람들이 자랑하던 일이었다. 그들로부터 방목 기술을 배운 서부 대평원의 미국인들은 거부의 꿈을 안고 열심히 소를 길렀다. 그 결과 남북전쟁이 끝나고 얼마 되지 않을 무렵에는 약 6, 7만 마리의 소가 텍사스의 넓은 평야에서 풀을 뜯고 있었다.

당시 소값은 동부 시장에서 마리당 40달러를 호가했으나 텍사스에서는 3~4달러에 지나지 않았다. 이에 텍사스의 목축업자들은 소들을 동부로 운송해서 팔기 위해, 소몰이를 전문으로 하는 카우보이들을 고용했다. 그들은 도중에 무법자들을 만나면 총격전을 벌이기도 하고, 인디언들의 습격을 받아 혈투도 벌였다. 이렇게 시작된 장거리 소몰이의 도착지는 대개 캔자스의 애빌린, 위치토, 엘즈워스 등이었다. 그뿐만 아니라 좀 더 비싸게 소값을 받기 위해 텍사스로부터 뉴멕시코, 콜로라도를 거쳐 와이오밍의 샤이엔까지 소를 몰고 가는 경우도 있었다.

농민의 진출

광부와 목축업자들에 이어 대서부에 옮겨 온 사람들은 농민이었다. 그들은 1870년대 말부터 서부대평원으로 진출하기 시작해 10여 년 동안에 대평원을 거대한 농경지대로 바꿔 놓았다. 농민들은 방목하는 소의 침입을 막기 위해 농토에 울타리를 치기 시작했다. 그들은 나무 울타리 대신 철조망을 이용함으로써 경제적 부담을 줄였다. 1876년부터 생산되기 시작한 철조망은 목재보다는 값이 훨씬 쌌기 때문이다.

또한 강우량이 부족한 대평원에서 농경에 필요한 물을 얻기 위해 풍차를 이용하여 지하수를 끌어올리는 방법으로 접근했다. 그러나 시공 방법과 비용 등이 농민이 감당하기에는 너무나 부담스러웠다. 농민들은 땅을 깊이 갈아 물기가 있는 흙으로 농작물의 뿌리를 싸고, 그 위에 흙을 덮어 수분의 증발을 막는 건조농법을 사용했다. 또 농민들은 북유럽, 터키, 크림 반도 등지에서 대평원에 적합한 새로운 품종의 작물들을 들여와 환경 문제를 해결했다.

또한 대평원의 농업은 대규모로 하는 것이 유리했으므로 농업의 기계화가 일찍이 이루어졌다. 특히 소맥 생산에서 기계화의 위력을 발휘하여 1에이커의 땅을 경작하는 데 불과 3시간이면 가능했다. 농부 1명이 경작 가능한 면적도 135에이커로 확대되었다. 따라서 대부분의 농민들은 어떻게 해서든지 농기계를 구하고자 했으나, 대부분의 소농들은 기계를 구하기가 어려운 실정이었다. 그들은 차츰 대기업농의 소작인이나 농업 노동자로 전락해 갔다.

대서부와 인디언

남북전쟁이 시작될 무렵인 1861년에 미국에는 약 30만 명의 인디언들이 남았고, 이 중 20만 명 정도가 서부의 대평원에 살고 있었다.

이 인디언에 대하여 연방 정부는 전쟁 전에 일정한 거류지를 결정하여 백인들과 격리시켰고, 인디언들이 소유하고 있는 땅이 필요할 때에는 반강제적으로 조약을 맺고 그 땅을 점유했다. 그리고 인디언들이 거주하는 지역에는 내무성 소속의 관리를 파견하여 그들의 생활 전반을 관리했다. 그뿐만 아니라 어쩌다 백인과 충돌하면 군을 투입하여 해결하는 일방적인 정책을 고수했다.

1862년에는 미네소타의 수우족이 자신들의 거주지가 너무 협소하

이주를 권유받는 인디언

다는 구실로 반란을 일으켜 약 700명의 백인을 살해했다. 이에 수우족을 관리하던 군대는 반란을 진압하는 과정에서 체포한 38명의 수우족을 공개 처형한 후 수우족 전체를 다코타 지방으로 추방했다. 이후 1864년에는 콜로라도에서 광부들의 불법 진출에 항의하여 아라파호족과 샤이엔족이 반란을 일으켰다. 이 반란의 진압 책임자인 존 시빙턴 대령은 진압 초기에 족장인 블랙케틀과 협정을 맺어 인디언들을 안심시킨 후 기습 공격을 가하여 500명의 인디언을 학살했다. 이로 인해 각지에서 인디언 반란이 그치질 않았다. 특히 와이오밍에서는 1866년에 광부에게 부당하게 주거지를 빼앗긴 수우족이 다시 일어나 페터만 대위의 부대를 기습하여 82명의 군인들을 살해한 사건이 일어났다.

결국, 1867년 인디언 평화위원회가 발족되었고 수우족과는 일단 휴전이 성립되었다. 그러나 위원회가 작성한 새로운 정책은 전쟁 전보다 인디언에게 더 불리했다. 게다가 사냥꾼들이 몰려와 인디언의 생활 기반인 들소까지 멸종 위기에 처하게 되자 인디언과 백인 사이의 싸움은 좀처럼 그칠 기미가 보이지 않았다.

커스터 연대의 전멸

1864년 존 시빙턴 대령의 속임수로 억울하게 500여 명의 부족민을 잃은 아라파호족과 샤이엔족은 보복 기회만 기다리며 수우족과 함께 육군에 대한 전쟁을 준비하고 있었다. 아라파호족과 샤이엔족은 주로 육탄전에 대비해 훈련했고, 추장 시팅 불이 이끄는 수우족은 약 2천의 기마대를 조직하여 몬태나에서 훈련하고 있었다.

이즈음인 1874년에 수우족들의 지정 거주지인 사우스다코타의 블

조지 암스트롱 커스터   시팅 불

랙힐스에서 금광이 발견되었다. 많은 백인들은 금을 캐야겠다는 일념
으로 규약을 무시하고 블랙힐스로 몰려들었다. 이에 수우족들은 자신
들의 거류지 안으로 침범한 백인들을 몰살했다.

　육군은 시팅 불이 이끄는 수우족을 토벌할 목적으로 리틀빅혼강과
로즈버드강이 만나는 지점에 진지를 구축했다. 1876년 6월 육군 사령
관 알프레드 H. 테리 장군은 조지 암스트롱 커스터 중령을 대장으로
하는 기병 제7연대에 수우족 공격 명령을 내렸다. 커스터는 본대가 수
우족을 포위하고 난 뒤 공격하기로 한 작전을 따르지 않고 성급하게
공격을 개시했다. 시팅 불이 이끄는 인디언의 병력이 약 3,500여 명에
달한다는 것을 조금도 고려하지 않았던 것이다. 당초 계획과는 정반대
로 커스터 연대가 수우족에게 완전 포위된 상태에서 전투가 시작되었
다. 커스터의 병사들은 마치 기적이라도 만들겠다는 듯이 맹렬히 저항
했으나 수적으로 워낙 열세였기 때문에 전투가 시작된 지 얼마 안 되

어 완전히 전멸했다.

이후 수년 동안 육군과 시팅 불과의 싸움은 계속되다가 1881년에 겨우 화해했으나, 1890년에 추장 시팅 불이 사살되었다. 이후 수우족들은 다시 거류지로 되돌아갔다.

최후의 반항자 아파치족

백인에 대한 인디언의 조직적인 반항은 그 수를 헤아릴 수 없을 정도로 많았지만 최후를 장식한 것은 애리조나에 근거를 둔 아파치족이었다. 아파치족은 매우 전투적인 부족으로 1860년대부터 1880년대에 이르기까지 수시로 반란을 일으켰다.

반란을 주도한 인물 중에는 제로니모가 있었다. 그는 추장은 아니었지만, 최후까지 아파치족을 지휘했다. 제로니모도 한때는 지정 거주지

제로니모

에 들어갔으나 사무국 관리들의 학대에 분개하여 부하들을 거느리고 멕시코로 도피했다. 그는 그곳에서 부하들에게 장차 있을 전투에 대비하여 강한 훈련을 시켰고, 틈만 나면 애리조나에 침범하여 육군에게 타격을 주었다. 그러나 용감하고 잔인했던 아파치족도 육군의 위세 앞에서는 오래 버티지 못했다. 결국 1886년에 화해한 뒤 오클라호마

의 지정 거주지로 되돌아갔다. 아파치족의 저항을 마지막으로 인디언과 백인의 싸움은 막을 내렸다.

이후 연방 정부는 1887년에 도스법이라 불리는 인디언 일반토지할당법을 제정하여 새로운 인디언 정책을 마련했다. 이 법은 부족의 토지 공유를 인정한 거류지 제도를 폐지하고 개인이 토지를 분할 소유하게 하는 것이었다. 1891년에는 인디언에게도 의무교육제를 실시했고, 1894년에는 거의 모든 인디언에게 시민권이 부여되었다.

프런티어의 소멸

1890년 미국 국세조사보고서는 '이제 프런티어는 소멸되었다'라고 발표했다. 이것은 프런티어 라인이 적어도 캐나다 국경에서부터 멕시코 국경까지 이어지게 된 것을 의미했다. 남북전쟁 후 네브래스카에 이어 1876년에 콜로라도가 주로 승격되었으며, 1899년에는 노스다코타, 사우스다코타, 몬태나 그리고 워싱턴이 주로 승격되었다. 다음 해 와이오밍과 아이다호까지 주가 되었다.

오클라호마는 오랫동안 인디언 거류지였다. 그러나 그 주변을 미국인들이 개발하자 규약을 위반하고 침범하는 백인들이 증가했다. 결국 연방 정부는 1899년에 인디언으로부터 오클라호마 서부의 절반을 228만 달러에 사들여 백인들에게 개방했다.

1912년 마침내 뉴멕시코, 애리조나까지 주로 승격되면서 인디언에 이어 광부, 목축업자, 농민이 등장한 대서부의 일대 격변도 막을 내리게 되었다.

산업 국가로의 성장

정부의 친기업 정책

남북전쟁 후 미국의 공업화는 북부를 중심으로 매우 빠른 속도로 진행되었다. 공업화가 급속하게 추진된 이유는 첫째, 전쟁에서 북부가 승리함으로써 북부는 다른 정치 세력으로부터 아무런 방해도 받지 않고 강력한 정책을 자유롭게 펼 수 있었다. 둘째, 미국은 풍부한 천연자원과 넓은 국내 시장을 갖고 있었다는 점이다. 셋째, 유럽으로부터 이민이 몰려들어 들어 값싼 노동력을 쉽게 구할 수 있었다는 점을 들 수 있다. 좀 더 직접적인 이유는 정부가 친기업적인 태도를 취했다는 점을 들 수 있다. 즉 정부의 고율관세 정책으로 기업가들은 가격 경쟁에 대한 두려움 없이 국내 상품의 가격을 높일 수 있었다. 정부의 통화긴축 정책은 원자재 구입 부담을 줄여 주었을 뿐만 아니라 기업가들에게 보조금 및 융자 특혜도 주었다.

대법원은 정부의 친기업 정책을 법적으로 보장하기 위해 해방 노예를 시민으로 보호한 수정헌법 14조의 '정당한 법 절차' 조항을 인용했다. 즉 '어떠한 주도 정당한 법 절차 없이는 어떤 사람으로부터 생명, 자유, 재산을 박탈할 수 없다'는 조항 속에서 '사람'이란 말은 단순히 한 개인만을 의미하는 것이 아니라 기업체 또는 회사도 포함하는 것이라고 확대 해석했다. 기업이 정당한 이윤을 추구하는 데 정부가 간섭할 수 없다는 것을 의미함으로써 기업가들에게 행동의 자유를 부여했다.

대륙횡단철도

남북전쟁 후 미 행정부의 친기업 정책과 더불어 급속한 산업화에 가장 큰 영향을 미친 것은 철도 산업이었다. 철도는 사실 전후 미국 경제 발전의 원동력이라 해도 지나치지 않아서 이 시기를 '철도의 시대'라 불렀고, 대륙횡단철도의 완성으로 그 절정에 이르렀다.

대륙횡단철도의 건설은 남북전쟁 중인 1862년에 의회가 유니언 퍼시픽 철도회사와 센트럴 퍼시픽 철도회사의 설립을 인가하면서 시작되었다. 유니언 퍼시픽 철도회사는 네브래스카의 오마하로부터 서쪽으로, 센트럴 퍼시픽 철도회사는 캘리포니아의 새크라멘토로부터 동쪽으로 공사를 진행시켰다.

먼저 착공한 센트럴 퍼시픽 회사의 초기 공사는 매우 순조롭게 진행되었다. 그러나 시에라네바다산맥을 만나면서부터 난관에 봉착했다. 당시의 기술로는 산맥에 터널을 뚫는 것이 쉬운 일이 아니어서 산맥을 넘어가는 방법을 택할 수밖에 없었다. 각종 설비 자재를 운반하는 것부터 부상자가 속출했으며 공사장을 떠나는 인부들이 늘어났다. 회사 간부들은 수소문 끝에 7천여 명의 중국인 노동자들을 모았고, 공사는 다시 활기를 되찾았다.

유니언 퍼시픽 회사는 비교적 쉽게 프런티어 지역을 통과했다. 그런데 순조롭게 진행되던 공사 막바지에 제동이 걸렸다. 로키산맥의 남쪽을 통과하는 과정에서 암반을 만난 것이다. 회사는 위험을 감수하며 폭파 공법을 사용하기로 했다. 이 방법은 먼저 폭파하여 장애물을 없앤 뒤 다시 그 부분을 채우며 레일을 놓아야 했기 때문에 결국 일을 두 번 하는 꼴이었다. 공사가 진행되면서 두 회사가 서로 작업하는 모습

제1차 대륙횡단철도 완성

을 어렴풋이 볼 수 있을 정도로 접근하자 인부들은 피로도 잊은 듯 환호성을 지르며 공사를 서둘렀다. 시간마다 쌍방의 간격이 좁혀졌다. 마침내 1869년 유타 프로먼터리에서 역사적인 만남이 이루어졌다.

이후로 미국의 철도망은 전국으로 거미줄같이 퍼져 나가 1900년에는 거의 32만 킬로미터에 이르게 되었다. 미국이 건설한 철도의 길이는 당시 유럽 전체에 놓인 것을 능가하는 것이었고, 세계 철도의 40퍼센트를 차지하는 것이었다. 이처럼 대륙횡단철도의 완공과 더불어 철도망의 팽창은 철도 건설과 관련된 모든 산업의 급속한 발전을 가져왔을 뿐만 아니라 상품 수송 능력을 배가시킴으로써 기업의 발전은 물론 국민 생활 수준 향상에도 크게 이바지했다.

독점과 통합의 시대

철도망의 급속한 팽창 과정에서 행정부는 철도회사들에게 막대한 특혜를 주었다. 정부는 준공한 노선에 1킬로미터당 약 2만 5천 달러를 대여했을 뿐만 아니라 노선 사용권과 부대 용지의 소유권까지 인가했다. 그런데 이러한 특혜를 얻어 내는 과정에서 철도회사들은 정치가를 매수하는 경우가 많았다. 이런 부패의 대표적인 상징이 약 2천만 에이커에 달하는 토지를 취득한 유니언 퍼시픽 철도회사와 관련되어 1872년에 발생한 '크레디트 모빌리에 부정 사건'이었다.

철도회사들도 치열한 경쟁에서 살아남기 위해 파격적으로 운임을 인하하거나 운임의 일부를 비밀리에 되돌려주는 이른바 리베이트와 같은 출혈 경영을 함으로써 항상 파산할 위험을 안고 있었다. 그러므로 자금력이 약한 수많은 작은 회사들은 몇 개의 커다란 철도망으로 점차 흡수되어 1900년에는 미국 철도의 3분의 2 이상이 코닐리어스 밴더빌트, 제임스 힐, 에드워드 해리먼, 제이 구드, 존 록펠러와 같은 대철도업자들의 손으로 넘어갔다.

이렇듯 산업화 시대는 경쟁의 시대인 동시에 독점과 합병의 시대이기도 했다. 철도회사들의 합병 과정에서 수단으로 나타난 것이 '트러스트'였다. 트러스트란 개별 기업들의 소유권은 그대로 남겨 두되, 그들의 경영권을 하나로 통합하는 기업 형태였다. 1879년 전국 정유업의 90퍼센트를 장악한 록펠러의 트러스트 모형은 다른 기업에 영향을 미쳤다. 시카고의 매코믹하베스터 농기구 회사는 농업기계 부문을 거의 독점했고, 1890년과 1891년에 설립된 아메리카 연초회사와 아메리카 제당회사는 각각 담배와 설탕 부문을 거의 독점했다. 그리고 통

산업 황제 록펠러를 풍자한 캐리커처

조림, 소금, 위스키, 성냥, 과자, 전선, 못 등과 같은 제조 부문에서도 독점기업이 생겨났다. 앤드루 카네기는 철도회사들로부터 리베이트를 받아 내는 등의 야비한 방식으로 경쟁회사들을 합병하여 1892년 전국 강철 생산의 1/4 이상을 차지하는 굴지의 기업을 만들었다.

존 데이비슨 록펠러

미국의 새로운 산업 지도자들은 정직과 근면을 바탕으로 재산을 모은 사람들로 인식되지는 않았다. 그들이 살았던 시대는 사실 '강도 짓을 하는 귀족의 시대' 또는 마크 트웨인의 말을 빌리면 '겉 다르고 속 다른 도금의 시대'로 묘사되었다. 그렇다면 그렇게 인식되는 시대의 탁월한 사업가들 중 한 사람인 록펠러는 과연 어떤 인물이었을까?

1859년 펜실베이니아의 타이터스빌에 최초의 유전이 뚫리자 이곳의 석유가 산업 윤활유, 등잔불 원료 등으로 쓰일 가능성이 보였다. 록펠러는 뒤돌아보지 않고 석유산업의 정유 부문에 뛰어들었다. 그리고 경험 많은 기업가들과 동업하여 1870년 스탠더드 오일이라는 주식회사를 설립했다.

록펠러는 이 분야에서 왕좌를 차지하기 위한 계획을 추진했다. 첫 번째 공격 방향은 원유 수송을 맡고 있는 철도회사였다. 그는 의식적으로 자기 회사의 정유제품 운송을 철도에 집중시키고, 수송량이 늘어나자 수송 운임의 일부를 반환해 줄 수 없느냐고 철도회사와 흥정하기 시작했다. 록펠러 회사 제품의 수송량이 기하급수적으로 늘어나자 완강하게 거부하던 철도회사들도 더 이상 록펠러의 요구를 거절할 수 없게 되었다. 록펠러는 철도로

존 데이비슨 록펠러

운반되는 모든 기름에 운임의 일부를 돌려받는 데 성공했다.

이후 록펠러는 1882년에 미국 최초의 트러스트를 창설하여 40개의 크고 작은 회사들을 조종하면서 독점했다. 이에 분노를 느낀 국민들은 스탠더드 오일 트러스트를 여러 차례에 걸쳐 법원에 기소했다. 마침내 법원이 스탠더드 오일 트러스트의 해체를 명하자, 록펠러는 회사를 모회사와 자회사 관계를 기본으로 하는 지주회사로 개편하여 회사를 유지시켰다. 이런 과정을 통해 록펠러는 말년에 10억 달러에 가까운 재산을 모았고, 그 일부분은 시카고 대학 록펠러 의학연구소, 일반교육 이사회, 록펠러 재단 등에 자선사업 자금으로 내놓았다. 그에 대해서 '록펠러는 미국의 기업 형태를 개선하는 데 이바지했으며, 19세기 당시 혼란 상태에 있던 미국의 석유산업에 안정과 능률을 가져다준 사

업가였다'라는 긍정적인 평가와 '시장을 지배하기 위해 수단과 방법을 가리지 않는 무자비한 기업가였다'라는 부정적인 평가가 공존한다.

앤드루 카네기

스코틀랜드에서 태어나 부모를 따라 미국으로 건너온 앤드루 카네기는 전신기사로 펜실베이니아 철도회사에 취직했다. 그 뒤 이 철도회사의 피츠버그 책임자가 되었으나 남북전쟁 후 책임자 자리를 사임하고 철강이나 석유에서 더 큰 가능성을 찾아보려고 했다. 1872년 우연한 기회에 런던에 간 그는 영국인 헨리 베서머가 발명한 베서머 용광로를 구경하게 되었다. 불과 10분 만에 쇳물이 강철로 변하는 것을 본 순간 강철의 포로가 되었고, 미국으로 돌아와 평소 제강에 관심을 갖

고 있던 동생 톰과 함께 사업을 시작했다.

그런데 카네기가 제강업을 시작한 1873년은 미국 역사상 유례없는 불경기가 찾아온 최악의 해였다. 그는 용기를 잃지 않고 일꾼들을 불러 모았다. 앞으로 강철 수요가 여러 분야에 걸쳐 급증할 것이라고 예측했기 때문에 어려움 속에서도 전력투구했고, 그의 예상은 적중했다. 1875년 9월부터 강철 주문이 쇄도했다. 레일,

앤드루 카네기

배, 고층 건물, 승강기, 교량 등 강철의 사용 범위가 급속히 확대되었다. 당시 카네기는 최신 기계를 도입해 원가를 절감함으로써 다른 회사보다 싸게 팔아 경쟁력을 높였다.

카네기는 불경기임에도 4개의 경쟁 기업을 사들였고, 헨리 클레이 프릭과 그 밖의 다른 경영자들의 충고를 받아들여 공장들을 수직적인 체계로 통합했다. 코크스의 원료가 되는 석탄을 싸게 공급받기 위하여 석탄 광산과 철 광산도 사들였다. 그리하여 1900년에 카네기스틸철강 회사는 미국의 강철 생산업계를 지배했고, 영국의 모든 제철소들을 합친 것보다 더 많은 강철을 생산하게 되었다. 그는 1919년 죽기 전까지 3억 5천만 달러 이상을 기부하여 카네기 재단 등 사회 복지시설 확충에도 크게 기여했다.

도시로 밀려드는 물결

앤드루 카네기와 그의 부모가 보다 나은 생활을 위해 스코틀랜드에서 미국으로 건너왔듯이 수백만의 유럽인들이 남북전쟁 후 대서양을 건너 미국으로 건너왔다. 그들은 이탈리아인, 그리스인, 폴란드인, 러시아인과 같은 남유럽과 동유럽 출신이 대부분이었다. 제1차 세계대전이 발발하기 전까지 미국으로 건너온 이민자의 수는 2천600만 명을 상회했다. 그들은 대부분 미국의 도시에 정착했고, 거기에 미국의 농촌에서 몰려온 사람들까지 합쳐 도시인구는 1870년과 1900년 사이에 무려 3배나 늘었다.

미국으로 건너온 이민자들은 진정으로 열심히 일하여 자신들의 장래를 개척하려는 사람들로서 당시 급속한 산업화에 필수적인 노동력

이민자들이 미국 정부로부터 받은 이민자 카드

을 제공했다. 이민자 대다수는 연령층이 14~45세 사이로 인생의 황금기에 있는 사람들이었다.

경제학자 존 코몬즈는 그들과 당시 상황에 대해서 이렇게 말했다.

"미국으로 들어온 이민자들은 대부분 부양가족이 없는 근로 연령층이었기 때문에 매우 생산적이었다. 그들을 쓸모 있는 노동 인력으로 키워 준 것은 그들의 모국이었고, 돈 들이지 않고 값싼 임금으로 막대한 이득을 본 것은 미국 기업이었다."

파도처럼 밀려드는 이민의 물결은 값싼 노동력을 필요로 하는 기업가들에게는 횡재를 안겨 주었다. 반면에 노동자들은 때때로 적대감까지 갖게 되었다. 노동력이 넘쳐나면 자신들의 지위를 개선할 가능성이 그만큼 줄어들 것이라고 생각했기 때문이다.

노동자들의 저항

남북전쟁 후 급격한 공업화로 노동자들의 생활 수준은 높아졌고 고용의 기회도 많아졌지만 대부분의 노동자들은 저임금과 장시간 노동에 시달리고 있었다. 이에 노동자들은 노동조건을 개선하기 위해 전국적인 규모의 조합을 조직하여 기업가들과 맞섰다.

1866년에 주물공인 윌리엄 실비스가 지방에 있는 기능조합들을 모아 조직한 전국노동연합이 전국적인 노동조합의 시작이었다. 그러나 전국노동연합은 노동조건의 개선보다는 정치 운동에 보다 많은 관심

헤이마켓 광장에서 시위하는 노동자들

을 가져서 그 투쟁 방법도 파업보다는 노사분규를 완만히 해결하는 데 역점을 두었다. 1873년의 공황으로 산업계가 타격을 받자 전국노동연합도 그 세력을 거의 잃게 되었다.

전국노동연합에 뒤이어 노동기사단이 탄생했다. 1869년에 재단사인 우리야 스티븐스가 조직한 이 조합은 비밀 조직으로 출발했다. 노동기사단은 전국노동연합과는 달리 숙련, 미숙련, 남녀, 흑백을 구분하지 않고 노동자라면 누구든지 가입할 수 있었다. 노동기사단이 요구한 사항들은 8시간 노동제, 미성년의 노동 금지, 소득세 실시 그리고 국립은행 폐지 등이었다. 조합의 성격은 중재에 역점을 두어 온건했다. 그러나 1878년에 기계공인 테렌스 파우덜리가 지도자가 되어 파업을 시작한 뒤부터 급속히 변화했다. 이에 힘입어 1886년에는 그 회

새뮤얼 곰퍼스

원수가 70만에 육박했다. 그러나 그해 5월의 이른바 '헤이마켓 광장 사건'으로 상황이 급격히 악화되었다. 이 사건은 시카고의 헤이마켓 광장에서 1일 8시간 노동을 요구하는 노동자들의 시위를 해산시키다가 경찰이 총을 발포함으로써 일어난 대유혈극이었다. 이 사건과 관련 있다는 의심을 받은 노동기사단은 이후부터 너무 과격하다는 비난을 받아 급격히 쇠퇴하여 1893년경에는 사실상 소멸되고 말았다.

한편, 피츠버그에서도 1881년에 기능공 중심의 온건한 노동조합이 조직되었다. 그러다가 5년 뒤인 1886년에 새뮤얼 곰퍼스라는 연초공이 개조하여 이른바 '미국노동총연맹'으로 발전했다. 미국노동총연맹은 숙련공 중심의 조직이었음에도 불구하고 경우에 따라서는 파업도 불사한다는 투쟁 방법을 제시했다. 그러면서 1일 8시간, 1주 6일제의 노동, 임금인상, 미성년자의 노동 금지 등 경제적인 투쟁을 주목표로 삼았다. 노동자에게 유리한 정강을 내세우는 정당을 지지한다는 방침도 세웠다. 미국노동총연맹은 노동기사단이 세력을 잃어 가는 동안에 조직을 확대하여 1900년에는 회원이 무려 100만 명에 이르렀다.

노사 간의 대충돌

헤이마켓 광장 사건이 있은 후 1892년에는 펜실베이니아의 홈스테드에서 3천 명의 카네기제철공장 노동자들이 파업을 일으켰다. 그러나 회사가 돈을 주고 고용한 300여 명의 사설 폭력단이 경찰과 합세해 저지하는 바람에 파업은 수많은 부상자들만 발생시킨 채 실패했다.

또한 1894년에는 시카고 교외에 있는 풀먼 차고회사 노동자들이 철도노조와 합세하여 파업을 일으킴으로써 한때 시카고 이남에 있던 철도가 마비되었다. 그러나 회사는 법원으로부터 파업 금지 명령을 받아 파업 중인 노동자들을 위협했고, 연방 정부마저 연방 우편물의 수송을 보호한다는 구실로 군대를 출동시킴으로써 파업은 실패로 돌아갔다. 이때 파업을 지휘한 철도노조 지도자 유진 데브스는 법원의 명령에 불복했다는 이유로 유죄 선고를 받았다. 이 파업은 19세기 후반에 일어난 어떤 파업보다도 격렬했으며, 정부와 기업이 결탁하여 파업을 탄압했음이 명확히 드러난 사건이었다.

급변하는 농촌 경제

남북전쟁 후 30여 년간은 이전보다 더 많은 토지가 경작지로 편입되었다. 동시에 농지와 농가 건물의 가격은 2배, 농기구와 기계의 가치는 거의 3배로 뛰어올랐다. 농민들은 자급자족에서 벗어났을 뿐만 아니라 자기 지역에서 벗어난 다른 시장들을 겨냥하여 생산하게 되었고, 가격 구조도 세계 시장이 결정하는 가격에 따라가게 되었다.

이 같은 변화는 기술의 발전, 특히 수송 부분에 일어난 기술 발전의 영향을 크게 받았다. 선박에 증기력이 응용되면서 하천 수송에 혁명이

1866년에 완성된 대서양 횡단 해저케이블

일어났고, 철로를 달리는 증기기관차는 미국을 전체적으로 개발할 기회를 열어 놓았다. 또한 대량 수송도 가능하게 되었다. 그리고 냉동 기술의 발전으로 곡식이나 면화는 물론 쇠고기처럼 상하기 쉬운 물품도 유럽 시장으로 실어 나를 수 있게 되었다. 1875년에 처음으로 증기 화물선에 실린 냉동 쇠고기가 뉴욕을 출발하여 영국 리버풀에 도착했다. 증기기관과 견줄 정도로 중요한 기술 발전은 전신과 해저케이블이었다. 전신은 미국 내에서 빠른 통신을 가능하게 했고, 1866년에 대서양에 부설한 해저케이블은 국제통신에 혁명을 가져왔다.

수송과 통신의 변화는 세계 상품 시장을 확장시켰다. 또한 지역적 전문화를 불러왔다. 영국 리버풀은 면화와 밀 교역의 중심지가 되었다. 1880년대 중엽에 이르면 미국의 밀 재배 농민들은 밀 가격이 현 주거지 근처의 지방 제분소가 아니라 영국의 리버풀에서 결정된다는 것을 알게 되었다. 그들이 받은 밀 판매 대금은 리버풀 가격에서 수송비를 뺀 액수였다. 이러한 밀 수출은 1870년에 3억 달러에 불과했지만 1900년에는 8억 4천만 달러에 이르렀다.

남북전쟁 후 농산물 생산이 급증한 대체적인 이유는 농기계가 널리 활용된 점을 들 수 있다. 1990년 초까지 용수철써래, 복합쟁기, 양날로 된 곡식단 묶는 기계, 자동 곡식단 묶는 기계 등이 농업 생산에 도입됨으로써 생산성 증가에 기여했다.

농업의 전문화

통조림 공업의 발달은 과일과 채소 시장을 확대시켰다. 남북전쟁 전에는 통조림 공장이 몇 개 되지 않았고, 대부분이 볼티모어, 뉴욕, 보스턴, 포틀랜드 등지에서 포장되었다. 포장물은 주로 굴, 왕새우, 물고기, 복숭아, 옥수수 등이었다. 그러나 남북전쟁 후 통조림 산업이 농업지대로 확산되었다. 1900년대 말에 동부에서는 메릴랜드, 뉴욕, 펜실베이니아, 뉴저지, 오하이오, 인디애나, 일리노이, 위스콘신 등에서 주로 생산되었으며, 서부에서는 캘리포니아가 주도했다. 통조림 식품은 도시인들에게 사치품이 아닌 일상 식품이 될 정도로 생산량이 크게 증가했다. 그 결과 지역적 전문화가 나타났다. 동부와 서부에서 통조림 산업이 발달하면서 사우스·노스 다코타에서 오클라호마에 이르는 중앙 지역들은 밀 생산에 주력했고, 오하이오, 인디애나, 일리노이, 아이오와, 미주리 등은 옥수수 생산에 주력했다.

축산업에도 같은 현상이 나타났다. 미국에서 생산되는 옥수수는 대

구스타부스 프랭클린 스위프트

부분이 가축 사료로 사용되었기 때문에 가축 생산, 특히 돼지나 소는 옥수수 생산지대를 위해 중요한 입지 조건으로 여겼다. 동북부에서는 도심지에 공급할 낙농 가축이 주류를 이루었고 서부에서는 목장 산업이 우세했다. 이와 같은 축산업은 곧 대기업화되고 축산업자들은 그 지역의 최대 지주가 되었다. 쇠고기의 판매는 더욱더 복잡해졌다. 목장에서 키운 소들은 마지막으로 살을 더 찌우기 위해 옥수수지대로 내려갔다. 거기서 다시 오마하, 캔자스시티 또는 시카고의 도살장에 보내졌다. 그리고 냉동 설비를 갖춘 철도 차량으로 동북부 시장으로 보내졌다. 이런 발전의 선구적 역할을 한 사람은 구스타부스 프랭클린 스위프트, 필립 디 아머 등이었다.

스위프트는 1882년 뉴욕 시장을 석권하여 지배권을 획득했다. 그는 얼음 덩어리로 채운 냉동차에 부드럽게 손질된 고기를 실어 뉴욕의 냉동 창고로 보냈고, 고기는 다시 정육점으로 분배되었다. 냉동된 고기는 처음에 대중에게 반발을 샀다. 그러나 냉동 고기가 가까운 도축장에서 도살된 고기보다 훨씬 쌌기 때문에 그런 편견은 곧 사라졌다.

남부의 현금 작물은 여전히 면화, 담배, 쌀, 설탕이었다. 그러나 남부의 농업은 남북전쟁으로 붕괴했다. 해방된 노예들은 도시로 일자리를 찾아갔고, 그러면서 임차농과 소작농이 남부 전역에 걸쳐 보편화되었고, 그들 대부분은 빚에서 벗어나기 어려웠다. 그렇다고 해서 지주들이 큰 이익을 얻은 것도 아니었다. 면화와 담배 지대에서는 토양이 점차 메마르고 그곳에서 생산된 제품의 가격마저 떨어져 이익을 보기가 힘들었다.

대부분의 농민들은 토지를 소유하고 있었지만, 농업의 상업화 속에서 운영 자본을 얻기 위해 은행가나 상인들에게 토지를 저당 잡히는 일이 빈번했고, 은행가나 상인들이 경작할 곡물과 생산 방식을 지정했다. 이러한 농업 경영, 즉 농민과 자본가 간의 계약 방식에 의한 농업 생산이 대개는 쌍방에게 이롭다는 것이 증명되었다.

농민들의 동요

농업이 점차 상업화됨에 따라 농민들은 많은 문제에 부딪혔다. 농민들은 이런 현상이 독점적인 중간 상인과 은행가들이 꾸며 낸 음모라고 생각했다. 농민들의 이러한 불만이 타당한지 차치하더라도 그들이 많은 문제로 고통받았다는 것은 분명하다.

뉴잉글랜드에서는 농촌 인구가 감소했다. 1880~1900년에 농경지 면적은 메인, 뉴햄프셔, 버몬트 등지에서 1/3 내지 1/2이 줄었다. 생존이 불가능하게 된 뉴잉글랜드 농민들은 새로운 땅에서 농업을 시작하든가, 공장 노동자가 되는 수밖에 없었다. 남부에서는 면화의 과잉생산으로 가격이 계속 떨어졌고, 서부에서도 그런 현상은 마찬가지였다. 따라서 캔자스, 네브래스카 및 기타 중서부 지역의 많은 농민들은 동부로 이주하기 시작했다. 1887년과 1891년 사이에 18만 명 이상이 캔자스를 떠났다. 농업의 상업화가 결국 농민들의 보금자리였던 농촌 공동체를 파괴했다. 이러한 가운데 일부 성공한 농민들은 보다 크고 능률적인 농업 경영자가 되려고 했다. 그러나 대부분의 소농민들은 땅을 일구어 이윤을 남기는 것이 더욱더 어려워졌다는 것을 깨달았다.

농민의 정치 운동

분노한 농민들은 불만을 정치적 방법에 호소했다. 농촌 생활의 개선을 위해 1867년에는 사회문화 조직인 '공제조합'이 창설되었다. 농민공제조합은 1870년대 정치에 손길을 뻗쳐 독점 폐지와 개혁을 내세웠다. 농민공제조합은 특히 일리노이, 위스콘신, 미네소타 주 정부에서 상당한 세력을 확보했다. 농민공제조합의 영향은 동쪽으로는 펜실베이니아와 조지아로부터, 서쪽으로는 캔자스와 텍사스까지 미쳤다.

농민공제조합 홍보 포스터

농민들은 자신들의 어려움을 해결하는 다른 방법으로 통화 제도에도 눈을 돌렸다. 빚을 진 농민들은 농산물 가격의 인하가 어떻게 그들의 채무를 더 무겁게 만드는지 분명히 알았다. 만일 옥수수, 담배, 밀, 면화, 쇠고기 등의 가격이 떨어지면 빚을 갚기 위해 더 많이 생산해야만 했다. 그러나 생산량이 늘어나면 시장에 과

잉으로 공급되어 농산물 가격은 더욱더 떨어진다. 그러므로 이러한 문제를 해결하려면 연방 정부가 지폐의 발행량을 증가시켜 통화량 자체를 늘려야 한다고 생각했다.

그리하여 그들이 초점을 맞춘 것이 남북전쟁 당시 발행된 그린백지폐였다. 그들은 정치 운동을 전개하여 그린백지폐의 숫자를 늘릴 것을 촉구했다. 그린백지폐의 양을 3억 달러로 줄이고 금으로 환수하도록 결정한 1875년의 태환법을 폐지하라고 1879년까지 요구했다.

농민동맹과 인민당의 창설

1870년대 말에 잠정적으로 농산물 가격이 오르고, 그에 따라 농민의 불만이 완화되어 농민공제조합은 서서히 쇠퇴했다. 그 이후 농민들의 활동은 여러 형태의 농민동맹으로 나타났다.

1875년경에는 텍사스 램파스의 일부 농민들이 말도둑을 잡고 떠돌아다니는 가축들을 모으기 위하여 조직을 만들었다. 그들은 독점주의라고 생각되는 대토지회사와 목축회사들에 대해서도 반대 운동을 전개했다. 다른 지방에서도 조직이 만들어져 1885년에는 텍사스의 대동맹이 5만 명의 회원을 갖게 되었다.

동맹은 점차 남부로 퍼져 나갔다. 1887년에 루이지애나의 농민연합과 1888년에 아칸소의 농업바퀴와 통합하여 미국농민노동자연합을 형성했다. 노스캐롤라이나 농민조합은 1888년에 4만 2천 명의 회원을 보유했고, 남부의 흑인 농민들은 유색인 전국농민동맹에 가입했다.

일반적으로 서북부동맹으로 불리는 전국농민동맹은 밀을 생산하는 주들에서 강하게 나타났다. 1890년에 이르러 캔자스는 13만 명의 회원을 가졌고, 네브래스카, 사우스·노스 다코타, 미네소타 등이 그와 비슷한 세력을 가졌다. 남부동맹도 국영창고 계획, 즉 연방 정부가 창고를 짓고 면화, 옥수수, 밀, 담배, 설탕, 보리 등과 같은 기본 농작물을 저장하는 계획을 지지했다.

한편 농촌의 항의 집단들이 전국을 무대로 직접적인 정치 활동을 시작했다. 1890년 6월에 인민당이 창설되면서 변화의 바람이 불었고, 인민당의 전국지명대회가 1891년 7월에 오마하에서 개최되자 여기에 농민동맹집단, 노동기사단 및 기타 여러 개혁 단체들이 참석했다. 그들은 또 오마하에서 아이오와의 제임스 비 위버를 대통령 후보로 지명하고 은화의 무제한 주조, 누진소득세, 우편저축은행, 철도·전신·전화의 국유화, 외국인의 토지소유 금지, 이민 제한, 8시간 노동제를 요구하는 성강을 세시했다.

산업주의 시대의 정치

눈부신 산업적, 경제적 발전은 광범위한 변화를 가져오고 수많은 새로운 문제를 일으켰으나, '도금 시대'의 정치는 이런 문제들을 해결하는 데 아무 공헌도 하지 못했다. 이처럼 정치가 힘을 잃은 이유는 무엇보다도 앤드루 존슨 대통령이 의회의 탄핵으로 파면 직전까지 간 사건이 계기였다. 정치권력은 주로 의회에 집중되었고, 대통령의 권한과 위신이 쇠퇴했다. 게다가 이런 추세를 뒤집을 만큼 탁월한 능력을 가진 대통령도 나타나지 않았다. 존슨 이후 율리시스 그랜트 대통령처럼 모두 평범하고 창의력이 없었다. 그들은 사실상 의회에 예속돼 있었다.

그랜트에 이어 1876년 선거에서 남부 민주당원들의 협조를 얻어 간신히 대통령에 당선된 공화당의 러더퍼드 헤이스는 의회와 대기업의 요구에 대체로 순응하는 전형적인 도금 시대의 대통령이었다. 1880년 선거에서 대통령이 된 공화당의 제임스 가필드도 당선 이후 관직 싸움의 소용돌이에 휘말렸다가 그만 암살당하고 말았다. 이후 1884년 선거에서는 뉴욕 출신의 민주당원 그로버 클리블랜드가 대통령이 되었지만, 공화당 출신의 전임자들과 별로 다를 것이 없었다. 그 역시 철저한 보수주의자였고 금본위주의자였으며 또한 재산권 옹호자였다.

1888년 선거에서 당선된 공화당의 벤저민 해리슨 행정부는 사업가들에게 가장 유리했던 매킨리 관세법을 제정했다. 또한 원호법을 제정하여 공화당의 주요 지지 세력인 북군의 제대군인과 유가족들에 대한 연금 지급을 확대했다. 사실 도금 시대의 정부가 당면했던 가장 시급한 문제는 역시 부정, 부패, 통화, 관세 문제들이었다. 그러나 기존의 공화, 민주 양당은 문제 해결을 위한 노력을 게을리하였고, 문제 해결의 방안으로 제3당이 출현했다.

제3당의 도전은 서부와 남부의 농민반란 형태로 나타났다. 1867년의 농민공제조합 운동에 이어 1875년과 1889년 사이에 농민동맹들이 결성되었다. 1890년에 캔자스를 선두로 지역별로 인민당이 결성되어 마침내 1892년에는 전국적으로 통합된 인민당이 네브래스카의 오마하에서 탄생했다.

이런 가운데 1892년 선거에서는 민주당의 클리블랜드가 다시 대통령에 당선되었다. 그의 통치는 1893년부터 불어 닥친 경제공황으로 불안해졌고, 그러한 경제의 소용돌이 속에서 그는 현상 유지의 옹호자 이상의 역할을 하지 못했다.

1896년 선거에 이르면서 기업가와 금융가에 대한 반감이 하나의 거대한 조직으로 구체화되기 시작했다. 마침내 민주당과 인민당이 합세하여 윌리엄 제닝스 브라이언을 대통령 후보로 내세워 윌리엄 매킨리를 후보로 내세운 공화당에 대항했다. 그러나 1896년 선거에서 민주·인민 세력은 패배했고, 공화당은 장기 집권의 기반을 마련했다. 대통령에 당선된 매킨리는 평균 52퍼센트라는 미국 역사상 최고의 관세율을 지정한 '딩글리 관세법'을 1897년에 제정했다. 1900년에는 금화만을 합법적인 통화로 규정한 '금본위제법'을 만들었다. 미국 역사상 최대의 기업 통합 운동이 아무런 방해도 받지 않은 채 일어났다. 이 사실은 보수주의와 산업주의가 승리했음을 말해 주는 것이기도 했다.

혁신주의 시대

진정한 민주 사회로

남북전쟁 이후 급속한 산업 발전은 미국을 크게 변모시켰다. 국가 경제는 과거와는 비교도 안 될 정도로 팽창했고, 사회 곳곳에는 새로운 문명의 이기들이 등장하여 국민 생활을 몰라보게 바꾸었다.

그러나 발전의 이면에는 수많은 사람들의 고통이 숨어 있었다. 이를 외면한 채 대기업들은 오로지 기업 확장에만 혈안이 되었고, 급기야는 국민 전체의 경제적 자유와 정치적 민주주의가 심각한 위험에 빠지게 되었다. 통합과 독점을 통해 경제권을 장악한 기업가들은 주 의회는 물론 연방 의회까지 매수했고, 국민의 귀와 눈인 언론에까지 손길을 뻗쳐 자신들에게 유리한 여론을 조성했다.

이 시점에서 사회 도처에 만연된 부정부패를 일소하여 새로운 변화에 적응한 미국을 진정한 민주 사회로 개혁하려는 목소리가 높아졌다. 이렇게 시작된 것이 이른바 '혁신주의 운동'이었다. 이 운동은 어떤 정당이나 사회단체가 전국적으로 추진한 통일된 운동이 아니었다. 때문에 운동이 전개된 지역과 그 주도 계층이 다양했고, 그 목표 또한 제각기 달랐다. 즉, 혁신주의 운동은 서로 다른 목표를 추구하는 여러 가지 운동들의 총체였다.

그늘진 사람들을 위하여

혁신주의 운동은 그 주도 계층에 따라 또 목표하는 것에 따라 매우 다양한 양상을 띠었다. 그러나 크게 보면 공통점이 있었는데 바로 사회정의 운동이었다.

이 운동은 1800년대 말부터 영국의 영향을 받아 시작되었다. 본격적인 궤도에 오른 것은 1889년에 영국에서 사회사업가로 훈련받고 돌아온 제인 애덤스가 시카고에 헐 하우스라는 빈민구호소를 세우면서부터였다. 이때부터 미국에서는 그늘에 가려져 있는 빈곤을 추방하기 위한 운동이 활발하게 전개되었다. 이 운동에는 주로 법률가, 언론인, 기업가, 개혁적인 기독교도들이 참여했다. 특히 기독교의 사회복음 교리는 주로 월터 라우션 부시, 워싱턴 글래든과 같은 개신교 목사들에 의해 대중들에게 전파되었다.

그러나 사회를 구원한다는 이념을 실제 행동으로 옮기는 데 공헌한

아이다 미네르바 타벨   데이비드 그레이엄 필립스

사람들은 영국으로부터 들어온 구세군이었다. 그리고 당시 미국 사회
가 얼마나 정의롭지 못한가 하는 것을 폭로하여 사회정의의 이념을 대
중들에게 불어넣어 준 사람들은 이른바 '폭로자'라고 불린 언론인들이
었다. 그들은 대개 신문사, 잡지사의 기자들로 사회 구석구석에 가리
워져 있는 빈곤, 부패, 횡포 등을 들추어냄으로써 국민들로 하여금 분
노를 일으키게 했다.

　1904년 아이다 미네르바 타벨이 스탠더드 오일사의 부조리에 대해,
1906년 데이비드 그레이엄 필립스가 정치인들의 부패를 파헤쳤다. 이
와 같이 당시의 미국 사회를 예리하게 직시한 언론인들은 만일 미국
사회가 변화를 모색하지 못한다면 결국은 기업의 횡포, 정치가들의 허
위 속에서 죄 없는 대중들만 빈곤에 허덕이는 나라가 될 것이라고 국
민들에게 인식시켰다.

정치개혁 운동

혁신주의 운동의 또 다른 공통점은 그것이 정치개혁 운동이라는 점이다. 당시 개혁을 가로막는 가장 큰 방해 세력은 지구당 조직의 정치 보스들이었다. 그들은 각 지구당 조직의 책임자들로서 그 지역의 술집 경영자, 기업가, 언론인들과 결탁하여 시 정부를 지배했다. 정치 보스들은 가난에 허덕이는 인민들에게 일자리를 주선하는 대가로 선거 때 그들의 표를 마음대로 끌어모았다. 혁신주의자들은 그들 썩어 빠진 '두목들'의 손바닥 위에서 휘청거리고 있는 시 정부를 시민들의 품으로 돌려주어야 한다고 판단했다.

이렇게 하여 시작된 시 정부 개혁 운동은 텍사스의 갤버스턴을 시작으로 전국적으로 확산되었다. 갤버스턴 시민들은 시 정부를 5명으로 구성된 위원회에 맡겨 시정을 관장하게 했다. 이와 같은 위원회 계획은 1907년의 아이오와의 디모인을 비롯한 여러 도시들에서 채택되었다. 그리고 경우에 따라서는 그 도시를 전문 경영인이 관리하는 계획도 채택했는데, 이 제도는 1908년 버지니아의 스탠턴에서 처음으로 채택한 이후 각 도시로 확산되었다. 그리하여 혁신주의 시대가 끝날 즈음에는 위원회에 의해 운영되는 도시는 400여 개, 전문 경영인에 의해 운영되는 도시는 45개가 되었다. 이후 개혁의 물결은 시 정부 차원에서 주 정부 차원으로 확대되었다. 정치의 민주화는 특수 이익집단의 대변자로 전락한 주 의회의 권한을 약화시키고, 그 대신 주지사의 권한을 강화하는 방향으로 나갔다.

민주화 장치로서 주민발의권과 주민투표의 방법이 1902년 오리건에서 처음으로 채택되었다. 주민발의권은 주민들이 원하는 법을 제정

1913년 여성 참정권을 요구하는 퍼레이드

하거나 수정하기 위하여 주 의회에 청원서를 낼 수 있는 권한으로서, 만일 그것이 관철되지 않을 경우에는 이 문제에 대해 주민이 직접 투표할 수 있도록 했다. 주민투표는 기존의 법에 대해 주민의 찬성이나 반대 의사를 투표해 묻도록 청원할 수 있는 방법이었다. 1918년까지 20개 주가 이러한 방법을 채택했다.

정치의 민주화를 실현하는 또 다른 방법은 여성들에게 참정권을 부여한 것이다. 여성 참정권은 1897년에 콜로라도가 처음으로 부여해 점차 확대되어 1914년에는 서부 12개 주가 채택했고, 1916년에는 몬태나에서 최초로 여성이 연방 하원의원에 당선되었다.

공직자 소환도 정치적 민주주의를 실현하기 위한 또 다른 방법의 하나였다. 시장이나 주지사와 같은 공직자를 선출한 유권자들이 그 공직자에 대해 불만족스럽게 생각할 때 특별 선거를 실시하여 그 직위를 박탈하는 제도였다.

이런 장치들은 모두 주 정부 차원에서의 민주화를 촉진하는 데 크게 기여했다. 그러나 이러한 것들이 전국적으로 확산되기 위해서는 연방 정부 차원에서 운동이 필요했고, 그것은 시어도어 루스벨트와 우드로 윌슨이라는 진보적인 대통령이 출현함으로써 가능하게 되었다.

시어도어 루스벨트의 등장과 트러스트 해체

뉴욕의 귀족 가문에서 태어나 하버드 대학에서 교육을 받은 루스벨트는 1901년 매킨리 대통령이 암살됨으로써 예기치 않게 대통령이 되었다. 그리고 이때부터 미국에서는 혁신주의 시대가 열리게 되었다.

연방 정부는 공익의 조정자가 되어야 한다는 그의 정치관은 거대한 트러스트에 대한 정책에서 여실히 나타났다. 그는 경제 집중의 원칙에는 반대하지 않았다. 그러나 기업의 통합이 사회적으로는 이롭지 못한 권력의 남용을 초래했다고 보았다. 따라서 그는 처음부터 트러스트의 규제를 주장한 혁신주의자들과 손을 잡았다. 또한 기업 활동은 어떠한 형태이든지 간에 합리적으로 감독, 통제되어야 한다는 확신을 갖고 있던 루스벨트 대통령의 정책 핵심은 주식회사의 활동을 광범위하게 조사하고, 그 결과를 국민들에게 공개할 수 있는 힘을 정부가 획득하도록 했다. 이에 그는 악명 높은 몇몇 기업의 통합을 해체하기 위하여 몇 가지 조치를 취했다.

첫 번째 공격 대상은 북부 증권회사였다. 이 회사는 J. P. 모건 같은

시어도어 루스벨트

금융가와 제임스 힐 같은 철도 업자들이 만든 지주회사로서 철 도에 대한 독점권을 행사하고 있었다. 루스벨트는 법무성에 이 회사에 대해 셔먼트러스트 금지법 위반을 적용시킬 것을 명령했다. 모건과 힐은 완강히 반발했다. 그러나 루스벨트는 조금도 흔들리지 않았고, 결국 대법원은 북부 증권회사의 해산 을 명령했다.

루스벨트 대통령은 그의 재임 기간 동안 상당수의 기업 활동을 해체시켰다. 그러나 그는 근본적으로 는 경제 집중이 확대되는 당시 추세를 완전히 뒤엎을 생각은 없었다. 다만 기업의 이익과 공중의 이익 사이에서 충실한 중재자로서의 역할 을 해낼 정도의 힘을 가지면 된다고 보았다.

루스벨트의 노동 정책

1890년대까지만 해도 연방 정부가 노사분규에 개입할 때면 언제나 그것은 고용주들을 위한 조치로 나타났다. 그러나 루스벨트 행정부가 들어서면서 그 양상이 다소 달라지기 시작했다. 루스벨트는 노사분규 시 정부가 개입할 때는 고용주뿐만 아니라 노동자의 입장도 고려했다. 광산노조 조합원들에 의해 1902년에 일어난 격렬한 파업 기간 동안에 루스벨트는 그러한 생각을 행동으로 옮겼다. 이 파업이 석탄 공급에 지장을 줄 정도로 장기화될 조짐이 보이자, 루스벨트는 정부의 개입을 결정했다. 이때 그는 백악관으로 노사 양측 대표들을 초대하여 그들에게 연방 정부가 최대한으로 공평하게 취하는 조정을 받아들이도록 요구했다. 노동자 대표인 미첼은 루스벨트의 제안을 받아들였으나 과거 이권에 집착한 베에르는 그 제안을 쉽게 받아들이지 않았다.

루스벨트는 연방군을 투입하여 광산을 다시 가동하겠다고 경고했고, 얼마 후에는 정치가는 물론 언론 그리고 큰 영향을 미쳤다고 보여지는 J. P. 모건마저 회사 측에 압력을 가했다. 사태가 이에 이르자 회사 측에서도 자신들의 주장을 누그러뜨리지 않을 수 없었다.

마침내 정부의 최종 조정안인 임금 10퍼센트 인상, 1일 9시간 노동이 양측 대표에 의해 채택되었고, 이것은 곧 노동자들에게 이제는 정부의 개입 없이도 회사 측과 맞서 타협할 수 있다는 생각을 갖게 했다.

이와 같은 일이 있었음에도 루스벨트는 자신을 기업가의 편도 아니요, 노동자의 편도 아니라고 생각했다. 때때로 그는 고용주들을 위해서 연방군이 파업에 개입하도록 명령했다. 그리고 비록 조합을 결성하는 것이 노동자들의 권리라고 믿었음에도 조합과 타협하기를 거절하는 것은 고용주들의 권리라고 생각했다. 루스벨트가 실제로 목표한 것은 규제를 통한 부분적인 수선 작업이었다.

루스벨트의 재선 준비

루스벨트는 1차 임기 동안에 과감한 개혁을 단행할 수 있었음에도 불구하고 차기 대통령 선거를 의식하여 다소 주저하는 면이 있었

1904년 대통령 선거의 내통령 후보 **루스벨트**와 부통령 후보 페어뱅크

다. 또한 보수적인 공화파를 달래야 했다. 1904년의 대통령 후보 지명 시 그들이 후보 지명을 방해하지 않도록 노력한 것이다. 왜냐하면 당시 당내에서 상당한 영향력을 발휘하던 넬슨 올드리치, 마크 해나 그리고 조셉 캐넌 같은 사람들이 루스벨트의 정치적 성향에 의심을 품고 있었기 때문이었다. 만일 루스벨트가 그들과 공개적으로 투쟁했다면, 1904년에 그를 후보 지명에서 제외시킬 수도 있었다.

루스벨트는 보수와 혁신 양측에 여러 가지 혜택을 베풀었고 남부의 불안정한 정치조직을 자신에게 유리한 쪽으로 재정비했다. 또한 북부의 기업가들에게도 매우 호의적인 제스처를 취했다. 그 결과 그는 당내의 반대파를 무력하게 했고, 쉽게 대통령 후보로 지명되었다.

그리고 총선거에 들어가서는 민주당 후보 올턴 파커에 맞서 미국 역사상 최대의 승리 중 하나로 손꼽히는 압승을 거두었다. 그는 이제 개혁의 날개를 마음껏 펼칠 수 있는 상태가 되었다.

규제 조치의 확대

루스벨트는 2차 임기 중에도 공익의 대변자로서 행동하겠다는 신념에서 정치적으로 중도 노선을 걸었다. 그는 조심스럽고 온건한 변화를 받아들이는 대다수 미국인들을 기쁘게 했다. 그리고 거의 반세기 이상이나 미국에서 가장 강력한 세력을 유지해 온 철도 산업에 규제를 가하기 시작했다.

1877년의 주간통상법이 출발점이었다. 이 법은 정부에게 철도와 관련해 상당한 권한을 부여하고자 한 것으로서, 주간통상위원회를 설치하여 철도 운송 요금을 결정하고 철도회사의 기록을 심사하며 회계 방법을 감독하게 했다. 그러나 상원의 공화당 보수파가 주간통상위원회의 재정을 재심사하는 법원의 권한을 확대하기 위하여 수정안을 내놓았다. 이후 상하 양원이 계속적으로 교섭을 벌이는 동안 루스벨트는 보수적인 변화를 선택했다. 1906년 6월에는 철도회사가 자의적으로 높은 요금을 결정할 수 없도록 한 헵번철도규제법이 통과되었다.

그는 콜롬비아와 그 외 몇몇 지역에서 고용주들이 산업재해를 받은 노동자들에게 보상하도록 한 법안의 승인을 얻었다. 또한 의회가 식품과 약품의 질을 높이기 위한 법을 제정하도록 압력을 가했다. 이른바 식품·의약규제법으로 불린 이 법안은 불량식품과 위험하고 효력이 없는 의약품의 판매를 금지했다. 루스벨트는 식육검사법의 통과를 주

노동법이 제정되기 전 한밤중에도 일을 하고 있는 아동 노동자들

장하여, 식용 고기에 전염된 많은 질병을 제거하는 데 성공했다.

그뿐만 아니라 루스벨트는 1907년부터 규제에 대한 자신의 생각을 꾸준히 확대시켜 더욱 엄격한 법안들을 제안하기 시작했다. 그 결과 나타난 조치들 중에는 8시간 노동제, 상속세와 수입세 도입, 주식 시장의 규제, 철도회사 재산의 평가 외에도 여러 가지가 있었다.

자연자원은 국민 모두의 것

정부가 공익의 대변자로서 행동해야 한다는 루스벨트의 생각은 자원보존 정책에서도 잘 나타났다. 그는 천연자원은 국민 모두의 것으로서 공익을 위해 합리적으로 개발되고 관리되어야 함은 물론이며, 장차 후손들을 위해서라도 마땅히 보존해야 한다고 생각했다. 그리하여

1905년 산림청의 권한을 강화하고, 동시에 정부의 국토개발 전문가들에게 국민 모두에게 이익이 되는 국토개발 사업을 지시했다. 또 공공의 이익에 어긋나는 사업들을 모두 취소함으로써 2,500여 개 이상의 댐 건설이 백지화되었고, 1억 5천만 에이커의 광대한 숲이 국유림으로 편입되었다. 대륙 전체에 매장되어 있는 지하자원의 반 이상을 차지한 땅이 국유지로 편입된 것이었다.

1908년에 루스벨트는 주 단위로 자연자원을 보호하기 위해 전국주지사회의를 소집했다. 그 결과 루스벨트가 백악관을 떠난 1909년 3월에는 미국 내 국립공원이 2배로 늘어났고, 16개의 국립명소, 51개의 야생동물 서식처가 생겨났다.

공화당의 분열

1908년 대통령 선거에서 루스벨트가 재출마 후보를 거절하자 공화당은 윌리엄 하워드 태프트를 대통령 후보로 내세웠다. 법률가 출신의 태프트는 선거에서 민주당의 윌리엄 제닝스 브라이언을 누르고 대통령에 당선되었다. 그러나 이후 태프트 대통령은 서서히 혁신주의 노선을 버리고, 보수 세력 쪽으로 기울어 갔다. 그 결과 1909년에는 중서부 농촌 지역 혁신주의자들의 반대에도 불구하고, 대기업가들에게 혜택을 주는 페인-올드리치 관세법이 제정되었다. 또한 태프트 행정부는 알래스카의 광물 매장 지대를 광산업자 대니얼 구겐하임에게 넘겨주었다.

배반감을 느낀 루스벨트는 1910년에 캔자스의 오사와토미 연설에서 진보적인 정강을 발표함으로써, 태프트 행정부에 정식 도전장을 던

월리엄 하워드 태프트

졌다. 이제 공화당은 보수적인 태프트파와 진보적인 루스벨트파로 분열했다. 루스벨트는 지역이나 개인의 이익보다 국민의 이익을 앞세운 이른바 '신국민주의'를 주장하면서 대기업을 견제하기 위해 관세법을 개정하고 회사규제법을 더욱 강화할 것을 요구했다. 또한 부의 재분배를 위한 누진소득세와 상속세의 부과 그리고 사회적 약자들을 보호하기 위한 근로자 보상법 등의 제정을 요구했다.

보수파들이 태프트를 다시 대통령 후보로 지명하려고 하자, 진보파들은 이에 대한 반발로 탈당하여 새로이 진보당을 조직하고, 루스벨트를 대통령 후보로 지명했다.

새로운 자유

1912년 대통령 선거가 가까워지면서 공화당 내 분열이 노골화되자 민주당이 승리할 가능성이 더욱더 커졌다. 그리고 바로 이때 민주당은 프린스턴 대학의 총장 우드로 윌슨을 대통령 후보로 지명했다. 윌슨은 자신의 정강을 '신자유New freedom'라고 부르면서 독점기업을 타도함으로써 경쟁을 부활시킬 것을 주장했다.

본격적인 선거전에 돌입한 윌슨과 태프트는 치열한 공방전을 벌였다. 그러나 분위기는 이미 개혁 쪽으로 기울어졌고, 윌슨의 신자유가 대중들에게 미치는 영향은 대단했다. 결국 우드로 윌슨이 승리했다.

백악관으로 들어간 윌슨은 선거공약을 반영한 시정 방침을 설정했다. 대중을 대기업의 강력한 지배로부터 해방시키고, 개인을 모든 형식의 압제로부터 자유롭게 한다는 것이었다. 이 목적을 달성하기 위해 윌슨은 우선 열렬한 개혁주의자들을 모아들였다. 그리고 처음부터 의회의 모든 일에 직접 개입했다.

1913년 4월, 그가 연방 의회에서 교서를 낭독할 뜻을 비추자 일부 상원의원들은 전례 없는 일이라며 반대했다. 그러나 전혀 개의치 않고 연단에 선 윌슨은 부드럽게 연설을 시작했다.

"나는 무엇보다도 먼저 상하 양원 의원 여러분에게 이렇게 직접 애기할 기회를 갖게 된 것을 기쁘게 생각합니다. …미국의 대통령이 한 인간으로서 다른 인간들을 위한 공동의 일에 있어 그들과 협력할 각오가 되어 있다는 것을 스스로 확인할 수 있는 기회를 갖게 되어 행복하게 생각합니다."

연설이 끝나자 의사당이 떠나갈 듯한 우렁찬 박수가 터져 나왔다. 이는 대통령으로서 윌슨의 성공적인 시작을 알리는 신호이기도 했다.

윌슨의 개혁 정책

윌슨의 정책은 분명하고도 강력했다. 윌슨은 관세의 세율을 조속히 인하할 것을 요구했다. 그러나 이런 요구는 자유무역을 원한다는 것은 결코 아니었다. 다만 미국의 기업가들이 유럽 생산자들과의 경쟁을 중요하게 생각하기를 원했던 것이다. 이처럼 새로운 관세가 거론되자, 이미 예상했던 일이 벌어졌다. 로비스트 집단이 워싱턴에 쇄도했다. 이에 윌슨은 새로운 관세에 반대하는 의원들의 투자나 재산을 면밀히 조사해 들어갔다.

윌슨의 관세 인하 정책에 반대하던 사람들은 더 이상 자신들의 목소리를 높일 수가 없게 되었고, 마침내 새로운 관세가 가결되었다. 그러나 관세를 인하하자 세수입이 급격히 감소되었다. 이에 윌슨은 감소된 세수입을 만회하기 위해 연 4,000달러 이상의 수입자에 대해 균일한 세금을 1퍼센트에서 6퍼센트까지 부과한다는 연방소득세를 신설했다. 이러한 미국 최초의 소득세로 인해 미국은 소득의 재분배를 향한 첫걸음을 내딛게 되었다.

은행 제도의 개혁

소득세 신설에 이어 윌슨이 손을 댄 분야는 시대에 뒤떨어져 이미 그 효력을 상실해 버린 은행 제도였다. 당시 은행 제도는 사실 1863년 남북전쟁의 비용을 조달하기 위해 조급하게 만들어졌다. 그때까지만 해도 5인 1조가 되어 약간의 자본금을 출자하고 일정액의 국고채권 모집에 응한 단체는 거의 모두가 은행 설립 허가를 받을 수 있었다. 특히 그러한 은행들은 국채의 교환을 통해 은행권을 발행하고, 그 은행권은 금화, 은화 그리고 약간의 경화와 더불어 미국 통화의 총량을 구성했다.

은행권이 국채를 담보로 하고 있었기 때문에 산업의 발전으로 국채 상황이 수월해지자 통화의 수요가 급증하는 시기에 통화가 자취를 감추는 기묘한 현상이 일어났다. 그 때문에 미국 경제에서는 디플레이션이 일어났고 화폐 가치가 올라갔으며, 농산물 값이 떨어져 농민들의 불만이 크게 고조되었다. 게다가 은행 상호 간에도 화폐 가치가 차이 나 도움을 주고받을 수조차 없었다. 따라서 이런 상황에서 횡재를 하게 된 것은 J.P. 모건 같은 금융재벌들이었다.

우드로 윌슨

　이를 해결하기 위해 윌슨에게 두 가지 해결책이 제시되었다. 하나는 보수파가 제시한 것으로 대금융가들의 감독을 받는 중앙은행을 설립하는 것이었고, 다른 하나는 진보파의 안으로 연방 정부가 화폐의 유통을 감독하도록 하는 것이었다. 이에 윌슨은 금융가들의 세력이 너무 비대해졌음을 의식하여 은행을 정부 감독하에 두었고, 1913년 연방 지불준비법을 제정했다. 이 법은 중앙은행으로서의 기능을 가진 12개의 연방 지불준비 은행을 전국에 설립하도록 했다. 이 은행들은 민간인이 소유했지만, 7명으로 구성된 연방 지불준비 이사회의 감독을 받도록 했다. 연방 지불준비 이사회의 이사들은 대통령이 임명했다.

　따라서 이 법은 금융을 국유화하는 차원이 아니라 정부 책임하에 새로운 금융 중심지를 형성함으로써 대금융가들의 힘을 약화시키는 데 기여했다.

독점 사업에 종지부를 찍어라

월슨은 대통령 재임 기간에 '어떠한 독점도 변호의 여지가 없는 것'이라고 주장했다. 그런데 루스벨트 시대의 셔먼법은 독점 사업에 실질적인 종지부를 찍기에는 역부족이었다. 그러므로 관세와 은행 문제를 해결하기 위해 160여 일간이나 쉬지 않고 연방 의회를 열었던 월슨은 불과 1개월의 휴가 후 트러스트 문제와 씨름하기 위해 다시 의회를 소집했다.

1914년에 월슨은 연방통상규제위원회 설치를 의회에 제안했고, 이를 위해 새로운 트러스트 규제법인 클레이턴법을 제정했다. 이 법은 독점을 조성하거나 경쟁을 약화시키는 가격 협정을 일체 금지하고, 제조업자들이 소매상인에 대해 판매 가격을 강제하는 것을 용납하지 않았다. 법을 위반할 경우에는 위반 회사의 경영자가 개인적으로 책임지

독점 기업의 행태를 풍자한 카툰

도록 규정했고, 그런 위반 사항을 조사하는 전담 기관도 설치했다.

그러나 노동조합은 이 법의 적용 범위에서 제외되었다. 노동자들의 파업에 대해서는 보상할 수 없는 손해가 생기는 것을 막는 경우를 제외하고는 재판소로 하여금 일체의 파업 금지 명령을 못하도록 했다.

새뮤얼 곰퍼스는 클레이턴법을 가리켜 '노동 자유의 헌장'이라고 불렀지만 실업계는 쓰디쓴 기분으로 이 법을 받아들였고, 그들을 위한 또 다른 기회가 오기만을 고대했다.

5장

열전 시대

🌸 열전 시대

미국 내에서 개혁 운동이 전개되는 동안 유럽에서는 전면전의 위기가 감도는 가운데 1914년에 마침내 제1차 세계대전이 발발했다. 전쟁 초기에 미국은 중립을 고수한 채 교전국과의 교역을 통해 이익을 얻었다. 그러나 독일의 미국 상선 공격을 계기로 1917년에 연합국 측에 가담했고, 이로 인해 미국 경제는 호황을 누릴 수 있었다. 전쟁은 1918년 독일이 연합국의 휴전 조건을 수락함으로써 종결되었다.

그러나 이것은 미국에 큰 시련을 안겨 주었다. 미국이 내세운 이상이 국제 정치의 이기적이고도 냉엄한 현실에 부딪힌 것이다. 이에 미국은 고립주의 틀을 선택했고 내부적으로 급진적인 물결이 이는 가운데 번영을 누렸다. 그렇지만 그러한 번영의 이면에는 적지 않은 문제들이 도사리고 있었다.

1929년의 주식 시장 붕괴와 더불어 마침내 대공황으로 확대되었고 미국은 물론 세계가 경기 침체의 몸살을 앓게 되었다. 이에 따라 미국인들은 프랭클린 루스벨트의 뉴딜을 선택했다. 뉴딜의 목표인 구호·복구·개혁의 추진으로 수년간 경기가 회복되었다. 그러나 1937년 중반부터 또다시 불황이 시작되었다.

이 무렵 유럽과 아시아를 무대로 제2차 세계대전이 발발했다. 초기에 미국은 제1차 세계대전 때와 유사한 입장을 취했다. 그러다가 1941년에 참전했고, 이것은 미국에 기적 같은 행운을 안겨 주었다. 군수물자 자원을 위한 산업 생산의 증가로 경기 침체의 암운이 걷혔고, 마침내 경제 전반에 활기가 넘치기 시작했다.

제1차 세계대전과 미국

윌슨의 밀사 하우스 대령

미국인들이 급속한 산업화 과정에서 대두된 사회개혁 문제에 정신을 쏟고 있는 동안, 유럽은 영토와 이권의 팽창이라는 제국주의 시대를 맞아 긴장이 고조되고 있었다. 독일, 이탈리아, 오스트리아로 이루어진 3국 동맹과 영국, 프랑스, 러시아로 이루어진 3국 협상 세력이 팽팽히 맞선 가운데 사소한 문제를 둘러싸고 첨예한 대립을 보여 전쟁으로 돌입할 위기를 맞았다. 특히 1912년과 1913년에 일어난 발칸 전쟁은 위기 상황을 일촉즉발의 단계에까지 몰아가고 있었다.

이즈음 미국의 윌슨 대통령은 에드워드 하우스 대령을 유럽으로 보냈다. 그는 세계 문제에 상당한 식견을 갖고 있었으며 당시 유럽 상황에 대해 우려를 표했다. 명목상으로는 해외여행이었지만 하우스 대령에게는 유럽 열강들의 의향을 타진해 보고 미국이 조정자로서의 역할을 할 수 있도록 대책을 마련해 오라는 윌슨 대통령의 임무가 있었다.

하우스 대령은 먼저 베를린을 방문했다. 거기서 그는 알프레트 폰 티르피츠 제독을 만나 전쟁을 피해야 한다는 말을 꺼냈다. 그러나 폰 티르피츠 제독도, 카이제르도, 심지어 빌헬름 2세 황제까지도 전쟁을 옹호하는 태도를 보였다. 하우스 대령은 미국의 입장에 대해서는 몇 마디 말도 건네 보지도 못한 채 프랑스로 향했다. 그는 프랑스에서 국민이 호전적이 아니라는 것과 알자스로렌을 탈환하기 위해 복수전을 펼칠 기색이 없다는 것만을 관찰할 수 있었다. 하우스 대령이 영국에 갔을 때는 영국 국민들이 너무도 침착한 것처럼 느껴졌다. 이런 가운데 윈스턴 처칠이나 영국 해군성은 독일을 경계해야 한다고 주장했지만, 그들은 별다른 반응을 보이지 않았으며 오히려 평상시와 같다는 듯 만족하는 것을 보고 하우스 대령은 놀라지 않을 수 없었다.

유럽 주요 국가들의 정세를 살펴본 하우스 대령은 윌슨 대통령에게 "독일이 칼을 갈고 있는지도 모른 채 프랑스는 혁명에 몰입해 있고, 영국은 사교계의 행사에 완전히 도취되어 있습니다."라고 편지를 썼다.

세계대전의 발발과 미국

하우스 대령이 윌슨에게 편지를 보낼 때까지도 유럽에서 세계 전쟁이 발발하리라 예상했던 사람들은 거의 없었다. 그러나 1914년 6월 29일에 이러한 분위기를 뒤바꿔 놓는 사건이 터졌다.

보스니아의 수도 사라예보를 방문 중이던 오스트리아의 페르디난트 황태자 부처가 세르비아의 민족주의자에게 암살된 '사라예보 사건'이 일어났다. 이에 오스트리아 정부는 독일 정부로부터 무조건적인 지원 약속을 받고 그해 7월 세르비아에 선전포고를 했다. 이때 하우스 대령은 당시의 독일 총리 앞으로 전쟁을 막기 위해 미국이 도울 수 있는 일은 없는지 편지를 보냈으나 회답을 받지는 못했다.

그해 8월 13일, 독일은 프랑스에게 선전포고를 했다. 마침내 제1차 세계대전이 시작된 것이다. 이에 미국은 그저 놀랄 뿐이었다. 20세기에 유럽 강국들 간에 전쟁이 시작된 것은 그들이 무엇인가 큰 착각을 한 것으로 생각되기만 했다. 세계대전은 미국 내에서 흥미를 끌고 있

제1차 세계대전의 발발 원인이 된 사라예보 사건

었으나 그것은 영화팬이 갖는 흥미와 다를 것이 없었다. 유럽에서 이상한 쇼가 시작되고 미국 국민은 관객으로서 바라봤을 뿐이다. 다만 주식거래소의 폐쇄만이 이 쇼를 현실로 받아들일 수 있게 했다.

참는 데도 한계가 있다

윌슨 대통령은 미국의 중립을 선언했고, 2주 후에는 미국 국민들을 향해서도 동의를 구했다.

그러나 미국 국민들은 중립을 지키자는 데에는 동의했지만 사상에 있어서 공평하자는 데는 모두가 동의하지 않았다. 유럽에 조상을 둔 모든 미국인들은 조상으로부터 많은 것을 계승했기 때문이다. 그들은 여전히 영국에 대한 호의와 프랑스에 대한 친근감을 갖고 있었다. 이런 가운데 미국의 여론은 점차 독일을 비난하기 시작했다. 항상 약자의 편을 들던 미국인들은 아무런 죄도 없는 나라들을 침입한 독일의 파렴치한 행위를 용납할 수 없었다.

그런데도 윌슨 행정부는 여전히 중립 정책을 고수했다. 그때까지만 해도 미국은 중립국으로서 상당히 이익을 보고 있었기 때문이다. 연합국 측의 각종 물품 구입량이 예상보다 훨씬 커서 미국은 갑작스러운 공업과 농업의 팽창이 이루어지고 있었다. 임금과 물가가 상승했고 주식거래가 재개된 월스트리트에서는 주식값이 믿지 못할 만큼 치솟았다. 카바레는 밤새도록 만원이었고, 사치품을 파는 가게는 손님이 터질 듯이 붐볐다. 미국인들은 호황 속에서 즐거운 비명을 질렀다.

그러던 중 마른강 전투 이후 승기를 놓친 독일이 영국 근해에 전투 구역을 설치하고 세계를 향해 이 구역 내로 들어오는 선박은 어떠한 선박이라도 잠수함으로 공격할 것이라고 경고했다. 이후 영국 여객선이 독일 잠수함의 공격을 받아 격침되면서 그 배에 타고 있던 124명의 미국인이 사망하는 사건이 발생했다. 이에 미국의 여론은 한결같이 독일을 비난했다. 그리고 다음 해에는 프랑스 여객선이 격침되면서 미국인의 희생은 늘어갔다. 이때에도 윌슨 대통령은 독일의 비도덕적 행위에 항의하는 정도로 그쳤다.

그러나 1917년 2월, 독일이 멕시코에 보낸 '치머만 전보'가 폭로되면서 미국의 태도가 급변했다. 치머만 전보는 독일의 외무장관인 아르투르 치머만이 멕시코 주재 독일 대사에게 보낸 비밀 전문으로, "독일이 미국과 전쟁을 하게 될 경우 멕시코가 독일을 지원해 준다면 1848년에 미국에 빼앗겼던 영토를 되찾을 수 있다."라는 내용이 담겨 있었다. 이 내용을 전해 들은 미국 국민들은 흥분하기 시작했다. 미국 도처에서 참전을 요구하는 소리가 꼬리를 물고 일어났다. 게다가 그해 3월에 3척의 선박이 또다시 격침당했고, 4월에는 러시아 혁명이 발발하여 러시아군이 전선에서 이탈했다. 마침내 윌슨 대통령은 1917년 4월에 열린 상하 양원 합동회의에서 독일과의 전쟁을 선포했다.

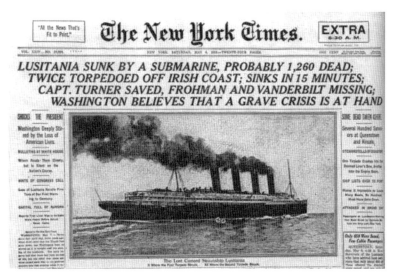

독일 잠수함이 격침한 루시타니아호에 대한 뉴욕타임스 기사

1917년 2월 3일 독일과 공식적인 관계 단절을 선언하는 윌슨

"미국이 이 전쟁에 참가하는 가장 큰 이유는 위협받고 있는 세계의
민주주의를 지키기 위한 것입니다."

미군의 투입

1917년 4월 미국이 참전을 결정했을 때는 1916년부터 시작된 5개
년 계획(정규군을 22만 명, 주방위군을 45만 명으로 증강)이 1년 밖에 되지 않았을 때
였다. 따라서 전반적인 전쟁 준비가 그다지 신통치 않았지만 우선 2만
여 명의 병력을 프랑스로 급송했다. 이후 징병제를 실시해 약 300만
명의 병사들을 모아들일 수 있었고, 이 밖에 약 200만 명 정도가 지원
하여 전쟁이 끝나갈 무렵에는 육군과 해군을 합쳐 약 500만 명 정도가
되었다.

제1차 세계대전 중 각국에서 징병과 국채 구매를 호소하기 위해 발행한 포스터

　다른 한편으로, 미국은 이 전쟁을 지원하기 위해 전시산업이사회를 창설했고, 월가의 은행가인 버나드 바루크를 책임자로 임명했다. 여기서는 긴급 정도에 따라 사업의 우선순위를 정했고, 노동력 분배와 각종 물자 구매를 통제했다. 또한 미국은 식량 공급 문제를 해결하기 위하여 허버트 후버를 책임자로 하는 식량청을 설치했다. 여기서 후버의 활약은 대단했다. 그는 농산물의 가격을 미리 지불하거나 고정시키는 방법으로 생산을 촉진시키고, 오트밀에 사탕을 첨가하지 않는 등의 정책을 실시했다. 그 결과 미국은 흉작이 들었던 1918년에도 1914년의

백악관 앞에서 여성 참정권을 요구하는 시위

2배에 달하는 식량을 수출할 수 있었다.

연료 문제도 심각했다. 부족한 석탄량의 조절하기 위해 비군사용 공장은 매주 월요일마다 가동을 중단했다. 또한 전쟁 장비를 운용할 가솔린을 공급하기 위해 미국인들은 자발적으로 일요일에는 자동차를 사용하지 않았다.

그런가 하면 이 전쟁을 원활하게 수행하기 위해서는 노동자들의 협조도 절실했다. 이에 행정부는 노동자의 근로조건을 개선해 파업을 예방하려 했고, 그 결과 노동자들의 처지가 상당히 개선되었다. 또한 전시 중에 여성 근로자들의 노고에 보답하기 위해 여성에게 참정권을 부여하는 법도 제정되었다.

미국 해군의 활약

행정부가 국력을 총동원하여 전쟁 지원 체제를 갖추는 동안 존 퍼싱을 총사령관으로 하는 미군은 속속 유럽으로 파견되었다. 이때 주로

서부전선 일대로 투입된 미 육군의 전투 성과는 그다지 두드러지지 않았다.

그러나 미 해군의 공헌은 컸다. 해군이 해상전에 본격적으로 투입되었을 당시 독일의 잠수함은 월평균 60만 톤 규모에 달하는 연합군 선박을 파괴하고 있었다. 미국 해군은 교묘하기 이를 데 없는 독일 잠수함의 공격을 사전에 저지하려고 구축함을 활용한 호위 수송 작전을 펼쳤다. 이것은 각종 전쟁 지원 물자를 실은 수송선 사방에 구축함을 배치하여 독일 잠수함들을 사전에 탐지하는 것이다. 이 방법에 의해 사전 포착된 독일 잠수함은 미국 구축함의 맹공으로 격침되거나 큰 피해를 입었다.

그 결과 1917년 말부터는 독일 잠수함에 의한 연합군의 선박 피해가 종전의 1/3정도로 줄어들었다. 식량은 물론 병력 수송도 전보다 훨씬 원활해졌고 그만큼 연합군의 작전도 과감하게 이루어질 수 있었다.

윌슨의 14개조 원칙

연합군의 해상 작전이 활기를 띠는 가운데 1917년 말에 이르러 전쟁은 고비를 맞았다. 러시아 혁명으로 탄생한 볼셰비키 정권이 독일과의 단독 강화를 통한 휴전을 모색함으로써 연합국 내에 혼선을 야기시켰기 때문이었다.

이에 미국의 윌슨은 독일과 러시아의 단독 강화를 견제하고, 다른 한편으로는 연합국의 결속을 다짐하기 위하여 1918년 1월 8일, 전후 평화에 대한 구상을 담은 '14개조 원칙'을 발표했다. 이 원칙은 자유주의와 민족자결주의 원리에 따라 전후의 세계질서를 재수립하려는 기

제1차 세계대전 종전 후 뉴욕에서 퍼레이드를 벌이는 참전 군인들

본 지침이었다. 여기에는 공개 외교, 해양의 자유, 자유무역, 군비 축소, 민족자결의 원칙에 따라 국가 간의 국경선 조정, 폴란드의 독립, 국제연맹 창설 등의 조항이 포함되었다.

독일, 오스트리아, 이탈리아 동맹 측은 14개조 원칙을 휴전의 조건으로 해석했다. 그리고 러시아와 단독 강화 이후 전개된 연합국의 대공세로 심한 타격을 받은 독일이 10월 미국에 휴전을 제의했다. 이에 윌슨은 독일에게 전제정치의 폐지를 요구하는 한편 영국과 프랑스에 대해 휴전에 임할 것을 촉구했다. 영·프 양국의 초기 반응은 냉담하기 이를 데 없었다. 그러자 미국은 단독으로라도 독일과 강화조약을 맺을 것이며, 독일과 휴전하는 전제 조건으로 배상 문제를 반드시 넣겠다고 하여 마침내 영국과 프랑스로부터 휴전 동의를 얻어 내는 데 성공했다. 그리하여 1918년 11월에 이르러 제1차 세계대전은 사실상 막을 내렸다.

파리평화회의

독일과의 휴전이 성립된 지 1주일 뒤 윌슨 대통령은 스스로 미국 수석대표로 취임하여 파리평화회의에 참석한다고 발표했다. 그러나 공화당이 그의 파리행을 저지했다. 재직 중의 대통령이 해외로 나간 일이 없었다는 것이다. 세계의 평화가 무너지면 미국의 평화도 보장될 수 없다며 파리행을 밀어붙인 윌슨은 대표단에 공화당 사람을 한 명도 넣지 않았다. 이는 장차 체결될 강화조약에 대하여 상원이 비준권을 갖고 있는 만큼 앞날이 결코 순탄치 않으리라는 것을 예상하게 했다.

파리평화회의에 참석한 윌슨은 유럽의 국민들로부터 대대적인 환영을 받았다. 그러나 정작 회의에 들어가서는 영국 총리 로이드 조지와 프랑스 수상 조르주 클레망소의 현실주의 정책에 부딪쳐 곤경에 빠졌다. 그들이 독일에 대한 강경한 처벌을 주장했기에 윌슨은 14개조 원칙을 조금 수정할 수밖에 없었다. 1919년 6월 28일에 마침내 윌슨이 주장한 '승리 없는 평화'와는 거리가 먼 패자에게 일방적으로 가혹한 베르사유조약이 성립되었다.

윌슨은 장차 항구적인 평화기구로 국제조직만 창설된다면 강화조약의 미비점은 시정될 수 있다고 믿고 영국과 프랑스를 설득했다. 그 결과 국제연맹 규약을 베르사유조약안에 삽입시키는 데 성공했다. 그는 이것을 그의 외교에서 최대 성과로 인식하면서 귀국했다.

베르사유조약과 국제연맹

윌슨이 파리평화회의에서 베르사유조약에 국제연맹 규약을 포함시키는 데 성공했으나 사실 그것은 후버나 로버트 랜싱 그리고 클레망소의 반대를 물리치고 성립된 것이었다. 게다가 평화조약에 미국이 도장을 찍을 것이냐 마느냐 하는 것에 대해 미국 의회의 승인을 얻으려면 상원의 2/3의 찬성이 필요했다.

공화당은 조약 내 포함된 국제연맹 문제에 대해 반대 입장을 밝혔다. 주된 이유는 집단안전보장을 골자로 하는 국제연맹이 가맹국의 내전에 간섭할 가능성이 있고 상호 불간섭의 원칙을 표방했던 먼로주의가 침해될 우려가 있다는 것이었다. 그러나 여론은 미국의 국제연맹 가입에 관한 윌슨의 입장을 일방적으로 지지하는 경향을 보였다. 이런 여론에 힘입어 윌슨은 1919년 7월 베르사유 조약안을 상원에 제출했다.

제1차 세계대전의 평화 협정인 베르사유조약

　그런데 예상과 달리 국제연맹 규약 제10조가 문제로 대두되었다.

　'가맹국은 각 가맹국의 영토 보전 및 정치적 독립을 존중하고 또 외부의 침략을 막아 줄 의무를 갖는다.'

　윌슨에게는 이 10조가 가장 중요했다. 유보 조건을 붙인다는 것은 그 내용이 어떠한 것이든 용납할 수 없었다. 따라서 정당성을 인식시키려면 국민에게 직접 호소하는 수밖에 없다고 판단했다. 월슨은 그해 9월에 전국 유세의 길을 떠났다. 주로 중서부와 태평양 연안지대를 20여 일에 걸쳐 여행하면서 30여 차례 연설했다. 그런데 9월 25일 콜로라도의 푸에블로에서 연설을 하다가 그만 쓰러지면서 하반신이 마비되고 말았다. 유세는 중단되었다.

부결된 국제연맹 비준

월슨이 국민들의 동의를 얻기 위해 유세 중이던 9월 10일에 상원은 월슨이 제출한 평화조약안에 대한 심의를 마치고 45조의 유보 조건들을 붙여 본회의에 보고했다. 11월 19일 상원은 표결에 들어갔다. 표결 대상은 14개 유보 조건이 붙은 안과 유보 조건이 전혀 붙지 않은 두 가지 안이었다. 둘 다 부결되었다.

그러나 여기서 조약안이 완전히 부결된 것은 아니었다. 일부 온건파 공화당원들이 민주당과 합세하여 다시 한번 표결에 붙일 것을 건의했다. 또한 상당수의 단체들이 타협을 요구했다. 그런가 하면 강경하게 반대하던 영국과 프랑스 측에서도 유보 조건을 어느 정도는 수락하겠다고 밝혔다. 이에 주변 의원들은 월슨을 다시 설득했으나 요지부동이었다. 이러한 국내외의 움직임 속에서 좀 더 손질을 가한 조약안이 표결에 붙여졌다. 결과는 마찬가지로 부결되고 말았다. 이제 국제연맹의 미국 가입은 미국 자신에 의해 불가능한 것이 되고 말았다.

월슨의 마지막 희망은 자신을 지지하던 민주당 후보가 1920년 대통령 선거에서 당선되는 것이었다. 그러나 국제연맹 가입을 정강으로 내건 민주당 후보 제임스 콕스가 공화당 후보 워런 하딩에게 패했다.

외국의 모든 것을 거부한다

베르사유조약이 체결된 1919년은 많은 미국인이 실망을 금치 못한 해였다. 그들은 1차 대전이 끝나고 파리평화회의가 열렸을 때 유럽 강대국이 보여 준 편파적인 이기심에 실망했다.

또한 경제적인 이유가 작용하긴 했지만 숭고한 뜻을 갖고 참전했던 미국이 세계에서 고립되었음을 알게 되었다. 이때부터 많은 미국인들은 다른 나라 문제에 대해서는 냉담한 고립주의 태도를 나타냈고, 오직 자신들의 일에만 관심을 갖기 시작했다.

설상가상으로 1917년에 러시아에서 사회주의 혁명이 일어나 그 영향이 미국에 직접적으로 미쳤다. 러시아 혁명의 여파는 미국 내의 급진주의 세력에까지 전해졌다. 1919년 시애틀에서 일어난 파업을 시작으로 노동자들의 파업이 꼬리를 물고 일어났다. 수백만 노동자들이 일

1919년에 일어난 파업으로 일터를 떠나는 시애틀 조선소 노동자들

으킨 파업의 목표는 임금 인상, 보다 짧은 노동시간, 단체협약의 승인 등이었다. 이러한 요구 대부분은 합법적이었으며 비교적 온건했다.

그러나 극렬한 선동가들은 거리를 돌아다니며 폭력을 휘둘렀고, 파괴를 서슴지 않았다. 그리고 1919년 봄에는 지도적인 기업가라든지 정치가들을 해칠 목적으로 열면 폭발하도록 장치된 소포를 발송했다. 이 몇 달 동안에 우체국이 중간에서 발견한 폭발 장치 소포물만도 수십 개에 이르렀고, 조지아 관공서 관리는 소포로 인해 중상을 입었다. 얼마 뒤 8개의 폭탄이 도시에서 연쇄적으로 폭발해 그 조직이 전국적인 규모임을 시사했다. 그들 중 하나는 워싱턴에 있는 법무장관 A. 미첼 파머의 저택 정면을 파손시켰다.

빨갱이 소동

미국 내에서 급진적인 분위기가 한층 고조되어 국민들로부터 심한 반발을 산 가운데 이른바 '빨갱이 소동^{Red Scare}'이 일어났다. 이 사건은 집에서 발생한 폭발 사고로 화가 난 법무장관 파머가 붉은 깃발을 흔들면서 여기저기에 폭발물을 던졌던 폭도들은 물론 그들과 조금이라도 관계있는 사람은 모두 체포하라고 명령한 데서 비롯되었다.

1920년 새해 첫날부터 급진주의자들의 근거지에 일제 기습작전이 전개되었고, 이때 체포된 자들이 6천 명을 훨씬 넘었다. 이때 파머 습격단이 구성되었다는 정보를 입수해 그들의 무기와 폭발물이 숨겨져 있는 창고를 급습했으나 찾아낸 것은 권총 3자루뿐이었고, 폭발물은 없었다. 이처럼 사태가 심각해져 감에도 불구하고 계속해서 많은 사람들이 체포되었고 그들은 아무런 기소장도 없이 형무소에서 몇 주일을 보냈다. 대부분은 결국 석방되었지만, 미국 시민들이 아닌 5백여 명의 급진주의자들은 결국 외국으로 추방되었다.

시민의 자유를 엄청나게 침해한 빨갱이 소동은 당시 유명했던 이탈리아 출신 무정부주의자 니콜라 사코와 바르톨로메오 반제티가 체포되면서 절정에 다다랐다. 사코와 반제티는 매사추세츠에 있는 어느 공장의 경리 직원과 경비를 살해한 혐의로 1921년에 기소되었다.

이 재판은 큰 관심 속에 진행되어 세계적인 사건이 되었다. 그들의 재판을 담당했던 웹스터 세이어 판사는 공공연하게 편견을 드러냈다. 그들이 유죄 판결로 사형선고를 받는다는 것은 너무도 당연한 일로 받아들여졌다.

그러나 이후 여러 해를 지나면서 피고들의 무죄를 주장하는 항의 집회가 전 세계에서 열렸다. 알베르트 아인슈타인, 아나톨 프랑수아 같

사코와 반제티의 무죄를 주장하며 영국에서 벌어진 시위

은 저명인사들로부터 관용과 재심을 요구하는 탄원서가 쏟아져 들어왔다. 그러나 재판이 벌어지는 매사추세츠의 여론은 피고들에게 적대적이었다. 그리고 A. 로렌스 로웰 하버드 대학 총장을 위원장으로 한 특별위원회는 이 재판이 공정했다고 주장했다. 결국 사코와 반제티는 많은 사람들이 순교자라 믿는 가운데 1927년 사형에 처해졌다.

흑인들의 수난

제1차 세계대전이 끝난 후 수년 동안 전개된 과격한 분위기로부터 미국 흑인들만큼 많은 고통을 당한 사람도 없었다. 대다수의 흑인들에게 이 전쟁은 사회적, 경제적 향상을 위한 절호의 기회를 제공하는 것처럼 보였다. 군복무를 마친 40만 명 이상의 흑인들은 전선에서 돌아가면 국민들로부터 감사의 말을 들을 수 있을 것이라고 기대했다. 그리고 그들은 자신들의 군복무가 사회적 지위를 향상시킬 것이라고 기대했던 것처럼 북부로 이동함으로써 북부에서 인종적 편견으로부터 탈피하고, 경제적 이득을 얻을 수 있는 기회가 마련될 것이라고 생각했다.

그러나 1919년의 미국의 분위기는 야만적이고 흉악하게 변해 있었다. 남부에서는 린치 행위가 극성을 부려 이해에만 70명 이상의 흑인들이 백인 폭도들의 손에 죽었다. 북부에서도 흑인들을 꺼리는 사회적 분위기는 여전했고, 공장에서 일하던 흑인 노동자들은 백인 퇴역 군인들이 귀향해 일자리를 대신함으로써 일시 해고에 직면했다. 가는 곳마다 혼란과 폭력이 난무했다. 1917년에 필라델피아, 세인트루이스 등지에서 발생한 인종 폭동으로 수십 명의 흑인들이 사망했다.

세인트 루이스 폭동에 항의하기 위해 뉴욕에서 침묵 시위를 하는 흑인들

　시카고의 무더운 7월 어느 날, 미시간호수에서 수영하던 10대 흑인 소년이 급류에 휘말려 백인들이 있는 곳으로 가게 되었다. 그때 백인들이 그 소년에게 돌팔매질을 하여 소년은 익사하고 말았다. 이 사건은 이 도시에 심각한 인종 분규에 불을 붙이는 도화선이 되었다. 이후 약 1주일 동안 시카고에서는 백인과 흑인 사이에 일대 교전이 벌어졌다. 그 결과 백인 15명과 흑인 23명이 사망했고, 530여 명의 중상자가 발생했다. 시카고의 그해 여름은 그야말로 '피로 물든 여름'이었다. 그러나 이것이 1919년에 일어난 유일한 폭동은 아니었다. 약 석 달 동안, 곳곳에서 폭동은 끊이지 않았고 총 120명의 사상자를 내는 결과를 낳았다.

빨갱이 소동, 백인과 흑인 간의 불화 등으로 사회가 어수선한 가운데 1920년 대통령 선거가 치러졌다. 선거 결과는 공화당의 워런 하딩이 당선되었다. 비교적 알려지지도 않았었고, 여러 해 동안 공직에 있었으면서도 주목할 만한 일을 한 적이 없는 하딩이 당선되리라고 예측한 사람은 아무도 없었다. 하딩은 젊은 시절 오하이오주의 메리언에서 신문사의 편집인으로 평범한 생활을 했다. 그러다가 그는 멋진 외모, 세련된 말투, 상냥함 덕분에 주 의회로 진출했고, 운 좋게도 그의 당 지도자들 사이의 정치적 협상 결과에 따라 대통령 자리에까지 오르게 되었다.

의외의 횡재를 한 하딩은 사실 대통령으로서 자신에게 주어진 여러 가지 책임에 두려움이 앞섰나. 따라서 그는 자기 주변에 있는 지명인사들의 도움을 받아 어떻게든 책임을 완수하려고 애썼다. 그는 우선 각료들을 임명함에 있어 대상자들의 능력에 대해 심사숙고했다. 동시에 불안정한 외교 관계를 안정시키기 위해 각료들뿐만 아니라 저명인사들과 여러 가지 방안들을 놓고 검토를 거듭했다. 그런가 하면 때로는 왕성한 인도주의 정신을 발휘하기도 했다. 일례로 그는 1921년에 철도노조 위원장으로서 사회민주당을 창설하여 활동하다 투옥된 유진 데브스를 사면했다.

하딩은 자신이 여러 가지로 모자라는 점이 많다는 것을 인식했고, 복합한 문제를 접하게 될 때면 난처해하고 불안해한다는 것도 알고 있었다. 그렇기에 그는 자신의 권위의 상당 부분을 각료들과 정치 동료들에게 나누어 줄 수밖에 없었다. 그럼에도 압도적으로 공화당 편이었던 미국 언론들은 하딩을 가리켜 '현명하고 효율적인 지도자'라고 묘사했다.

이와 같은 상황 속에서 하딩에게 결정적인 타격을 가한 것은 그의 일과 후 생활이었다. 그는 일과가 끝난 후에는 자주 옛 친구들과 어울렸다. 그러다 1922년에 하딩의 친구들이 수백만 달러의 공금을 유용했다는 사실이 폭로되었다. 뿐만 아니라 병원과 재향군인회의 복지를 위해 사용될 2억 5천만 달러의 공금도 유용되었음이 밝혀졌고, 법무장관이 금주법을 시행하고 외국인 재산을 처분하는 과정에서 막대한 이득을 얻은 것도 폭로되었다. 그리고 내무장관은 와이오밍의 티폿 돔과 캘리포니아의 엘크힐스에 있는 정부 소유의 유전을 두 명의 부유한 석유업자 해리 싱클레어와 에드워드 도히니에게 빌려주었다. 그 대가로 50만 달러의 뇌물을 받아 개인적인 용도로 사용했음이 밝혀졌다. 이 사실들의 전모를 늦게서야 알게 된 하딩 대통령은 절망감을 감추지 못했다. 지치고 풀이 죽은 하딩 대통령은 1923년 여름에 시애틀을 거쳐 샌프란시스코로 여행하던 중 이름 모를 질병으로 사망했다.

캘빈 쿨리지 행정부

하딩 대통령의 사망으로 부통령 캘빈 쿨리지가 뒤를 이었다. 쿨리지는 하딩과 달리 완고하고 차분한 편이었으며 진지하고 청교도적인 삶을 추구했다. 또한 지나치게 정직하여 비판받을 여지가 거의 없을 정도여서 추문으로 술렁거리던 정계도 곧 평온을 되찾았다. 그러나 그가 안정을 슬로건으로 하는 보수주의를 표방했다는 점에서는 하딩과 다를 바 없어 그의 집권기는 기업가들에게 가장 유리한 시기가 되었다.

캘빈 쿨리지

정부의 친기업적인 정책을 극명하게 보여 주는 예는 부자들에 대한 세금 인하였다. 그것을 실천한 사람은 아메리카 알루미늄회사 사장 출신으로, 세계적인 재벌인 재무장관 앤드루 멜론이었다. 그는 부자들에게 높은 소득세를 부과하는 것은 투자를 억제하는 결과를 가져와 국가의 경제 성장을 늦추게 될 것이라고 생각했다. 그는 제1차 세계대선 중에 높아신 세율을 낮추기 시작했고, 1921년에 과도 이윤세를 폐지했다. 또 개인 소득 부가세를 최고 65퍼센트에서 50퍼센트로 낮추었다. 그리고 법인소득세는 11퍼센트로 낮추었다.

이 당시 내각 구성원 중 가장 눈에 띄는 인물은 상무장관인 허버트 후버였다. 그는 종종 혼자서 연방 정부의 거의 모든 것을 관장하는 것처럼 보일 정도로 여러 분야에서 적극성을 보였다. 그는 국민 경제를 일으키는 것에 중점을 두고 민간 부문에서의 자발적인 협력을 장려했다. 또 그는 기업의 생산비를 줄이기 위하여 표준화 운동을 일으켜 기업들로 하여금 부속품의 상호 교환이 가능한 공통적인 생산기술을 도입하는 데 기여했다. 이에 따라 미국에서는 병의 모양이나 벽돌의 크기까지도 통일됐다.

쿨리지는 1924년 선거에서 대통령에 재선되었다. 쿨리지는 자신의 역할이 공공 비용과 세금을 감소시킴으로써 모든 사람들에게 성공의 기회를 부여하는 것이라 여겼다. 또한 어떠한 산업 규제도 없고, 갖고 있는 이익을 유지하는 것을 중요하게 여긴 그의 소극적인 시정방침이 야말로 쿨리지를 당선시킨 기업가들이 원한 것이었다. 이는 곧 '기업의 새로운 시대'가 왔다는 것을 의미했다. 기업 수가 1920년 250만 개에서 1929년에 300만 개로 늘어났다는 사실에서도 잘 나타난다.

기술의 발전과 자동차

'기업가의 황금시대'였던 1920년대에 주목할 만한 사실은 기술의 발전이었다. 상당수 기업들이 치밀한 원가계산, 즉각 점검, 실험실 분석과 같은 '품질관리' 과정을 통해 산업의 생산성과 능률성을 높였다.

기술의 발전은 곧 국민 생활 수준을 향상시켰다. 1920년에 웨스팅하우스 방송국이 대통령 선거전을 중계함으로써 보급되기 시작한 라디오가 1930년에 이르러서는 미국 전체 가정의 40퍼센트 수준까지 보급되었다.

1927년에는 찰스 린드버그가 뉴욕과 파리간 단독 비행에 성공함으로써 항공 산업이 급속도로 발전하기 시작했다. 뿐만 아니라 1923년과 1929년 사이에 미국은 전 세계 국가들을 전부 합친 것보다도 더 많은 전기를 생산하였다. 같은 기간에 제조업에서의 전기는 70퍼센트가 증가했고 1930년에는 도시와 인근 교외 주민의 5/6가 전기를 사용할 수 있게 되었다.

그러나 가장 주목할 만한 변화는 자동차의 보급이었다. 제1차 세계대전이 일어나기 전까지만 하더라도 자동차는 돈 있고 여유 있는 사람들의 여가 선용을 위한 사치품에 불과했다. 그러나 1929년에 이르러서는 450만 대에 달하는 자동차가 판매되었고 한 가구당 거의 1대꼴로 자동차를 소유하는 수준이 되었다. 이에 따라 순식간에 거의 모든 주에는 가솔린 주유소가 들어섰고, 도심지에는 교통 신호등이 등장하는 등 미국에서 이제 자동차는 하나의 생활필수품이 되었다.

헨리 포드

헨리 포드는 어린 시절부터 유별나게 기계 만지기를 좋아했다. 그는 27세 때인 1890년 9월에 디트로이트로 이사했고, 에디슨 전등회사에 입사했다. 이때부터 포드는 가솔린 엔진 실험에 정열을 쏟기 시작하여 33세 때인 1896년 6월에 마침내 제1호차를 가동시키는 대 성공했디. 3년 뒤인 1899년에는 2호차를 완성했다.

대량생산을 통하여 많은 사람들이 싼값으로 자동차를 쓸 수 있도록 하는 데 자동차를 만드는 목적이 있었던 그는 자금을 모아 자동차 공장을 세우려고 자본주를 구했다. 그러나 자본주는 쉽게 나타나지 않았을 뿐 아니라 실직까지 당했다. 고심 끝에 자신이 만든 자동차의 성능을 인정받으려고 자동차 경기에 나가기로 결심했다. 사람들에게 인정받는 가장 빠른 길이 우승이라고 생각한 것이다.

1902년 초여름 포드는 결점을 보완한 경기용 자동차를 시운전했다. 시운전 결과 차의 속력은 매우 빠른 편이었다. 마침내 시합날이 다가왔다. 당시 자동차 경주 선수권을 가진 알렉산더 윈튼과 무명의 포드가 대결을 벌였다. 경기 결과는 뜻밖에도 시속 72킬로미터의 신기록을 세운 포드의 승리로 돌아갔다. 미국의 자동차 업계가 발칵 뒤집혔다. 포드 공장으로 기자들이 몰려왔고 여기저기서 자본가들이 나타나 포드에게 회사의 설립을 제의했다.

이렇게 하여 그해 여름 10명이 넘는 사업가들이 자본을 모아 헨리 포드자동차회사를 설립했다. 설립 후 포드는 화물차부터 만들기 시작했는데 그것은 자동차가 돈 많은 사람들만의 것이 아니라 일상생활에 필요한 기계라는 것을 널리 알리고 싶었기 때문이었다. 그는 그해 초 겨울에 접어들어 튼튼하고 실용적인 화물차를 완성했다. 그러나 포드 자동차 회사는 운영난을 견디지 못해 1년 만에 도산하고 말았다.

포드가 한창 실의에 잠겨 있을 때 쿠퍼라는 자동차 경주 선수가 찾아왔다. 돈을 댈 테니 경주용 자동차를 만들어 달라는 것이었다. 포드는 당장 그 제안을 수락했고, 마침내 'No. 999'라는 이름으로 4개의 실

포드의 경주용 차 'No. 999'

린더가 달린 경주용 차를 만들었다. 엄청난 속도를 자랑하는 '999'의 위용은 신문지상에 보도되었고 1903년 6월 17일에 마침내 포드 자동차 회사가 디트로이트에 설립되었다. 자동차는 만들기가 무섭게 팔려 나갔다. 그러나 여전히 비쌌고 보완해야 할 결점도 많았다. 포드는 그러한 문제점을 해결하기 위하여 끊임없이 연구와 실험을 계속했다.

그 결과 1908년 10월에 새로운 자동차 모델인 'T형'을 발표했다. 'T형 자동차' 생산은 첫해에 6,850대, 다음 해인 1909년에는 1만 대를 생산함으로써 회사는 계속 번창했다. 그로부터 5년 후인 1914년 또 놀라운 일이 일어났다. 첫째는 컨베이어 벨트를 이용해 움직이는 조립라인을 만드는 데 성공함으로써 공장 전체가 정확하게 연결되어 놀랄 만한 속도로 작업이 진행되었다. 이렇게 하여 단 2분 만에 자동차 1대를 생산해 낼 정도가 되었다. 둘째는 생산의 인간적 측면을 생각해 노동시간을 8시간으로 줄이고 기본임금을 5달러로 2배나 올려 생산성 증대를 이룩한 것이었다. 이같은 기술 혁신의 결과 1920년대 초에 이르러 포드자동차회사는 미국 자동차의 60퍼센트와 세계 자동차 생산고의 반을 생산했다. 이제 자동차에 관한 그에게 도전할 자는 아무도 없었다.

1908년 10월 LIFE 잡지에 실린 포드 T형 자동차 광고

번영의 그늘

1920년대 기업이 번창했다는 것은 노동자의 세력이 전반적으로 약화되었다는 것을 의미했다. 1920년대에 노동조합에 가입한 노동자는 미국 전체 노동자의 12퍼센트에 해당하는 500만 명에 지나지 않았다. 노동조합이 대체로 기능직과 오래된 직종의 노동자에만 한정되고 자동차, 화학, 전기 등 새로운 대량 생산업체의 노동자들에게는 손길이 미치지 못했기 때문이었다. 뿐만 아니라 '빨갱이 소동'이 벌어진 1920년대 초에 '노동조합은 급진주의와 관련된 위험한 것'이라는 인상을 줘 대중들로부터 외면당했다.

한편, 이러한 기회를 노려 기업가들은 노조 결성 반대 운동을 전개했다. 그들은 노조에 가입하지 않은 노동자들에게만 취업 기회를 주려고 했다. 물론 노조 결성이 허용되는 경우도 있었다. 그러나 '어용적인 회사 노조'일 따름이었다. 이러한 회사 노조 수는 계속 늘어나 1928년에는 회원수가 150만 명에 이르렀다. 이에 반해 노동총연맹과 같은 독립 노조 세력은 계속 쇠퇴해 1930년에는 회원수가 전국 노동자의 7퍼센트에 불과했다.

그럼에도 불구하고 1920년대 미국 경제는 번영을 누렸고, 노동자들도 어느 정도 혜택을 받았다. 고용주들은 노동조합 결성을 반대하는 대신 노동자들의 불만을 완화하려고 회사 나름의 복지시설과 제도를 도입했기 때문이다. 그들은 노동자들에게 주식을 배당해 참여의식을 높이고 연금과 보험 혜택을 줌으로써 생활의 안정감을 높여 주었다. 그리고 유급 휴가 및 여행 기회도 제공했다. 노동자들도 당시의 풍조인 소비주의, 물질주의, 보수주의 물결 속으로 빠져들어 가고 있었다.

사회가 병들어 가고 있다

기업의 발전과 함께 싹튼 물질문화가 확산됨에 따라 미국 사회는 물질만능의 소비주의와 변화를 거부하는 보수주의의 방향으로 나아갔다. 이러한 추세에 지식인들은 거부했고, 그에 따라 그들과 일반 대중과의 간격은 더욱더 벌어졌다. 그러나 1920년대 지식인들은 소극적인 방법으로 사회를 비판하면서 대중이 경각심을 갖기를 바라는 정도였다. 기존 사회의 잘못된 가치관을 거부하면서도 그것을 타도하거나 개혁할 의지는 없었던 것이다.

이런 지식인들 중 어니스트 헤밍웨이는 그의 1925년 작품《태양은 다시 떠오른다》에서 지식인들에게 환멸을 가져다준 당시의 휘청거리는 사회상을 묘사했고, 4년 뒤에 쓴《무기여 잘 있거라》에서는 제1차 세계대전에 참전한 미군 장교를 주인공으로 전쟁에 대한 경멸을 표현했다. 셔우드 앤더슨은 소설《가난한 백인》에서 산업 사회의 비인간화를 풍자했다. 그런가 하면 싱클레어 루이스는《메인스트리트》에서 도시 생활자들이 얼마나 우둔하고 어리석은지를 풍자했고,《배빗》에서는 자기 만족적이고, 물질주의적인 기업가들과 함께 하는 현대적인 도시에서의 생활을 조롱했다. 그뿐만 아니라 젊은 비평

어니스트 밀러 헤밍웨이

가 해럴드 스턴스가 22편의 논문을 모아 만든 에세이집《미합중국의 문명》에서 작가들은 미국 생활이 거의 모든 면에서 무가치하고 불쾌한 것이라고 결론 내렸다. 1920년대의 지식인들은 미국 생활을 지배한 이른바 '성공 윤리'를 공개적으로 거부하면서 부모 세대들이 가졌던 전통적인 목표에 등을 돌렸다. 이는 피츠제럴드의 유명한 소설《위대한 개츠비》에도 잘 나타나 있다.

금주 운동

미국에서 금주 운동은 역사를 갖고 있었다. 금욕과 절제를 강조하는 윤리가 강하게 뿌리박고 있는 미국에서는 술을 폭력, 매음 같은 악의 원천으로 생각하고, 술의 주조와 판매가 금지되어야 한다는 주장이 이미 1800년대 중엽에 나타났다. 1919년 마침내 '금주법'이 의회를 통과

음주가 재앙임을 보여 주는 석판화

했다. 이제 술의 제조와 판매가 법으로 금지되었다. 그러나 1년 만에 그 법이 지켜지지 않는다는 사실이 명백해졌다. 미국인들이 술 끊기를 거부했던 것이다. 게다가 당시 모든 위스키는 수천 마일의 해안선과 국경선을 통해 마구 밀수입되었다. 또한 개인이 집에서 술을 만들어 마시는 경우도 많았다. 따라서 이러한 술과 관련된 모든 불법행위들을 정부의 힘만으로 감시한다는 것은 불가능할 수밖에 없었다.

그러나 이와 같은 법과 정부의 무력함보다 더 놀라운 것은 금주법이 조직화된 범죄를 조장했다는 사실이었다. 알 카포네는 시카고에서 대부분 불법 알코올 제조에 기반을 둔 엄청난 범죄 제국을 구축했다. 그는 사업을 방해하는 자들과 맞서기 위하여 1천여 명이 넘는 총잡이들을 고용했는데, 그들의 광적인 행동으로 1920년과 1927년 사이에 250여 명에 달하는 인명 손실을 가져왔다. 그뿐만 아니라 시카고 외의 다른 지역에서도 이와 유사한 범죄 집단들이 활개를 쳤고, 범죄 집단들 사이에 전쟁까지 벌어졌다. 간단히 말해 금주법은 전국적인 웃음거리가 되었을 뿐 아니라 추문거리가 되고 말았다.

현대판 K.K.K.단

1920년대의 소비주의와 보수주의 물결에 따라 나타난 또 하나의 운동은 K.K.K. Ku Klux Klan단의 활동이었다. 1870년대에 사라진 K.K.K.단을 유명하게 만든 〈한 국가의 탄생〉이라는 영화가 초연된 직후인 1915년에 남부인들은 다시 현대판 K.K.K.단을 조직했다.

현대판 K.K.K.단은 위험스러울 정도로 반항적이 되어 가는 흑인들을 협박하는 일을 주로 했다. 그러나 제1차 세계대전 후부터 그들의

제1차 세계대전 후 1926년 9월 13일 워싱턴 DC에서 열린 K.K.K.단 퍼레이드

관심은 흑인들보다는 오히려 가톨릭교도, 유태인 그리고 여러 외국인들에게 쏠렸다. 그들은 미국 생활에서 순수하지 못한 외국적인 여러 영향력들을 몰아내는 데 몰두했다. 그러다가 1924년에 이르러서는 수백만 명의 회원을 가지고 막대한 자금을 무기로 하여 각 주의 정치에까지 영향을 미쳤다.

　K.K.K.단의 조직원들은 일종의 비밀의식과 비밀언어를 채택했다. 그들은 공들여 만든 백색 제복을 착용한 채 흰 두건을 썼고 비밀회합을 가진 뒤 불십자가를 휘두르며 극적으로 행진했다. 그러면서 때

때로 외국인들에게 잔인하고 격렬한 폭력을 휘둘렀다. 간단히 말해 K.K.K.단은 인종적인 순수성을 보존하기 위해서뿐만 아니라, 1920년 대의 미국 사회의 가치관, 도덕관과는 다른 외부의 문화들을 방어하기 위해 싸웠다. K.K.K.단이 제기했던 당시 미국 사회의 여러 문제들은 수년 동안 상당수의 미국 사람들 사이에서 그 힘을 유지했다.

스콥스 재판

전통적인 미국인들, 특히 농촌 지역의 미국인들은 미국이 청교도들에 의해 세워진 프로테스탄트 국가라고 생각했다. 그러나 1920년대에 들어서면서 외부에서 밀려오는 신앙들로부터 위협을 느끼기 시작했고, 가톨릭교나 유대교 같은 외국 신앙들로 인해 그동안 쌓아 온 미국의 전통이 흔들린다고 생각했다. 게다가 진화론 같은 과학 이론이 이러한 추세를 부추기는 데 대해 두려움마저 느꼈다.

이에 미국인들은 전통적 가치와 제도를 보존하려는 일환으로 성서의 내용을 문자 그대로 믿는 근본주의 신앙을 추구했다. 그러므로 성서의 권위에 도전하는 과학 이론과의 충돌은 불가피했으며, 그러한 충돌의 하나가 1925년의 '스콥스 재판'이었다.

테네시의 고등학교 과학 교사였던 존 스콥스는 어느 날 수업 시간에 학생들에게 다윈의 진화론을 가르쳤다. 이것은 당시의 '어떤 공립학교 선생이든지 성경에서 가르치는 것처럼 인간을 신이 창조했다는 사실을 부정하는 어떤 이론도 학생들에게 가르칠 수 없다'고 규정한 테네시주 법률에 의거할 때 위법이었다. 그러므로 스콥스는 곧 기소되었고, 이 사건에 그의 교사로서의 행위 자체를 옹호하던 미국 민권자유

연맹이 끼어들었다. 이 재판을
취재하기 위해 전국에서 기자
들이 몰려들었지만, 당시의 상
황과 분위기로 봐서 스콥스가
유죄 판결을 받으리라는 것은
뻔한 일이었다. 결국 스콥스는
유죄 판결을 받았으나 다행스
럽게도 처벌받지는 않았다. 이
사건으로 미국 사회는 외래적
이고 새로운 것에 대해 반대하
는 보수적인 세력이 강하다는
것이 드러났다.

존 토머스 스콥스

이처럼 1920년대는 신·구 물결이 대립하거나 공존하는 시대였다.
두 개의 대립요소는 1928년 대통령 후버가 프로테스탄트 교도와 금주
운동을 대변했고, 경쟁 상대였던 민주당의 알프레드 스미스는 가톨릭
교도와 금주법 폐지 운동을 대변했다는 데서 잘 알 수 있다.

허버트 후버 대통령

1914년 제1차 세계대전이 일어나자 유럽에 살던 미국인들의 생활
이 어려워졌다. 이때 허버트 후버는 월터 페이지 대사의 요청으로 구
호기구를 설치하여 어려움에 직면하게 된 미국인들을 본국으로 돌려
보내는 데 공헌했다. 그리고 얼마 후 곤경에 처해 있는 벨기에인에게
식량을 공급하던 벨기에 구호대의 책임자가 되어 달라는 요청을 받았

다. 이것은 그에게 새로운 생애의 시작이었다. 이때부터 그는 모든 사업의 이해를 돌보지 않았다. 어떠한 공직에서도 보수를 받지 않았고 그 대신 자선단체들을 지원해 줬다.

1917년 미국이 참전하면서 후버는 식량청 책임자가 되었고 '식량은 전쟁을 이기게 한다'는 표어를 내걸며 연합군 측 식량 공급에 지대한 역할을 했다. 그뿐만 아니라 그의 노력은 전후 유럽의 경제적 어려움을 해결하는 데 큰 도움을 주었다.

이후 후버는 능력을 인정받아 하딩 대통령에 의해 상무장관으로 발탁되었고 구호 사업을 계속적으로 추진할 수 있었다. 후버는 강압보다는 설득의 방법으로 자신의 구상을 펼쳤고, 경제적 낭비 요소를 제거하기 위한 노력의 일환으로 생산물의 표준화와 각종 정보 전달 체계를

허버트 클라크 후버 대통령 취임식

신속화하는 기술 개발에 박차를 가했다. 그는 불필요한 경쟁 형태를 가능한 한 줄여야 한다는 입장을 고수했지만, 독점을 옹호하지는 않았다. 또한 꾸준한 저술과 연설을 통해 단체협약과 소년 노동의 폐지, 건강보험, 노령보험 등을 주장하며 자유주의적인 신념을 피력했다.

이러한 것들이 그가 과감한 개혁을 원한다는 것을 의미한 것은 결코 아니었다. 사실 그는 반동에도, 개혁에도 모두 적의를 품었고, 단지 '힘찬 개인주의'를 원했고, 농촌의 프로테스탄트 교도와 금주 운동을 대변했다. 그 결과 그는 1928년의 공화당 전당대회에서 대통령 후보로 지명되었고 민주당 후보인 알프레드 스미스와의 대결에서 승리를 쟁취할 수 있었다.

대공황과 뉴딜 정책

검은 목요일

많은 미국인들이 경제는 건재할 것이라고 전망했지만, 미국 경제는 1928년 9월부터 어두운 먹구름 속으로 빠져들어 가고 있었다. 주식시장의 주가는 벌써 몇 번의 하락을 되풀이하면서 그때마다 간신히 상승하여 겨우 현상 유지를 했다. 그러다가 10월 23일 수요일에 이르러 증권시장에서는 돌발 사태가 발생했다. 정오가 되자 개장 무렵의 침묵을 깨고 '팔자'는 주문이 쇄도했다. 거래고가 어찌나 많은지 주가 표시기가 다 기록할 수 없을 정도였다. 이쯤 되자 노련한 투기꾼들은 이날 저녁부터 주식시장에서 발을 빼려고 안간힘을 쓰기 시작했다. 내일이 되면 주식시장은 조직적인 지원을 받을 것이라는 예고가 있었지만 주식시장은 이미 절망의 늪으로 깊이 빠져들어 갔다. 다음 날인 10월 24일 이른바 '검은 목요일'이 되었을 때, 큰손들은 물론 대부분의 주식 투자자들은 중매인에게 주식판매가를 지정조차 하지 않았다. 되도록 비싸게 팔아달라는 외침만이 입회장을 가득 메웠다.

이날 저녁 폭락 사태를 거듭하는 주식시장의 지주들 여러 명이 토머스 라몬트 사무소에 긴급히 모여들었다. 그들은 공황을 막기 위해 2억 4천만 달러의 유지 자금을 출자했지만, 효과는 사흘을 넘기지 못했다. 그러나 그들 주변의 또 다른 거물들이 지원을 해 주지 않는 한 더 이상 지탱하리라 기대하는 것은 무리였다. 결국 10월 29일에는 또 한 번의 대폭락 사태가 발생했다. 이번에는 은행가들도 손들어 버렸고, 11월 중순에 이르렀을 때 손실 총액은 300억 달러에 달했다. 대부분의 주식은 휴지 조각과 다를 바가 없었다. 경제 전문가들이 영원할 것이라고 믿었던 번영은 사라져 버렸고, 마침내 '대공황'이 시작되었다.

극복될 수 없는 위기

주식 시장이 붕괴되었을 때는 허버트 후버가 대통령에 취임한 지 겨우 7개월밖에 안 되었을 때였다. 그 짧은 기간 동안 그리고 이전에 그가 상무장관으로 있던 여러 해 동안, 그는 과도한 주식 투기와 거래의 무질서한 관행에 대해 항상 경고했었다. 1929년 3월에 그가 대통령에 취임한 후 관심을 가졌던 것은 투기를 어떻게 하면 무리 없이 가라앉힐 수 있겠는가 하는 문제였다. 그러나 그의 관심에 따른 몇 가지 조치

1929년 증권거래소 밖에 모여 있는 군중들

는 별다른 효과를 거두지 못했고, 1929년 10월에 그가 우려하던 붕괴가 시작되었다.

주식시장의 붕괴 직후 후버 대통령이 최초의 대응책으로 취한 조치는 그해 11월 중순에 기업 지도자들과 노동 지도자들을 백악관에 모아 놓고 임금 인하, 노동자 해고, 파업 등을 자제해 달라고 부탁한 것이었다. 그러나 이는 경기지수가 계속 떨어짐에 따라 더욱더 쓸모없는 것임이 판명되었다.

1930년 여름에 이르러서는 세계 도처의 거의 모든 산업 국가들이 역사상 가장 극심한 불경기 속에 빠졌다. 미국은 관세 장벽을 높여 다른 나라들과 보호주의를 향한 경쟁에 뛰어들었다. 이에 대해 1천여 명에 달하는 경제학자들이 경고를 했음에도 후버는 1930년 6월에 스무

무료급식소에 줄 선 시카고 실업자들

트 홀리 관세법에 서명했다. 고율의 관세로 국제무역은 더욱더 억제되었고, 이후 경제의 붕괴가 가속화되었다. 미국은 대공황으로 빠져들어갔고, 어려움은 가중되었다.

후버는 마침내 1932년 1월에 '재건금융공사'를 설립하여 기업과 금융기관에 대한 융자를 확대하고 주 정부의 구호 계획을 지원했다. 그렇지만 후버는 개인주의야말로 미국의 경제, 사회적 발전에 있어서 역동적인 요소라고 생각해서 연방 정부의 구호 계획에는 반대했다. 왜냐하면 이것은 개인이나 공동체로 하여금 실업수당에 의존하는 나약한 정신 상태만을 조장할 뿐이라고 믿었기 때문이었다. 후버가 연방 정부 차원의 구호계획 실시를 거부한 데 대해 미국인들은 미국적 특성을 보호하려는 것이라고 생각하기보다는 냉혹하고 무자비한 인간성의 발로라고 지적했다.

이런 상황 속에서 후버의 명예를 더욱 실추시킨 사건은 이른바 '보너스 군대'의 진격이었다. 그것은 1932년 여름에 2만여 명에 달하는 제1차 세계대전 제대 장병들이 워싱턴에 모여 1945년까지 만기가 되지 않은 보너스 증서에 대한 즉각적인 지급을 요구하는 청원서를 연방 정부에 제출한 사건이었다. 이때 후버는 무질서를 우려한 나머지 군대에 명령을 내려 그들을 몰아내도록 했다.

이 사건은 1932년 대통령 선거에서 벼랑에 몰린 후버에게 더욱더 어려움을 가져다주었다. 이때 민주당에서는 뉴욕 주지사인 프랭클린 루스벨트를 대통령 후보로 지명했고 그는 미국 국민을 위한 '새로운 정책New Deal'을 약속했다. 유권자들은 압도적으로 변화를 원했으므로 11월 선거에서 루스벨트는 42개 주를 휩쓸고 선거인단 투표에서도

472대 59로 후버를 침몰시켰다.

불경기와의 씨름

1932년의 대통령 선거에서 루스벨트가 대통령에 당선되었지만 정식 취임까지 남은 3개월의 경제적 상황은 침체와 후퇴가 뒤범벅이 된 어두운 시기였다. 산업 생산이 떨어져 제철 회사들은 겨우 생산능력의 1/5 정도를 가동했다. 전체 노동력의 1/4 이상이 일자리를 갖지 못했고, 그중에서도 연방 정부의 구호 혜택을 받을 수 있는 사람들은 25퍼센트에 불과했다. 농장 폐쇄는 계속 늘었고, 은행 도산이 잇따라 일어났다. 그러자 38개 주지사들은 1933년 3월 초에 이르러 은행의 휴업을 선언했다. 국민들은 불안에 휩싸인 채 3월 4일의 새 정부 출범만을 기다리고 있었다.

1932년 선거 유세 때 루스벨트는 '새로운 정책'을 약속했다. 그러나 그 약속에는 구체성이 없었다. 그는 선거 연설 도중 행정부가 추진하게 될 몇 가지 시책을 제시했는데, 민간자원 보존단, 공익회사의 규제, 주식 거래에 대한 통제, 보다 효율적인 정부 경제 계획의 수립이 포함되었다. 그러나 이러한 것들에 대해 구체적인 정의나 체계화된 정강 또한 마련되지 않았다. 그러므로 리처드 호프스태터는 "뉴딜의 중심에는 철학이 있는 것이 아니라 단지 기질만 있었다."고까지 말했다. 루스벨트의 기질은 실험에 개방적이었고, 대담했으며 당시의 분위기에 맞는 것이었다. 비참한 경제 상황에 빠진 미국 국민은 루스벨트의 무엇이든 해보자는 대담한 약속을 들으며 용기를 얻었다.

루스벨트는 미국의 어느 대통령보다 불리한 조건으로 임기를 시작했다. 그는 싸늘하고 음침한 날에 취임 연설을 하면서 두려워해야 할 것은 두려움 그 자체라는 주장을 했다. 또한 미국 경제를 활성화하기 위해 연방 정부가 해야 할 몇 가지 일을 제시했다. 특히 특별회기에서 경제 위기에 대응하기 위한 실효성 있는 입법이 이루어져야 함을 강하게 요구했다.

다음 날인 1933년 3월 5일에 루스벨트 대통령은 전국 은행 휴업을 선포하고 3월 9일에는 의회 소집을 요구했다. 3월 12일에 루스벨트는 라디오 '노변담화'에서 "이제 금융제도는 안정되었습니다."라고 국민들에게 확언했다. 3월 15일에 은행들의 반 이상이 다시 정상 업무를 시작했다. 다음 몇 주 동안에는 현금 인출보다 예금이 많았다. 이것은 국민이 대통령의 발언을 받아들였음을 의미했다.

3월 9일부터 시작하여 6월 16일까지 의회의 특별회기, 이른바 '100일'은 루스벨트 대통령의 메시지 전달과 열띤 입법이 계속된 기간이었다. 의회의 정책 심의 속도가 훨씬 빨라졌다. 이러한 행정부와 입법부의 박력 있는 행동주의는 국민, 그 가운데서도 특히 대공황의 가장 밑바닥 희생자인 수백만 실업자들로부터 환영을 받았다.

은행 고객에게 예금이 보험에 가입되어 있음을 알리는 포스터

나에게 할 일을

대공황의 희생자인 실업자 수는 엄청났다.

《포춘》은 1932년 9월에 아무런 소득이 없는 미국인의 숫자를 3천 4백만 명으로 추산했다. 이 밖에 다른 사람들은 아직 일자리를 갖고 있다는 점에서는 운이 좋았지만, 노동시간과 임금이 줄었기 때문에 소득이 크게 감소했다.

일자리를 찾는 수백만의 실업자들은 매일같이 쓸데없는 일만 되풀이했고, 정열과 자신감을 잃었다. 실업자에게 엄습한 불경기는 경제적인 부분은 물론 심리적인 부분에서도 영향을 미쳤다. 조지 오웰은 영국의 실업자에 대한 연구에서 "실업자는 덫에 걸려 멍청해진 동물처럼 자기 운명을 멍하니 보고 있는 것"이라고 밝혔다. 개인주의와 자립심이 두드러진 미덕으로 예찬되는 미국에서는 더욱더 나쁜 결과를 가져왔다. 뉴욕의 가정에 대한 어느 연구에 따르면, 먹을 것을 찾는 실업자들의 특징은 '깊은 모욕'으로 고통당하는 것이라고 지적했다 그리하여 혁명에 대한 요구가 1930년대를 통하여 미국 전역을 휩쓸었다. 여러 종류의 급진파들은 자신들이 관찰한 갖가지 무기력함을 공격했다.

일자리를 달라며 시위를 벌이는 실업자들

그러나 사회봉기에 대한 외침보다 프랭클린 루스벨트의 '경제 피라미드의 밑바닥에 있는 잊혀진 사람들'에 대한 약속이 더 설득력 있음이 입증되었다. 뉴딜의 '구호 계획', '개혁 계획'은 고조되던 혁명 감정을 억누르는 데 성공했다. 당면 문제들 가운데서 실업이 가장 어려운 문제로 남았고 민간 노동력의 실업률은 제2차 세계대전 직전까지도 10퍼센트 아래로 떨어지지 않았다. 그러나 실업 부문에서의 미미한 회복세는 경제가 다시 활기를 띠는 방향으로 나아가고 있다는 증거가 되었다.

100일간의 입법

공황의 원인들을 해결하고, 국민에게 안정과 번영을 다시 가져다주기 위해서는 무엇보다도 우선 실업자들에게 일자리를 만들어 주는 것이 가장 중요했다. 의회는 1933년 3월에 민간지원보존단을 창설하여 30여만 명에 달하는 18세에서 25세 사이의 청년들을 전국의 산림 지방으로 파견했다. 그들 청년들은 캠프 생활을 하고 매일 짜여진 일과에 따라 식목, 홍수 예방, 토양의 산화 방지 등을 위한 작업을 하면서 일당으로 1달러 정도의 돈을 받았다. 이렇게 시작된 사업은 마지막에 가서는 참가 인원이 무려 50만 명에 육박했고, 1941년에는 200만 명을 훨씬 넘었다.

1933년 5월 의회는 실업자들의 짐을 덜어 주려고 추가로 연방긴급구호법이 제정되었다. 주 정부와 시 정부에 대해 직접 지원으로 5억 달러가 제공되었는데, 이것은 단지 융자 혜택만 제공했던 후버 행정부에 비하면 상당히 진전된 정책이었다. 그리고 루스벨트는 큰 논란을

실업 여성을 위한 연방긴급구호관리캠프

빚어 왔던 금주법을 폐지했다. 그 결과 알코올 함유도 3.2도가 되는 맥주가 판매되기 시작했다. 노란 빛깔의 거품 나는 이 액체의 판매로 막대한 국가 수입이 생겼고, 상당수의 실업자들이 주류 관련 업자들에게 고용되었다. 1933년에는 술통이나 상자를 만들기 위한 수백 개의 제재소가 산림 주변에 건설되었다. 또한 의회는 특별회기 동안 다음 세 가지 법을 제정해 정부의 경제 계획 수립이 확실히 진일보했음을 보여 줬다. 지역적인 에너지 및 홍수 제어, 개발을 제공한 테네시 계곡 개발 공사, 산업을 부흥시키기 위한 국가부흥청과 약화된 농업 부문에 활력을 넣기 위한 농업조정청의 설치에 관한 법이었다.

테네시계곡개발공사

테네시 계곡지대를 개발하려는 루스벨트의 계획은 상원의원 조지

테네시 계곡 개발공사 권한하에 최초로 만들어진 윌슨댐

노리스의 노력으로부터 많은 영향을 받았다. 제1차 세계대전 중에 정부는 탄약을 생산할 두 개의 질소 산업 설비 공장을 세우고, 앨라배마의 테네시강에 거대한 수력발전소를 건설한 적이 있었다. 노리스 상원의원은 이 시설들을 확장한 뒤 국가가 운영하여 그 주변 지역에 전기와 비료를 공급하자고 했다. 그러나 그러한 목표를 달성하려는 법안들은 쿨리지 대통령에 의해 모두 거부되었다.

1933년 5월 루스벨트 대통령은 마침내 테네시계곡개발공사를 창설하는 법에 서명했다. 이 법은 테네시계곡개발공사라는 독립된 공사에게 테네시강과 그 지류에 댐과 발전소를 건설할 권한을 부여함으로써 전기와 비료를 생산하고 테네시주, 노스캐롤라이나주, 캔터키주 등 7개 주에 대한 홍수 관리 시설 개발권을 주었다. 이제 정부는 전기를 생산함은 물론 이를 소비자에게 파는 일에 종사하게 되었고, 공공의 이익을 위하여 사업하고 있는 회사들이 국민들에게 받고 있는 각종 요금이 적정한지 어떤지를 측정할 기준을 마련해 주었다.

푸른 독수리

뉴딜경제계획 중 가장 야심적인 사업은 1933년 6월에 루스벨트가 국가산업부흥법에 서명함으로써 진행되었다. 이 법에 따라 광범위한 정부 계획을 추진하기 위해 국가부흥청이 창설되었다. 이것은 제1차 세계대전 당시 전시산업이사회를 모델로 한 것으로서 정부 감독하에 산업을 자율적으로 규제하여 경제를 소생시키려고 한 것이다. 이 계획을 실현하기 위하여 만든 장치는 각 산업 부문의 대표들이 기초한 공정 경쟁 규약들이었는데 생산, 가격, 임금을 규제하도록 되어 있었다.

국가부흥청은 지칠 줄 모르는 정력가인 휴 존슨이 이끌었다. 그는 협동의 상징으로 '푸른 독수리'를 마크로 내세워 공장이나 가게는 물론, 상품에도 붙이게 했다. 독수리 마크를 붙이지 않은 고용주는 협동에 반대하는 사람들이므로, 그들이 생산하는 물건을 사지 말도록 국민에게 촉구했다. 그 결과 약 2백만 명의 고용주들이 국가부흥청이 설정한 근로기준을 받아들였다. 그러나 국가부흥청의 산업부흥계획은 정부가 의도한 만큼 잘 이루어지지 않았고, 경제 회복의 속도가 실제 약속한 것만큼 빠르지 못해 국민의 실망이 커졌다.

또한 국가부흥청은 석탄, 강철에서부터 빗자루에 이르기까지 500여종에 달하는 다양한 산업들을 규제하려 했기 때문에 상당히 복잡한 문제들에 부딪혔다. 중소생산자들은 이 사업 계획이 대기업가들에게만 유리하도록 만들어졌다고 비난했고, 노동자들은 그 계획이 물가에 비

해 임금이 떨어지도록 만들어
졌다고 비난했다.

그럼에도 국가부흥청의 규약
들은 소년 노동과 착취 공장과
같은 극악한 근로조건을 제거
하는 데 어느 정도 기여했다.

또한 산업조정계획은 각 산
업 부문이 축소되던 추세에 제
동을 걸었으나 경제를 촉진시
키는 데는 한정된 영향만 미쳤
을 뿐이었다. 이 사업의 운영자

국가부흥청 상징인 푸른 독수리

인 해럴드 이키즈가 자금을 아주 천천히 지출했기 때문이다. 오티스
그레이엄이 지적한 것처럼 국가부흥청은 강력한 팽창 원리가 없는 가
운데 이렇다 할 결과를 낳지 못했다.

농업조정법

대공황은 농민에게도 큰 타격을 주었지만, 농민들을 괴롭힌 만성적
인 문제는 과잉생산과 농산물 가격의 하락이었다. 이를 해결하기 위해
서는 과잉 생산되는 농산물의 양을 줄여 가격을 올려야만 했다.

1933년에 제정된 농업조정법은 바로 그와 같은 방향에서 농업 문제
를 해결하려 했고 그 영향은 전국의 농촌 사회에서 곧 분명하게 나타났
다. 농업조정법은 단순한 생산 제한 단계를 넘어서서, 이미 생산되어
있는 잉여 농산물을 파괴하기로 결정했기 때문이다. 농민들은 정부로

부터 돈을 받고 1933년에 1천만 에이커의 땅에서 면화를 뽑아 버리고, 600만 마리의 돼지를 도축해 식료품이 아닌 다른 목적에 사용했다.

한편 이 기간 중에 농산물 생산을 줄이는 데 있어서 자연도 한몫을 했다. 1933년 초에 동부 지방에 가뭄이 시작되어 점차 서쪽으로 이동하고 대평원의 주들에서 가장 심각한 피해가 발생했다. 이 가뭄은 기상대 과학자의 표현대로 미국의 기후 역사상 최악의 것이었는데, 거의 10년 동안 미국의 주요 지역들을 휩쓸었다. 이러한 황폐화에 대해 연방 정부는 융자, 토양 보전 기술, 삼림병풍벽 등의 다양한 가뭄 피해 구호계획으로 대처했다. 그러나 오래 기다리던 해결책인 정상 수준의 강우량은 1941년이 올 때까지 회복되지 않았다.

이런 가운데 농산물 가격은 예상대로 올랐고, 농민의 소득은 늘어났다. 또한 정부는 토지를 담보로 빚을 얻은 농민들에게 장기간 낮은 금리로 융자를 해 주었는데, 이 계획은 나중에 주택을 담보로 빚을 진 도시인들에게까지 확대되었다. 드디어 정부의 통제 정책이 농업에 있어서 성공을 거둔 것이다.

사회보장 입법

대공황으로 생겨난 문제 가운데 가장 고통스러웠던 두 가지는 실업의 발생과 저축의 소멸로 일어난 불안감과 무력감이었다. 독일, 프랑스, 영국 같은 서방의 다른 산업 국가에서는 이미 20세기의 첫 10년에 이르러 사회보험 정책을 실현하고 있었다. 미국도 그와 비슷한 정책을 개발해야 한다고 많은 사람들이 주장했지만 성공하지 못했다.

그러나 1930년대의 경제적 붕괴 그리고 '타운센드 계획'에 대한 관

1935년 사회보장법에 서명하는 루스벨트

심이 커짐에 따라 사회보장은 정치적으로 가능하게 되었다. 캘리포니아의 의사인 프랜시스 타운센드는 1933년에 정부가 노인에게 정부가 줄 혜택에 관한 계획안을 수립했다. 타운센드 계획에 따르면 60세 이상의 모든 은퇴 노인에게는 매월 200달러를 주도록 했다. 타운센드는 자신의 계획이 단순히 연금계획으로서 기능만을 발휘할 것이 아니라 경제를 활성화하기 위한 전략이 될 것이라고 주장했다. 그러나 의회는 이렇게 하면 국민소득의 거의 반 이상이 전체 인구의 10퍼센트도 안 되는 노인에게 옮겨 갈 것이라는 이유를 들어 동조하지 않았다. 그럼에도 불구하고 타운센드 계획으로 일어난 흥분은 여러 가지 대안들로 이루어진 사회보장법이 통과되는 길을 열어 놓았다.

1935년 8월 14일에 루스벨트가 서명한 사회보장법은 고용주와 피고용인에게 부과하는 세금으로 충당되는 노령보험 및 생존자 보험이 포함되어 있었다. 연방 정부는 주 정부가 가난한 자들을 위한 노령연금, 의존적인 자녀들과 맹인, 불구자들을 위한 구호의 손길을 제공하도록 자금 지급에 대한 권한을 주었다. 또한 각 주가 운영할 실업보상 계획도 새로 수립했는데 자금은 연방 정부로부터 조달받게 되어 있었다. 그러나 사회보장법에는 몇 가지 취약점이 있었다. 수혜 대상 가운데 많은 종류의 직종이 포함되지 못했고, 농업 노동자와 가내수공업 근로자는 제외되었다. 또 자금을 조달하기 위해 고용주와 피고용인에게 세금을 부과해 준비금을 마련하려 했는데, 시중의 돈이 흡수되어 버려 그렇지 않아도 약화된 경제를 더욱더 축소시키는 역할을 했다. 그럼에도 불구하고 루스벨트는 어떤 나쁜 정치가가 나와도 사회보장 계획을 설대로 없애지는 못할 것이라며 사회보장제도의 달성을 확신했다.

노동조합

뉴딜 기간은 노동조합주의의 전성기였다. 이 시기에 일어났던 광범위한 노조 운동, 특히 공업 부문에 있어서의 노조 운동은 노동조합 회원수가 감소하던 1920년대의 추세를 뒤집어 놓았다. 노동자들은 연방 정부의 1933년 국가산업부흥법과 1935년 국가노동관계법^(와그너법)으로 크게 이득을 보았다.

국가 산업부흥법 제7조 a항은 국가 산업부흥법에 따라 체결된 모든 협약에서 피고용인은 간섭, 억압 또는 강제 없이 자신들이 선출한 대표를 통해 조직을 이루고 집단적으로 교섭할 권리를 가지도록 보장했다. 이것은 노동조합 운동에 활력을 불어넣었다. 연합광산 노조의 지도자들은 광부들에게 대통령이 노조 가입을 지지했다는 사실을 강조함으로써 전국의 탄광지대에서 노조 가입 붐을 일으켰다. 국가산업부흥법 7조 a항은 피고용인들의 노동조합 조직권과 단체교섭권을 인정하기는 했지만, 그럼에도 불구하고 고용주들이 이에 협조하지 않을 경우에 대처할 수 있는 효과적인 절차는 마련하지 못했다.

대법원이 1935년 5월 27일에 국가 산업부흥법을 무효화했을 때 의회는 이미 7조 a항보다 더 효과적으로 노조 결성을 보호하는 노동법안을 심의하고 있었다. 그리하여 7월 5일에 루스벨트 대통령이 국가 노동관계법에 서명했는데 이 법으로 '국가노동관계이사회'라는 기구가 설치되었다. 이 기구는 교섭 대표들을 선출하기 위한 선거를 감독하고 노조를 결성하는 과정에서 고용주들이 노동자들에 대해 부당행위를 못하도록 막는 권한을 가졌다. 1941년에 이르기까지 국가 노동관계 이사회는 200만 명의 노동자에게 영향을 미친 거의 6천 회의 선거를 감독했고 2만 건 이상의 불공정 행위를 접수했다.

국가노동관계법의 통과는 노동 운동에 있어서 분쟁을 표면화시키고 나아가서는 분열마저 야기시켰다. 미국 노동연합이 내세운 숙련공 위주의 직능 노조주의 노선에 대해 새로운 산업 노조주의의 물결, 즉 산업 전체를 기반으로 노동자들을 조직하려는 움직임이 도전했기 때문이다.

1935년 10월의 미국 노총 연례대회에서 산업 노조주의자이며 연합광산 노조 지도자인 존 루이스는 대량생산 부문을 가진 산업의 노동조합 조직계획을 대대적으로 추진했다. 그러나 루이스의 제안은 투표

광산노동자연합 지도자 존 루이스

에서 부결되었고, 그는 산업 노조주의를 위한 투쟁을 주도하기 시작했다. 루이스는 연합복장 노조의 시드니 힐먼 등과 더불어 산업조직위원회를 창설했다. 그들이 전투적인 정강 때문에 본기구인 미국 노총과 충돌했던 산업조직회의를 앞세워 전개한 운동은 격렬했고 상당한 성공을 거두었다.

그 후 6년 동안에 노조 조직화를 반대하던 자동차, 철강, 고무 등과 같은 기간 산업에서도 노조가 결성되었다. 그리고 얼마 후 수많은 노사분규가 일어났는데 그 가운데 가장 유명했던 것이 '러퍼블릭 철강 공장'의 경우였다. 그리고 이를 통해 연좌파업이 가장 효과적인 전략임이 입증되었다. 제너럴 모터스는 1937년 2월에 노동자들이 미시간의 프린트 공장에서 44일간에 걸쳐 연좌파업을 일으키자 연합자동차노조를 교섭단체로 승인했다. 이러한 방법 이외에도 전통적인 파업 방법이었던 조업 중단은 수천 회나 일어났기 때문에 1937년은 노사 관계의 역사에서 가장 격렬한 한 해가 되었다. 이와 같은 1930년대의 동요가 있은 뒤 노동 운동은 직능노조주의에서 벗어나 산업 노조주의로 발전했고, 미국 사회에서 보다 적극적으로 정치적, 경제적인 역할을 할 준비를 해 나갔다.

뉴딜의 의의

뉴딜 정책으로 대공황 문제가 완전히 해결된 것은 아니었다. 1936년 경기가 어느 정도 회복되는 것처럼 보였으나 다시 1937년 중반부터 불경기가 시작되어 1938년에는 최악의 상태가 되었다. 특히 실업 문제는 제2차 세계대전이 일어나 군수산업으로 인한 호경기가 찾아올 때까지 뾰족한 해결 방법이 없었다. 이것이 뉴딜 정책의 한계였다. 그럼에도 불구하고 뉴딜 정책이 지니는 의의는 대단히 크다. 뉴딜은 경제적 자유주의 입장에서 수동적이었던 국가를 간섭주의의 국가로 만들었고, 소득 분배의 공평을 기하고 사회 보장의 필요성을 인식시켰다. 정치적으로는 하층 중산 계급 및 노동자 계급이 크게 대두했다.

뉴딜 정책의 내용이 사실 과거의 정책들과 전혀 색다른 것은 아니었다. 말하자면 뉴딜은 전통적인 것을 근간으로 한 혁신이었던 것이다. 따라서 제2차 세계대전 후 어떤 정당이 정권을 장악했더라도 뉴딜 정신을 살리고 그 정책을 보다 현실에 맞게 추구해야 했다.

제2차 세계대전

방아쇠는 당겨지고

미국인들은 대공황으로 골머리를 앓고 있었다. 그러나 그보다 더 심각한 문제는 제2차 세계대전을 예고하는 어두운 흐름이었다. 제1차 세계대전의 패전국인 독일은 어려움 속에 놓여 있었다. 국가의 위기

속에서 히틀러가 나타났다. 그는 국제연맹을 탈퇴하고 1935년 3월에
는 베르사유조약의 군비 조항을 일방적으로 파기하고 군비 증강에 착
수했다. 한편 무솔리니가 이끄는 이탈리아는 같은 해 5월 대동원령을
발표하고 10월에 에티오피아를 공격했다.

당시 미국의 일반적인 여론은 '유럽 분쟁에 또다시 휘말리지 말자'
는 쪽으로 기울어 있었다. 이러한 분위기 속에서 1935년 '중립법'이 제
정되었고, 미국은 이 법으로 교전국에 대한 융자와 무기 판매를 할 수
없게 되었다. 또한 미국 국민이 교전국의 선박으로 여행하는 것도 금
지되었다. 교전국들은 무엇을 구입하든 간에 현금을 지불해야 했다.

1936년 3월 독일은 비무장지대인 라인란트 지방에 군대를 주둔시
켰고, 이탈리아는 5월에 에티오피아를 완전히 점령했다. 한편 일본은
1937년에 선전포고 없이 중국을 공격했다. 1938년에는 독일이 본격

1938년 오스트리아 합병 후 비엔나에서 연설하는 히틀러

적인 행동을 개시했다. 4월에 오스트리아를 합병했고 9월에는 체코슬로바키아의 수데텐 지방으로 침략의 손길을 뻗어 나갔다. 대전의 위기는 영국, 프랑스, 독일의 수뇌들이 맺은 뮌헨협정으로 일순간 진정되는 듯했다. 그러나 1939년 3월 독일이 뮌헨협정을 깨뜨리고 체코슬로바키아를 해체시킨 데 이어 9월에는 선전포고 없이 폴란드를 공격했다. 사태가 점점 심각해지자 유화 정책을 추구하던 영국과 프랑스가 독일에 선전포고를 했다. 제2차 세계대전이 시작된 것이다.

의회의 반발로 주춤거리던 루스벨트는 1940년 9월에 뉴펀들랜드, 버뮤타, 카리브해에 있는 영국의 해군기지를 이용하는 대가로 50척의 낡은 군함을 영국에 넘겨주었다. 이것은 미국이 연합국의 편에 서서 전쟁에 개입하려는 의도가 있음을 나타낸 것이었다.

격동 중의 선거

1940년 대통령 선거의 가장 중요한 쟁점은 참전 문제였다. 집권당인 민주당은 역사상 처음으로 대통령의 3선을 겨냥하는 루스벨트를 후보로 지명했다. 공화당은 기업가 출신이며 과거 민주당원이었던 웬들 윌키를 대통령 후보로 내세웠다. 두 후보 사이에는 국내외의 기본 정책에 있어서 뚜렷한 차이가 없었다. 루스벨트는 뉴딜을 계속 밀고 나갈 것을 주장했고, 윌키도 뉴딜에 상응하는 경제 정책을 제시했다. 다만 윌키는 헌법에 명문화되어 있지는 않지만 전례 없는 대통령의 3선에 반대하면서 헌법을 수정하여 3선 금지를 명문화할 것을 제의했다. 또한 루스벨트의 중립 수호에 대해 의구심을 표명했다.

그러나 미국인들은 1932년 공황의 절정에서 루스벨트에게 걸었던 기대를 다시 한번 중립 유지에도 걸었다. 여기에 기본 정책상 뚜렷한 차이가 없는 한, 전직 대통령이 유리하다는 과거 선례가 작용해 선거 결과는 루스벨트에게 미국 역사상 최초의 3선 대통령이라는 영광을 안겨 주었다.

영국에게 무기를

1940년 선거에서 루스벨트는 압도적인 승리를 거두었다. 루스벨트는 1940년의 마지막 몇 달 동안에 이번 전쟁에서 미국의 역할에 미묘하지만 깊은 변화를 주기 시작했다.

국민에게는 '미국은 연합국에게 단순히 원조를 제공하는 정도의 기존 정책을 계속 유지할 것'이라고 주장했지만, 실제로 원조는 훨씬 더 새로운 형태로 변하고 있었다.

1940년 12월 영국은 거의 파산 상태에 있었으나 여전히 장갑사단 10개 분의 자재, 비행기, 화물선 등 막대한 물자가 필요했다. 만약에 종전과 같이 현금으로 대금을 지불해야만 한다면 물자 구매는 불가능했다. 루스벨트는 처칠의 하소연 섞인 편지를 받기 전부터 영국의 곤란한 상황을 인식하고 있었다. 그는 영국을 돕기 위해 남모르게 노력했다. 영국을 전면적으로 지원하는 데 반대하는 법적 제약을 해결하기 위해 루스벨트는 1892년으로 거슬러 올라가 실마리를 찾았다. 공공복지에 유익할 때는 의회가 군수품 대여를 허가한다는 잊고 있던 법령을 발견한 것이다. 여기서 루스벨트는 무기대여법을 생각하게 되었고, 의회에 대해 70억 달러치의 군수품을 영국에게 대여하도록 허가해 줄 것을 요구했다. 이 법안은 의회에서 심한 반발에 부딪혔다. 무기대여

1941년 무기대여법에 서명하는 루스벨트

법에 찬성하는 것은 4명 중 1명의 미국 청년 묘소를 파헤치는 셈이라
는 상원의원 휘일러의 비난에 대해 루스벨트는 정면으로 반박했다. 그
는 무기대여법이야말로 미국으로 하여금 민주주의의 무기고로서 역
할을 할 수 있도록 하는 것이라며 응수했다. 여론도 루스벨트의 편을
들었고, 마침내 의회는 많은 표 차이로 무기대여법을 통과시켰다. 무
기대여법이 통과되었다는 소식을 들은 처칠은 루스벨트에게 감사의
편지를 썼다.

분노의 폭발

무기대여법이 제정된 후 루스벨트는 곧 또 다른 심각한 문제에 직
면했다. 독일 잠수함들의 방해를 제지하고, 군수품을 영국에 안전하

게 도달할 수 있도록 보장하는 문제였다. 이때 이용한 것이 서반구 방위 개념이었다. 서쪽 대서양은 중립지대인 동시에 미국의 책임 해역이라는 개념을 내세워 선박들을 영국으로 호송했고, 영국 선박에게 독일 잠수함의 위치에 관한 정보를 무선으로 전해 줬다.

처음에 독일은 미국의 적대적 행동에 대해 아무 도전도 하지 않았다. 그러나 1941년 6월 히틀러의 독일군이 소련 영토 깊숙이 침공하면서 상황은 달라졌다. 루스벨트는 소련에도 무기 대여 혜택을 주기 위하여 의회를 설득했고, 미국의 산업은 독일군과 맞서고 있는 두 전선에 활력을 제공하고 있었다. 독일 잠수함들은 소련을 침공하기 한달 전인 5월에 브라질 앞바다에서 미국 상선인 로빈 무어호를 격침시켰다. 그러나 9월에 들어서면서 독일 잠수함들은 미국 선박에 대해 더욱더 집요한 공격을 시작했다. 독일 잠수함들은 영국 선박에게 독일 잠수함들의 위치를 알려주던 미 구축함 그리어호에 발포했다. 10월에는 미국 구축함 커니호가 아이슬랜드 해상에서 공격받아 11명의 승무원이 죽고, 곧이어 루벤 제임스호가 115명의 승무원을 잃었다. 그런데도 루스벨트는 상선들이 무장을 할 수 있도록 허락했을 뿐 독일에 대해 결정적인 조치를 강구하지 않았다.

미국이 제2차 세계대전에 참전하게 된 직접적인 계기는 태평양에서 일어났다. 유럽에서 전쟁이 일어나기 전인 1937년부터 일본은 이미 중국을 공격하고 있었다. 중국에 동정적이었던 미국은 중국에 재정적인 지원을 하는 한편, 일본에게는 매우 중요한 석유와 고철의 수출을 금지했다. 이로 인해 미국과 일본의 관계는 극도로 악화되었다. 일본은 미국을 향해 중국의 장제스 정부에 원조를 중지하라고 요구했고,

미국은 일본에게 중국에 대한 침략을 즉각 중지할 것을 요구했다. 미국은 1941년 11월 일본의 암호문을 입수함으로써 전쟁이 임박했다는 사실을 알고는 있었으나, 공격 지점을 정확히 알 수 없었다.

마침내 1941년 12월 7일 새벽, 미국에 대한 일본의 공격이 시작되었다. 일본 항공기들이 하와이 진주만을 기습 공격한 것이다. 이 공격으로 미국의 태평양 함대는 항해 중이던 3척의 항공모함을 제외하고 모조리 손상을 입는 결정적인 타격을 입었다. 8척의 전함이 파손되고 2척은 완전히 침몰했다. 2천 명 이상이 사망했고 1천여 명이 부상당했다. 일본군은 가벼운 손실만을 입었을 뿐이었다. 일본의 진주만 공습으로 미국은 순식간에 태평양에서 힘을 잃어버리게 되었다. 그러나 이 사건은 루스벨트 대통령이 2년 이상이나 애쓰고도 할 수 없었던 일을 이루

미국의 진주만을 공격하는 일본

어 놓았다. 이 사건으로 미국민들은 즉각 참전을 지지했고, 전쟁 수행을 위해 하나로 단결했다. 12월 8일 상원은 만장일치로, 하원은 388대 1로 일본에 대한 선전포고를 승인했다. 25년도 채 안 되어 미국은 다시 무서운 대전란의 소용돌이 속으로 들어갔다.

전세는 연합국으로 기울고

일본으로부터 진주만 기습을 당한 지 2주일 후인 1941년 12월, 루스벨트 대통령은 영국의 처칠과 워싱턴에서 전략회의를 했다. 두 사람은 주 공격 목표를 독일로 정하고, 미·영 양국군을 통괄 지휘할 합동참모부를 두기로 합의했다. 그리고 이듬해 1월 독일, 일본, 이탈리아에 대항해 싸우는 26개국 대표들이 모여 서로 동맹 관계를 맺었음을 알리는 국제연합 선언에 서명했다.

연합국 측 동맹국들은 무기고로서의 미국과 새로운 무기대여협정을 체결했다. 협정에는 전쟁 비용을 각국의 지불 능력에 따라 부담하도록 했다. 협정을 체결하는 동안에 일본군은 순식간에 싱가포르, 동인도, 타이 그리고 버마까지 점령했고, 1942년 3월 말에는 쿠릴 열도에서 솔로몬군도에 이르는 태평양 서쪽의 거의 반을 지배했다. 그리고 1942년 5월에는 필리핀을 함락하여 명실상부한 대제국을 건설했다. 그러나 1942년 5월 산호해 전투와 미드웨이 해전에서 미국이 승리함으로써 일본군의 진격은 멈추어졌다.

유럽 전선에서도 전세는 연합국에게 유리하게 전개됐다. 소련군은 스탈린그라드 전투에서 독일군에게 크게 승리한 후 독일 본토를 향해 진격했다. 같은 시기에 드와이트 아이젠하워 장군의 미군과 버나드 몽

미국 폭격기에 맞아 침몰하는 일본 순양함

고메리 장군의 영국군이 합세해 에르빈 롬멜 장군의 독일군을 몰아냈
다. 이탈리아 본토로 진격하고자 시실리섬에도 연합군이 당도했다.

전쟁이 낳은 기적

제2차 세계대전은 미국에 행운을 안겨 주었다. 가장 골칫거리였던
경제 대공황의 문제를 해결해 준 것이다. 막대한 정부 지출은 엄청난
경제 성장을 가져왔고, 실업 문제를 말끔하게 해결했다. 유럽에서 전
쟁이 시작된 1939년 9월부터 일본이 진주만을 공격한 1941년 12월까
지 미국은 점진적으로 군비를 증강했다. 이는 미국의 이른바 '민주주
의를 지키기 위한 무기고'의 확장을 위한 그리고 히틀러와 대항하여
싸우고 있는 나라들에게 군수물자를 공급하기 위한 것이었다.

1941년 12월 미국의 제2차 세계대전 참전은 미국의 생산력을 보다 더 높은 수준으로 끌어올렸다. 미국 전역의 공장에서 쏟아져 나오는 막대한 양의 군수물자는 '너무 과대하게 추정한 것이 아니냐'는 걱정을 뛰어넘었고, '미국은 연간 약 5만 대의 항공기를 생산할 수 있을 것'이라고 한 루스벨트의 전쟁 전 주장마저도 생산 능력을 과소평가한 것으로 나타났다. 이 같은 전시 경제는 생산을 조정하고, 가격을 통제해 인력을 할당하기 위한 많은 정치기구를 필요로 했다. 그 결과 1940년까지만 해도 800만 명이 넘었던 실업자는 방위산업의 수요와 군입대로 없어졌다. 1945년까지 군복을 입었던 남녀는 1,200만 명이었다. 이제는 노동력이 남아서가 아니라 부족한 점이 문제가 되었다.

전시 외교

연합국들은 전세가 유리해지자 전쟁의 목적을 분명하게 해 두어야 할 필요성을 느꼈다. 루스벨트와 처칠은 1943년 1월에 모로코 카사블랑카에서 만나 이번 전쟁의 궁극적인 목표를 독일과 이탈리아의 무조건 항복으로 결정했다. 그리고 같은 해 말 루스벨트와 처칠은 테헤란으로 스탈린을 만나러 가는 도중 이집트의 카이로에서 중국의 장제스를 만났다. 여기서 세 사람은 '일본이 무조건 항복할 때까지' 전쟁을 계속하자고 합의를 보았다. 이어서 루스벨트와 처칠은 테헤란으로 가서 스탈린을 만났다. 회담의 주된 목적은 노르망디 상륙 작전, 즉 스탈린이 정열을 다해 집착하던 제2전선의 돌파구에 관한 협정이었다. 이 회담에서 소련군이 동부 지역으로 진격하여 이 작전을 지원해 줄 수 있다면 전반적인 작전 형태는 어떻게 될 것인가에 관한 논의가 벌어졌

테헤란 회담의 스탈린, 루스벨트, 처칠

다. 이때 처칠이 발칸반도, 터키, 로도스섬으로 장소를 바꾸는 것에 대한 의견을 냈고, 스탈린은 불신감에 가득찬 채로 이 의견을 들었다. 스탈린은 프랑스로 상륙하기를 바라면서, 신속히 작전 시행 일자가 결정되고, 지휘관이 선임되기만 원했다.

결국 노르망디 상륙 작전이 선택되었다. 루스벨트는 해리 홉킨스의 정성 어린 충고나 처칠, 스탈린의 의견과는 정반대로 아프리카 · 이탈리아 전선에서 공을 세운 아이젠하워를 총지휘관으로 결정했다. 이때 조지 마셜은 워싱턴에서 유럽 및 태평양의 모든 작전을 지휘하고 있었다. 규율을 중히 여기고 이해득실을 따지지 않는 마셜은 루스벨트의 이 같은 결정을 단 한마디의 의문도 제기하지 않고 받아들였다.

노르망디 상륙작전

노르망디 상륙작전의 D-day는 처음에는 1944년 6월 5일로 결정되었다. D-day가 가까워지자 연합군은 더욱더 맹렬한 공중 공격을 가했고, 상륙 부대가 영국 남부의 여러 항구에서 승선하기 시작했다. 그러나 갑자기 날씨가 나빠지더니 바다에는 거친 풍랑이 몰아쳤다. D-day를 연기하는 게 어떻겠냐는 의견이 나오기도 했지만, 아이젠하워 장군은 작전을 강행하기로 결정했다.

6일 새벽 최초로 피라미드 부대가 가장 먼저 해안에 상륙했다. 동시에 글라이더로 수송된 공병부대가 착륙했다. 이어 독일 방어 부대에 대한 공중 폭격과 함포 사격이 뒤를 이었고, 얼마 후 4,200여 척의 선박으로 운송된 5개 사단 병력이 상륙했다. 마지막으로 12만 명의 병사

1944년 노르망디 상륙작전

들이 프랑스에 발을 들여놓았다. 이때 시종일관 침묵을 지키고 있던 스탈린은 이처럼 넓은 구상과 웅대한 규모로 전개된 작전은 전쟁 역사상 일찍이 본 일이 없다고 감탄했다.

수송선들은 차례를 기다려야만 했다. 배 주변 여기저기에 독일군의 포탄이 떨어져 높다란 물기둥들이 치솟았다. 상륙한 부대 전방에서는 혈전을 알리는 외마디 소리와 총소리, 포탄소리가 요란했다. 그러나 이미 승패는 드러난 셈이었다. 독일군의 완강한 저항에도 불구하고, 연합군은 6월 7일 셰르부르항을 점령한 이후, 생로와 캉을 빼앗았다. 마침내 독일군은 센강 방면으로 퇴각하기 시작했고, 오랜 숙원이던 유럽 대륙의 제2전선이 형성되었다. 독일 본토를 강타하기 위한 발판이 마련되었다.

프랑스는 마술처럼 해방되었다. 프랑스의 레지스탕스 조직이 연합군의 진격을 도왔다. 미 제1사단과 프랑스 제2기갑사단이 파리에 입성했다. 뒤이어 칸과 툴롱 사이의 프랑스 남부가 탈환되었고 서부와 북부도 캐나다군과 영국군이 점령했다. 그해 가을에는 미군이 독일 국경까지 도달했다. 독일군은 벨기에의 아르덴 숲에서 최후 반격을 시도했으나 미군의 진격을 멈추지는 못했다. 동부 전선에서도 소련군이 독일 국경에 도착했다. 이제 연합군의 승리는 시간 문제였다.

4선 대통령 루스벨트

노르망디 상륙작전에 성공한 연합군이 최후의 승리를 위하여 독일을 향해 빠른 속도로 진격하던 1944년 11월 루스벨트는 대통령 선거전을 치러야 했다. 그는 공화당의 토머스 듀이를 물리치고 4선 대통령이 되었다. 전국대회의 쟁점은 오히려 부통령 후보의 지명에 있었다. 부통령의 인선은 보통 때라면 그다지 어렵지는 않았을 것이다. 그러나 전쟁 중인데다가 루스벨트의 건강이 그리 좋지 않았다. 이런 상황에서 부통령의 선출은 쉽사리 결정할 문제가 결코 아니었다. 민주당은 중도파로 평을 받고 있는 해리 트루먼을 투표로 부통령에 지명했다. 루스벨트의 4선은 미국인들이 전쟁뿐만 아니라 전후의 평화에 있어서도 그의 영도력에 커다란 기대를 갖고 있다는 하나의 의사 표시였다.

얄타 회담

연합군의 노르망디 상륙작전은 독일군에게 결정적인 타격을 주었다. 이제 독일이 할 수 있는 일이라곤 항복 시기를 선택하는 일뿐이 있나. 루스벨트, 처칠, 스탈린은 전후 문제에 대한 사전 논의를 위해 1945년 2월 소련의 얄타에 모였다. 이 회담에서 루스벨트는 소련이 독일과의 전쟁에서 가장 많은 희생을 치렀고 또 당시 진행 중에 있던 일본과의 전쟁과 그 전후 문제 처리에 있어 소련의 협조가 반드시 필요했으므로 소련에 대해 유화적인 태도를 취했다. 당시 두 개의 임시정부를 갖고 있던 폴란드 독립 문제에 있어서 루스벨트는 처칠이 지지하는 임시정부를 거부하고, 스탈린이 지지하는 임시정부를 승인했다. 그리고 소련이 폴란드의 동쪽 영토를 갖는 대신 폴란드는 그 잃은 만큼의 영토를 독일 영토에서 보상받도록 하자는 데 합의를 보았다.

루스벨트는 최종적인 결정이 이루어진 것은 아니었지만, 독일로부터 거액의 배상금을 받아내야겠다는 스탈린의 주장을 호의적으로 받아들였다. 덧붙여 소련은 일본으로부터 쿠릴열도를 얻고, 중국으로부

1945년 얄타 회담의 처칠, 루스벨트, 스탈린

터는 군사기지와 그 밖의 이권을 얻도록 양해되었다. 결론적으로 얄타 회담은 제2차 세계대전에서 소련을 실질적인 승리자로 인정한 것이었다. 그 대가로 스탈린은 새로 만들어진 국제연합에 가입하고, 독일 항복 이후 3개월 이내에 일본전에 참여하기로 약속했다. 루스벨트는 전후에 확고한 평화가 유지되려면 반드시 3국의 협조체제가 선행되어야만 한다고 판단하고 스스로 중재자의 역할을 담당하려 했던 것이다. 그러나 루스벨트의 얄타 외교에 대한 비판이 이미 일부에서 일어나기 시작했다.

이 당시 루스벨트가 처칠이 시종일관 저지하려고 했던 소련의 진의(동유럽과 극동에 공산 세력을 확대하려 함)를 어느 정도 파악했는지는 의심스럽다. 루스벨트는 자신의 조정 능력을 과신했을지도 모른다. 아쉽게도 루스벨트는 제2차 세계대전의 최종 승리를 보지 못한 채 1945년 4월 12일 조지아의 웜 스프링스에서 사망했다.

무조건 항복

루스벨트가 사망하자 부통령인 해리 트루먼이 대통령직을 계승했다. 그리고 같은 해 4월 말에는 히틀러가 자살하여 독일은 사실상 와해되었다. 히틀러의 후계자 카를 되니츠 제독은 소련과는 전쟁을 계속하면서도, 영국에 대해서는 휴전을 제의하는 등 연합국을 동서로 분열시키려 했다. 그러나 이를 알아챈 영국의 몽고메리 장군이 그의 제의를 거부하자, 독일은 1945년 5월 초 연합국에게 무조건 항복했다. 독일이 항복하자 트루먼은 우선 세계안전보장기구의 헌장을 만들기 위해 50개 연합국 대표들을 샌프란시스코에 초청했다. 연합국들은 1945년 6월 국제연합헌장에 서명했고, 미국의 상원도 이를 비준했다.

독일 문제에 대한 최종 결정을 내리기 위해 연합국의 3거두는 1945년 7월에 베를린 교외의 포츠담에서 만났다. 미국의 트루먼, 소련의 스탈린, 영국에서는 국내 선거에서 처칠을 패배시킨 클레멘트 애틀리가 참석했다. 회담은 소련이 입장을 바꾸었기 때문에 처음부터 난항을 거듭했다. 회담 결과 미국과 영국의 서방 측과 소련 측은 독일을 분할 점령하여 군정하에 두되 베를린은 공동 점령하기로 합의했다.

독일에 대한 합의는 끝났으나 일본이 남아 있었다. 그들은 일본에 대해 무조건 항복을 촉구했다. 그러나 일본에서는 아무 반응이 없었다. 트루먼은 그간 비밀리에 시험한 원자폭탄을 사용하기로 결정했다. 1945년 8월 6일 한 대의 B29 폭격기가 히로시마에 역사상 처음으로

8월 15일 무조건 항복 선언에 서명하는 일본 외무장관

원자폭탄을 투하했고 그 결과는 상상을 초월했다. 거의 10만 명이 죽었는데도 일본 육군은 항복할 의사가 없는 듯했다. 이때 소련이 일본에 선전포고를 했고 8월 9일에 두 번째 원자폭탄이 나가사키에 투하되었다. 엄청난 파괴가 또 한 차례 일어나자 일본은 더 이상 항전할 수 없었다. 마침내 일본은 8월 15일에 무조건 항복을 선언했고, 제2차 세계대전이 막을 내렸다.

6장

발전과
긴장의 시대

🦁 발전과 긴장의 시대

제2차 세계대전 후 미국은 평시 체제로의 전환을 통한 경제 부흥과 공산 세력의 팽창 억제라는 두 가지 중대한 과제에 직면했다. 이를 위해 트루먼 행정부는 '페어딜 정책'과 '마셜 플랜'을 추진했다. 이어 아이젠하워 행정부는 국제적 협조 체제의 강화와 반공 태세 강화를 위한 대내외 정책을 펼쳤다. 그 결과 경제 · 사회 그리고 외교 부문에서 보다 발전된 변화가 일어났다. 그렇지만 발전 과정에서 야기된 문제점 또한 적지 않았다. 도시 문제, 경기 후퇴, 달러화의 불안정 그리고 자연자원의 낭비 등과 같은 문제들이 새롭게 또는 반복적으로 드러났다.

35대 대통령에 당선된 케네디는 '뉴프런디어 정책'을 실현해 대내적으로는 사회 정비, 경기 회복을 시도했고 대외적으로는 소련을 비롯한 공산권과의 경쟁에서 자존심을 지키려 했다. 또한 존슨은 위대한 사회 건설을 표방하면서 빈곤 추방과 교육 발전에 주력했다.

전후 20여 년간의 변화 · 발전을 통해 미국은 세계 강국으로서의 위상을 다져 나갔다. 그러나 소련을 비롯한 공산권과의 계속된 대립과 경쟁 속에서 국제적 긴장 상태는 계속되었다. 이러한 긴장 상태는 닉슨 시대의 닉슨-브레즈네프 선언을 계기로 완화되기 시작했다. 하지만 이것은 긴장 완화 무드의 토대 마련에 불과했고 포드 · 카터 시대에 이르는 1970년대 말까지도 냉전이 종식될 기미는 보이지 않았다.

그러나 레이건 시대에 이르러 핵 감축 시대가 열림으로써 보다 급격하게 긴장 완화 무드가 조성되었다. 부시 시대에 소련의 붕괴에 이은 미국 · 러시아 간의 전격적인 합의로 마침내 냉전의 시대가 청산되었다.

전후 미국과 냉전

우리 생애 최고의 해

1945년 8월 일본의 항복으로 전쟁이 끝났다. 이제 미국 국민들은 나라 밖으로 향했던 눈을 거두어 안으로 모아들였다. 가장 먼저 해결해야 할 문제는 수백만의 귀환 장병들을 어떻게 시민 생활로 복귀시키느냐 하는 것이었다. 이에 트루먼 대통령은 1946년 말까지 1천600만 명에 육박했던 병력을 제대시켜 100만 명 정도로 축소시켰다. 그리고 그들 제대군인들에 대해 '군인 재조정법'을 적용하여 정부 융자를 지원했다. 집을 사고, 사업체와 농장을 운영하고, 노동현장에서 실습교육을 받도록 해 민간 생활로 쉽게 옮겨갈 수 있도록 도와주었다.

전쟁이 끝나고 남자들이 돌아옴에 따라 소득원이 둘인 가정들이 많이 생겨났다. 소득이 늘어나면서 저축도 증가했고, 저축의 증대는 미국 산업의 확장을 촉진시켰다. 이들은 그동안 미루어 놓았던 희망, 즉 새로운 주택, 자동차, 가전제품 등의 구입을 서둘렀다. 각 가정마다 여러 형태의 물품 구입목록이 작성되었다. 구입목록에서 가장 우선은 주택이었다. 갑자기 늘어난 주택 수요를 충족시키기 위하여 건설업계에서는 안간힘을 썼다. 윌리엄 래비스라는 건축업자는 전쟁 중에 방위산업 근로자들을 위해 신속하게 짓던 건축 경험을 활용했다. 그는 뉴욕 시로부터 30마일 정도 떨어진 곳에 넓은 농토를 사서 눈 깜짝할 사이에 많은 주택을 지었다. 조립공정의 방법을 써서 대량으로 빠르게 주

자동차 소유가 일반화되면서 교외에 생겨난 주거 지역

택단지를 조성했다. 그런데도 주택 공급은 수요를 따라가지 못했다. 또한 전후에 다시 자리 잡은 가정들에 의해 베이비붐이 일어났고 이는 1970년대까지 주택 건설시장에 영향을 미쳤다.

자동차 이용이 증가함에 따라 교외의 주거 지역들이 많이 생겼다. 집과 직장, 쇼핑센터, 교회 간의 거리가 멀어지게 되자 자연히 자동차를 소유하는 것이 일반화되었다. 전쟁 중에 일시적으로 중단되었던 디트로이트의 자동차 공장들이 재가동되었다. 전후 몇 년 사이에 미국의 자동차 공장은 제너럴 모터스, 포드, 크라이슬러 이외에도 스타드 베이커, 허드슨, 카이저 등과 같은 소규모 회사까지 생겨났다. 그들은 일반 대중들이 실용적으로 사용할 수 있는 자동차를 생산했다. 자동차 수요는 계속 늘어나 1946년에는 350만 대가 팔렸고, 1949년에 이르러

자동차 생산은 미국 역사상 처음으로 500만 대를 넘어섰다.

1920년대에 조성되었던 붐은 대공황으로 침체되고 말았으나 이제는 소비자 문화가 제모습을 갖춰 가고 있었다. 헐리우드의 영화 제작자인 새뮤얼 골드윈은 1946년에 〈우리 생애 최고의 해〉라는 영화를 만들려고 생각했다. 그에 앞서 '과연 이 제목에 대해 관중들은 어떤 반응을 보일 것인가' 하는 궁금증이 생겨 갤럽에 여론조사를 의뢰했다. 그 결과에 따르면, 이 기간은 실제로 대부분의 미국인들에게 있어서 최고의 해였음이 증명되었다.

실질 생계비를 달라

전후 소비가 급격히 증가함에 따라 물가가 빠르게 상승했다. 이에 노동조합들은 보다 높은 임금을 요구했다. 그러나 그들의 요구는 쉽게 받아들여지지 않았다. 1946년의 여러 파업 중 광부들의 파업은 상당한 영향을 미쳤다. 이 파업은 미국 공업의 조업을 정지시킬 우려가 있었고, 석탄을 공급하기로 약속했던 유럽을 위해서도 위험한 것이었다.

노사 간에 협상이 벌어졌다. 탄광 노조 측에서는 지도자인 존 루이스가 협상 테이블에 나왔다. 루이스가 제시한 임금 인상 수준은 확실히 높았다. 노사 간에 팽팽한 의견대립이 계속되었다. 이러는 동안 밖에서는 수많은 광부들이 피켓을 들고 구호를 외쳐 댔다.

협상은 진행되었다. 광부들의 위생과 안전을 위한 자금을 마련해야 한다는 의견에 대해서는 노사 간에 의견이 일치했다. 그러나 이 자금의 관리에 대한 양측의 주장이 달랐다. 그러나 중간 선거를 염두에 두고 있던 트루먼은 어느 쪽 손도 선뜻 들어줄 수가 없었다.

트루먼 행정부의 갖은 노력에도 물가 상승은 좀처럼 억제되지 않았고, 여러 산업 부문에서의 파업도 심심찮게 계속되었다. 트루먼의 민주당 정부는 국민들에게 서서히 신임을 잃어 갔다. 결국 1946년 중간 선거에서 민주당은 공화당에 다수당의 자리를 빼앗기게 되었다.

물의를 일으킨 법

1946년의 중간 선거 결과로 다수당을 차지한 공화당은 제80차 의회에서 정부 예산을 대폭적으로 삭감하고, 트루먼 대통령이 제안한 각종 교육지원, 사회보장의 확충 등에 반대했다. 그뿐만 아니라 트루먼의 거부권 행사를 무시하고 고액 소득자들에게 유리하게 된 세금 감면안을 통과시켰다. 이 의회가 제정한 법 중에서 가장 큰 물의를 일으킨 법은 '태프트-하틀리법'이었다.

태프트-하틀리법의 주목적은 노동자들의 전국적인 파업을 막으려는 것이었다. 이 법이 제정됨으로써 정부는 노동자들이 파업에 들어가기 전에 60일간 냉각기를 두도록 노동조합에 압력을 넣을 수 있었다. 만약에 노사분쟁이 해결되지 않을 경우에는, 고용주가 제시한 조건을 노동자들의 비밀투표에 부치도록 했다. 또한 이 법은 노동조합에 가입한 노동자만을 고용하는 클로즈드 숍closed shop 제도를 금지했다. 만약 노동자들이 파업을 강행한다면 고용주들이 파업으로 인해 발생한 손해에 대해 보상하도록 노동조합에 요구할 수 있게 했다. 게다가 노동조합의 재정상태를 의무적으로 공개하도록 했고, 노동조합이 정치적인 목적으로 헌금을 하는 것도 금지했다. 게다가 노동조합을 이끄는 지도자들에게는 자신들이 공산주의자가 아니라고 서약하도록 강요까지 했다. 한마디로 태프트-하틀리법은 지금까지 노동조합에 유리했던 뉴딜 시대의 노동입법을 뒤집어 놓는 것이었다.

이 법에 대해 노동조합과 민주당 측에서는 즉각적인 반대의사를 표명했고, 트루먼 대통령은 거부권까지 행사했다. 그러나 의회는 이를 무시하고 다시 이 법안을 통과시켰다. 트루먼은 공화당이 우세한 의회를 앞에 놓고서는 자신의 포부를 현실화시킬 만한 기회조차 가질 수 없었다.

트루먼 독트린

전후 문제 처리에 이어 트루먼이 소련과의 협조에 우려를 표했던 것은 결코 기우가 아니었다. 소련은 제2차 세계대전이 끝난 후 터키와 그리스 내의 공산 게릴라들을 공공연하게 지원해 압력을 가했다. 마침내 친서방적인 그리스 정부에 대해 공산주의자들이 반란을 일으켰다. 그리스를 지원하던 영국마저 철수하자 트루먼은 영국이 짊어졌던 부담을 미국이 대신할 것을 결의했다. 그는 1947년 3월 의회에 그리스와 터키에 군사 및 경제를 원조하기 위해 4억 달러

해리 S. 트루먼

를 지출할 것을 요청했다. 그는 의회 연설에서 양국에 대해 미국이 협조할 필요가 있다고 강조하며, '트루먼 독트린'을 발표했다. 이는 공산 세력에 저항하는 여러 자유 국가들을 지원하고, 서방 국가들의 집단적인 안보력을 강화할 목적을 갖고 있었다. 결국 트루먼 독트린은 그리스 정부가 공산 게릴라들을 처부수는 데 도움을 주었고, 터키에 대한 소련의 압력을 완화시키는 역할을 했다. 더욱 중요한 것은 세계 모든 곳에서 공산주의에 투쟁하는 친서방국들을 지원하겠다는 미국 외교 정책의 기반이 되었다는 것이다. 이 기본원칙의 수립은 이후 20년 동안이나 계속 영향을 미쳤다.

마셜 플랜

소련 공산수의의 팽창을 막기 위해서는 군사적인 대응도 중요하지만, 무엇보다도 공산주의가 침투하기 쉬운 빈곤의 문제를 해결하는 일이 더욱 중요했다. 전쟁으로 피폐해진 서부 유럽 국가들은 식량, 에너지의 부족과 더불어 국제수지의 악화까지 겹쳐 심한 곤란을 겪고 있었다. 특히 프랑스와 이탈리아의 경제적 빈곤 상태는 참담하리만큼 심했다. 이에 트루먼 행정부는 유럽의 경제 부흥이 시급함을 느끼게 되었고, 그러한 복구 작업에 미국의 대대적인 경제 원조가 필요하다고 생각했다. 이와 같은 미국 정부의 생각은 1947년 6월 국무장관인 조지 마셜이 하버드 대학 졸업식에서 행한 연설에서 공식적으로 표명되었다.

이러한 미국의 경제 원조 제의에 대해 서부 유럽 국가들은 물론 동부 유럽 국가들까지도 즉각적으로 환영의 뜻을 표했다. 그러나 미국

내의 좌파들은 물론 일부 상
원의원들은 마셜의 제의에
반대했다. 그런데 1948년 2
월에 체코슬로바키아에서
공산주의자들이 쿠데타를
일으켜 정권을 잡았다. 이탈
리아에서도 공산당이 선거
에서 승리할 가능성이 높아
졌다. 이러한 공산주의 세력
의 팽창을 직접 눈으로 본
미국 의회는 마침내 1948년
4월에 이른바 마셜 플랜이

마셜 플랜을 홍보하기 위해 유럽에서 제작한 포스터

라고 불리는 유럽부흥법을 통과시켰다. 이에 따라 미국은 유럽 16개
국에 대해 1억 달러를 지원함으로써 재정 상태를 안정시키고, 국가들
간의 협력을 증진시켜 달러 부족을 메꾸었다.

트루먼의 재선과 페어딜

마셜 플랜이 시작된 1948년은 미국에서 대통령 선거를 치르는 해였
다. 공화당은 토머스 듀이를 대통령 후보로 지명했고, 민주당은 트루
먼을 후보로 지명했다. 이 시기에 민주당은 당내 결속이 깨진 상태에
있었다. 민주당 내에서 좌파에 속하는 헨리 월리스는 진보당을 따로
결성하여 대내적으로는 뉴딜보다 과감한 개혁을, 대외적으로는 소련
과의 우호관계를 제창했다. 한편, 민주당 내 남부 출신 의원들은 트루

면의 흑인 민권법안에 반대하여 독자적인 후보를 지명했다. 선거 운동 초기부터 트루먼의 승리는 어려운 것으로 예상되었다. 공화당은 안일하게 선거 운동을 한 반면 트루먼은 적극적으로 선거 운동에 임했다. 결국 예상과는 달리 트루먼이 대통령에 당선되었고, 의원 선거에서도 민주당이 다수당의 자리를 차지했다.

트루먼은 그동안 중단되었던 사회개혁을 다시 시작했다. 그의 새로운 개혁 정책에는 '페어딜$^{Fair\ Deal}$'이라는 명칭이 붙었다. 이것은 모든 집단과 개인은 정부로부터 공정한 대우를 받을 권리가 있다고 트루먼이 한 말에서 비롯된 것이다. 트루먼 행정부는 농민의 소득을 올려주기 위해 보조금을 제공하는 브래넌 계획과 의무적으로 건강보험을 실시하려는 계획을 세웠다. 그러나 의회와 미국의사협회가 사회주의적인 계획이라고 반대했기 때문에 실패로 돌아갔다. 또한 트루먼은 노동자에게 불리한 '태프트-하틀리법'을 폐지하고, 교육과 중간 소득층을 위한 주택건설에 정부보조금을 지급하려 했으나 의회의 반대로 실패했다. 트루먼의 개혁시도는 의회의 동의를 얻어 낸 몇 가지 문제를 제외하고는 민주·공화 양 세력의 보수파들의 저지로 사실상 묵살되고 말았다.

냉전의 시작

트루먼 독트린과 마셜 플랜이 발동되자 미·소 간의 대립은 냉전의 단계로 접어들었다. 미국은 냉전에 대처하기 위하여 1947년 7월에 국가 안전보안법을 제정하여 육·해·공군을 통합하는 국방 총성, 통합 참모본부, 중앙정보국^{CIA}을 신설했고, 이듬해 6월에 평시징병법을 발표했다.

한편 1947년 3월에는 반공체제를 강화할 목적으로 충성심사국을 설치하여 연방 정부 직원의 충성도를 조사했다. 조사 결과로 사임과 해직이 이루어지자 자유주의적인 입장에 있는 사람들은 이를 비난했다. 그러나 적색분자 색출을 원하는 국민들은 더 강력한 것을 요구했다.

반공선당 포스터

이러한 가운데 정부 전복을 예방하는 스미스법 위반 혐의로 11명의 미국 공산당 지도자들이 유죄 판결을 받았고, 국무성의 고급 관리 알저 히스가 소련의 스파이라는 혐의로 고발당했다. 여기에 한국 전쟁이 일어나자 9월 의회는 국내 치안 유지를 목적으로 공산주의 단체 등록제를 실시하고, 공산주의자들의 입국을 금지하는 법도 제정했다.

냉전의 격화

미국 내에서 반공체제가 강화되는 동안 베를린에서는 중대한 사태가 전개되었다. 미국·영국·프랑스가 베를린을 비롯한 독일 내 그들의 점령 지역을 통합시킨 것이다. 그리고 서부 유럽과의 밀접한 관계로 이끌기 위해 통화개혁을 발표하자 소련은 전면적인 봉쇄 조치를 취함으로써 보복했다. 이러한 소련 측의 조치에 대한 미·영 측은 베를

1949년 워싱턴 DC에서 북대서양조약에 서명하는 해리 S. 트루먼

린 공수로 대답했다. 1948년 여름부터 시작하여 거의 1년 동안 미국과 영국의 항공기가 200만 톤 이상의 식량, 연료, 약품 및 그 밖의 필수품들을 서베를린 시민들에게 수송했다. 1949년 5월에 이르러서야 소련은 봉쇄 조치를 해제했다.

이 베를린 위기를 계기로 미국을 포함한 서구 제국들은 장차 발생할지도 모를 소련의 침공에 대비하기로 했다. 1949년 4월에 상호방위조약인 북대서양조약을 체결하고, 가맹국들의 군대를 통합하는 '북대서양조약기구NATO'를 창설했다. 그들 가맹국들은 가맹국 중 어느 한 나라에 대한 무력 공격도 전체에 대한 공격으로 간주한다는 데 합의했다. 1950년 12월에 아이젠하워 장군을 나토군 최고 사령관으로 임명했다.

한편, 중동에서는 1948년 5월에 신생 독립 국가인 이스라엘이 발족되면서 주변 아랍 국가들과의 전쟁에 휘말리게 되었다. 이때 유엔 휴전위원단은 그들이 상호 간 휴전을 이룩하도록 노력했고, 미국은 이를 뒷받침했다.

한국 전쟁

한국 전쟁은 냉전이 낳은 결과 중의 하나였다. 제2차 세계대전 후 일본군을 무장해제시키기 위해 북위 38도선을 경계로 하여 남과 북으로 진주했던 미군과 소련군은 1949년에 각자의 점령 지역으로부터 철수하기로 합의했다.

이때 미군은 남한의 이승만 정부가 북쪽으로 진격하여 무력통일을 꾀할지도 모른다는 우려에서 탱크나 대포 같은 공격용 무기들을 모조리 철수시켰다. 이에 반해, 북한의 소련군은 잘 훈련되고 중화기로 무장된 군대를 양성한 다음 철수했다.

철수한 지 얼마 후 1950년 6월 25일 새벽에 북한의 공산군이 38도선을 넘어 남쪽을 침략했다. 다음 날 남한 정부는 급히 서울을 떠났다. 이쯤 되자, 미국 정부는 한국군 단독으로 북한 공산군의 침략을 저지할 수 없을 것이라고 판단해 남한의 방어를 위해 미군을 투입하기로 결정했다. 또한 대한민국 정부는 국제연합의 감시하에 실시된 선거에 의하여 탄생했으므로 국제연합군도 이 전쟁에 개입하게 되었다.

이때 연합군 사령관에는 더글러스 맥아더 장군이 임명되었다. 반격에 들어간 연합군은 1950년 10월 평양을 점령하고 북쪽으로 진격을 계속했다.

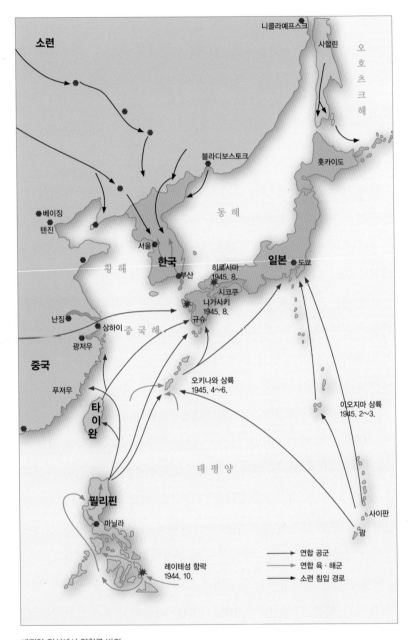

태평양 전선에서 연합군 반격

그러나 그해 11월 중공군이 투입되어 국제연합군과 한국군은 다시 후퇴했다. 이로 인하여 전쟁터에 있는 야전군 지휘관들과 워싱턴 행정부 사이에서 이번 전쟁의 목표를 둘러싸고 의견 대립이 일어났다. 중공과의 전면 전쟁은 피하고 대신 남한의 영토를 보존하는 정도로 전쟁을 한정시키자는 트루먼 대통령에게 맥아더는 반드시 승리하겠다며 협조하지 않았다. 결국 트루먼은 한 달 후인 4월 맥아더 장군을 해임시켰다. 맥아더에 대한 국민의 지지와 동정은 극에 달했지만 상원위원회는 트루먼의 입장을 지지했고, 아이젠하워가 대통령에 당선된 직후인 6월에 한반도는 남북으로 분단된 채 휴전이 성립되었다.

아이젠하워 시대

공화당의 20년 만의 부활

한국 전쟁이 막바지에 있던 1952년은 미국에서 대통령 선거가 치러진 해였다. 이 선거에서 집권당인 민주당은 트루먼이 불출마 의사를 밝혔기 때문에 그 대신 일리노이 주지사 애들레이 스티븐슨을 대통령 후보로 내세웠고, 공화당은 아이젠하워를 후보로 내세웠다.

민주당의 스티븐슨은 풍부한 교양과 지식, 재치 그리고 세련된 웅변 덕분에 많은 진보주의자와 지식인들로부터 대대적인 지원을 받았다. 그러나 공화당의 아이젠하워도 그리 만만한 상대는 아니었다. 그는 군사영웅이자, 전 나토군 사령관이었고, 선거전 당시 뉴욕의 콜럼비아

1952년 대통령 선거에서 유세를 펼치는 드와이트 데이비드 아이젠하워

대학 총장이었다.

아이젠하워는 캘리포니아 출신의 젊은 상원의원 리처드 닉슨을 러닝메이트로 택했다. 이 두 사람의 결합은 아주 적절했다. 아이젠하워는 국가 경영에 대한 자신의 의지를 시사함은 물론 한국 전쟁의 해결 등 정치가다운 공략으로 지지를 얻었다. 닉슨은 미국 내의 반공산주의 문제를 교묘하게 이용하여 또 다른 지지 기반을 다졌다. 닉슨은 민주당의 비겁함, 배신행위 등을 들춰내면서 민주당을 가리켜 '공산주의를 몰아내겠다는 명목하에 겁쟁이들만을 모아 놓은 힘없는 집단'이라고 비난했다. 또한 부정부패의 일소라는 구호를 외치며 민주당의 재정적 부정행위를 폭로하기도 했다.

선거전의 열기가 한창 무르익어 가고 있을 무렵 기묘한 사건이 발생했다. 그것은 닉슨 개인에 관한 문제이자 부정부패 일소를 목표로 내걸고 싸우는 공화당에는 불리한 문제였다. 민주당계 신문인 〈뉴욕 포스트〉가 공화당의 부통령 후보 닉슨이 캘리포니아의 백만장자클럽에서 선거 비용으로 몰래 1만 8천 달러를 받았다고 비난한 것이다. 공화당의 전국위원회는 닉슨이 미국 국민 앞에서 해명하도록 TV방송 시간을 사도록 결정했다. 담담하고 차분한 그의 연설이 끝나자 모든 미국인들이 울었다. 그 속에는 아이젠하워 부인도 포함되어 있었다. 아이젠하워는 닉슨에게 축전을 보냈다. 아이젠하워는 닉슨을 만나자 두 팔로 포옹했다.

"당신은 단순히 명예 있는 인간으로서 자신의 결백을 입증했을 뿐만 아니라, 인간으로서도 지금보다 훨씬 커졌습니다."

이렇게 위기를 벗어난 아이젠하워와 닉슨은 계속해서 절약을 강조했다. 특히 아이젠하워는 국방비 예산의 절약과 워싱턴 정가의 혼잡을 일소하겠다고 되풀이해 공약했다. 투표 결과는 놀랄 만한 것이었다. 아이젠하워는 일반 국민투표와 선거인단 투표에서 압승을 거두었다. 그리고 공화당이 상하 양원을 과반이나 차지함으로써 마침내 20년간에 걸친 민주당의 지배를 종식시켰다.

당파를 초월한 정치

아이젠하워는 대통령에 당선된 후 공약대로 한국 전선을 시찰하고 전쟁의 종결에 전력하겠다는 성의를 보였다. 평화의 유지를 위하여 모든 국가들과 협력하겠다는 그의 취임 연설은 당시 미국 국민들로부터 열렬한 환영을 받았다. 1929년 이래로 대공황, 제2차 세계대전, 냉전,

한국 전쟁이라는 시련을 겪느라고 한시도 긴장을 풀 수 없었기 때문이다. 미국민들은 그 어느 때보다도 미국이 정상 상태로 돌아가기를 열망하고 있었다.

국내 정치에서 아이젠하워는 중도주의를 지향하여 당파를 초월한 입장을 취했다. 대통령으로서의 업무를 수행하는 데에는 대통령으로서의 권한을 적극적으로 사용하기보다는 참모장 격인 대통령 보좌관을 임명하여 그에게 많은 권한을 위임했다. 아이젠하워는 친기업적이었다. 그는 경비지출의 삭감, 감세, 정부사업의 축소, 규제의 완화 등 연방 정부의 활동을 줄이는 방향으로 정책을 이끌었다. 동시에 그는 지방정부, 개인기업의 활동을 권장했다. 그러나 '뉴딜', '페어딜'의 정책 및 그 정신을 계승하여 사회보장 및 실업보험을 확충하고 각종 복지시설에 대한 연방 정부의 지원을 증가시키고 주택건설도 촉진시켰다. 1953년 그의 정치는 사회복지 정책에 대해서는 과거 민주당 정권과 별다른 차이가 없다는 것을 보여 줬다.

매카시 선풍

아이젠하워 대통령의 첫 임기 중인 1953년 10월 정부는 사상이 좋지 못한 1천456명의 인물들을 숙청한다고 발표했다. 이에 대해 민주당은 항의했고, 공정하려고 노력하던 아이젠하워도 발표된 숫자에 대해서는 놀라워하며 불만을 표시했다. 그러나 상원의원인 조지프 매카시와 공화당의 우파에 속하는 그의 친구들은 만족하지 않았다. 그들은 유명한 물리학자이고 많은 사람들로부터 존경을 받던 J. R. 오펜하이머를 과거에 공산주의자 친구들과 잘 어울렸다는 구실로 추방했다.

얼마 후 매카시는 미국의 소리나 재외 미국도서관 같은 해외 선전기관에 관한 조사를 시작했다. 그는 로이 코온과 데비드 샤인을 뽑아 유럽을 일주하게 했고, 주요 도시들에 체류하면서 국가 전복의 음모가 있는지 탐지하게 했다. 그들은 사상을 검토할 목적으로 도서관에서 공산주의 성향을 가진 저자들의 서적을 몰수했다. 이때 일부 도서관장들은 이를 미리 알아차리고 대출이 금지된 서적들을 불살라 버리

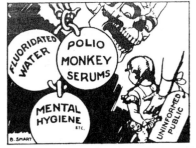

공산주의 세계 정부와 싸울 것을 촉구하는 전단

기도 했다. 그런데도 아이젠하워와 의회는 지나치다고 할 수 있을 정도의 매카시의 조사 활동에 대해서는 여전히 침묵을 지켰다. 미국에서 공산주의를 추방시키려는 활동을 굳이 막을 필요는 없다고 생각했기 때문이었다.

그러나 한국 전쟁이 끝나고 휴전이 가져다준 좌절감이 어느 정도 가라앉자 매카시의 지나친 조사 활동에 대하여 국민과 의회 그리고 정부도 차츰 비판적으로 되어 갔다.

1954년 미군 육군장교들과 공무원들이 체제 전복을 기도한다는 고

발을 두고 이루어진 청문회에서 매카시의 영향력은 줄어들었다. 36일 동안 전국으로 방영된 청문회에서 그의 야만적이고 잔혹한 모습이 폭로되었기 때문이다. 그는 그의 행동이 지나친 것이라고 생각하지 않았다. 그는 1954년 12월 상원에서 '상원의 전통에 위반되는' 행동을 했다는 판결을 받았다. 이 같은 매카시 선풍은 선동적인 반공산주의의 산물이었다. 당시 미국의 일반 대중이 공산주의를 얼마나 두려워했는지를 보여 준 하나의 징표이기도 했다.

흑백 차별을 철폐하라

"공립학교에서 흑인과 백인의 공학을 금지하는 남부의 법령은 위헌이다."

매카시 선풍으로 물의가 빚어시고 있던 1954년 5월 연방대법원은 흑인의 민권 문제에 이 같은 판결을 내렸다. 이것은 "흑인과 백인을 분리시키되 쌍방에게 평등한 시설을 제공한다면 헌법이 규정하는 법 앞의 평등에 위배되지 않는다."라고 판결한 1896년 대법원 판결을 뒤집어엎는 것이었다. 대법원의 판결은 흑인들에게 커다란 용기를 북돋워주었다. 흑인들은 자체적으로 흑백 차별 폐지 운동을 일으켰다. 마틴 루터 킹이 1955년 12월에 버스 승차 거부 운동을 시작했다. 이 운동은 1년여에 걸쳐 꾸준히 전개되었다. 그 결과 버스 승차에 있어서 흑백 차별을 폐지하는 데 성공했다. 마틴 루터 킹은 일약 흑인들의 지지를 한 몸에 받는 인물이 되었다.

이와 같은 상황 속에서 미국인들은 1956년 대통령 선거를 맞았다. 이 선거에서 아이젠하워는 민주당 후보로 나서 스티븐슨을 또다시 침

흑백 차별 폐지 운동의 시작이 된 로자 파크스가 체포된 후 지문 날인을 하는 모습

몰시켰다. 아이젠하워 대통령의 두 번째 임기 중에도 흑인 문제는 계속되었다. 그 예로 1957년 9월에 일어난 흑인 학생의 입학 문제를 들수 있다. 1954년의 대법원 판결에 따라 9명의 흑인 학생이 아칸소주의리틀록에 있는 백인들만 취학하는 고등학교에 입학 신청을 했다. 시교육위원회는 그들의 입학을 허가하려 했다. 그러나 주 재판소에서는 그들의 입학을 중지시키는 명령을 내렸다. 이때 연방순회 재판소가 주재판소 명령이 무효라는 판결을 내렸다. 이에 머리끝까지 화가 난 주지사가 9명의 흑인 학생들이 등교하는 것을 민병대를 투입하여 저지했다. 그뿐만 아니라 민병대를 철수하라는 아이젠하워의 지시에도 불복했다. 아이젠하워 대통령은 1천 명의 낙하산 부대를 리틀록에 투입

하여 그 학생들을 보호했다. 무장한 군인들이 흑인 학생을 교실까지 호위하고 한 학기 동안 운동장을 순시했다. 이후 남부에서의 인종차별은 조금씩 철폐되어 가기는 했으나 큰 변화는 쉽게 오지 않았다.

덜레스 외교와 대량보복

아이젠하워 대통령은 대외 정책에 관한 한 국무장관인 존 덜레스에게 전적으로 의지했다. 공산주의를 배격하고 신앙심이 깊었던 덜레스는 마르크스주의의 무신론적 교의를 싫어했다. 또한 미국의 금융계와 밀접한 유대관계를 맺고 있어서 그는 세계 여러 나라의 자유기업에 대한 공산주의의 도전을 두려워했다. 그의 해방 정책은 세계 도처의 반공 세력들로 하여금 현존하는 공산주의 세력에 대해 적극적인 공세를 취하도록 격려하는 것이었나. 그는 아이젠하워 대통령의 온건한 입장에도 불구하고 강력한 행동을 취했다. 가장 두드러진 것은 1954년 초에 발표한 대량보복 정책이었다. 앞으로 미국은 즉각적이고 완전하게 보복하는 강력한 수단으로 전쟁을 지지할 것이라며 그가 구상한 보복조치는 핵무기의 사용을 의미하는 것이었다. 그의 이러한 대량보복의 이면에는 경제적인 고려가 있었다. 상당수의 사람들이 핵무기에 의존하는 것이 최소한의 비용으로 더 강한 공격력을 갖는 것이라 주장했기 때문이다.

미국의 방위 정책에 있어서 이러한 새로운 전망은 처음엔 거의 모든 사람들을 만족시키는 것처럼 보였다. 덜레스는 대만의 장제스 정부에 본토 수복을 위해 노력하라고 격려했고, 1954년에는 독일군을 재무장시켜 나토군에 편입시켰다. 같은 해에 베트남에서 공산주의자들의 공격으로 프랑스가 쫓겨나고 동남아시아 전역이 공산화의 위협에 놓이게 되자, 유럽의 나토를 모방하여 동남아시아조약기구^{SEATO}를 조직했다. 그리고 1955년에는 중동조약기구^{CENTO}로 알려진 바그다드 협약을 체결했다.

그러나 1953년에 소련이 수소폭탄을 보유하게 되면서 미국의 소련에 대한 대량보복의 위협이 크게 약화되었다. 그뿐만 아니라 헝가리에서 일어난 혁명을 소련군이 무력으로 진압해도 미국은 이렇다 할 만한 조치를 강구하지 못해 국제적 위신이 떨어졌다. 여기에 결정타를 가한 것은 1957년에 소련이 최초의 인공위성인 스푸트니크 1호를 발사한 사건이었다. 4개월 후에 미국도 조그마한 인공위성을 발사하기는 했지만, 이 사건은 과학과 생활 수준에 있어서 세계 제일이라고 자부해 왔던 미국인들에게 큰 충격을 주었다.

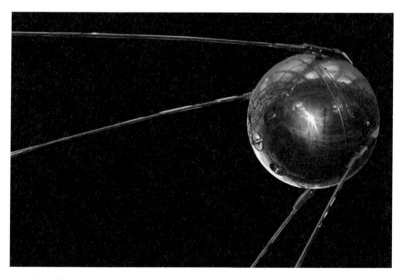

세계 최초의 인공위성인 스푸트니크 1호의 복제품

해빙의 조짐

소련의 인공위성 발사로 충격을 받은 미국인들이 과학의 연구와 교육에 관심을 쏟는 동안 소련에도 변화가 일었다. 1958년 수상 겸 공산당 서기장이 된 니키타 흐루쇼프가 자유진영과 공산진영 사이의 평화 공존을 역설하면서 냉전의 해빙에 박차를 가했다.

1959년에는 소련 부수상이 미국을 방문하여 매우 우호적인 태도를 보여 줬다. 그는 은행가에게도 구두닦이에게도 농담하고 악수를 청했다. 이후 미국과 소련은 서로 박람회를 개최했다. 화해 무드가 싹트는 것 같았다. 그러나 정작 닉슨 부통령이 모스크바에 갔을 때 그곳 분위기는 너무도 엄중했다. 닉슨은 그의 부인 팻 닉슨, 의사인 밀턴 아이젠하워 그리고 하이먼 리코버 해군대장을 대동했다. 그는 공항에서 어린이들에게 껌과 초콜릿을 나눠 주고 소련 말로 평화 만세를 외치며 좀

1959년 모스크바에서 만난 닉슨과 흐루쇼프

더 부드러운 인상을 주려고 애썼으나, 영접 분위기는 냉랭하다 못해 살벌하기까지 했다.

닉슨 부통령의 소련 방문이 있은 후, 이에 대한 답례로 흐루쇼프가 이례적으로 미국을 방문했다. 밝은 표정으로 미국에 도착한 흐루쇼프는 메릴랜드의 캠프 데이비드에서 아이젠하워와 만났다.

일찍이 미·소 양국의 공존이 이 이상으로 평화로운 적은 없었다. 양국 정상회담이 시작되었고, 미국 측은 소련이 요구한 핵실험 금지회담 개최에 동의했다. 소련 측은 서방측이 6개월 내에 베를린에서 철수하여 베를린을 비무장화한 자유도시로 만들자는 요구 가운데에서 시한 조항을 포기했다. 이른바 '캠프 데이비드 협정'으로 대변되는 화해정신이 양분된 세계를 평화 속으로 이끌어 가는 것처럼 보였다.

해빙무드의 와해

1959년 9월에 미·소 정상이 캠프 데이비드에서 만났을 때만 해도 세계는 평화의 타협점을 찾아가는 듯했다. 그러나 양 정상이 만난 지 채 1년도 못 되어 이러한 분위기에 찬물을 끼얹은 U-2기 사건이 발생했다.

미·소 정상이 캠프 데이비드 회담에서 약속한 파리 정상회담이 열리기 직전인 1960년 5월, 미국의 초고공 정찰기인 U-2기가 정찰 도중 소련 영공에서 격추되는 불상사가 일어났다. 이 때문에 회담은 3시간 만에 끝나고 캠프 데이비드 정신은 또다시 냉랭한 대결로 전락했다.

한편 미국은 라틴아메리카 문제, 특히 쿠바 위기로 곤경에 빠졌다. 1958년 쿠바에서는 군사 독재 정권에 대항해 혁명이 일어나 대학교수

피델 카스트로와 체 게바라

출신의 젊은 혁명가인 피델 카스 트로가 정권을 잡았다. 이때 미국 은 그 혁명에 호의적이었고, 1959 년에는 카스트로를 미국에 초청 하여 극진한 환대를 베풀어 주었 다. 그러나 쿠바에서 계속 사회 혁명이 진행되는 동안 반대파에 대한 대대적인 처형이 이루어졌 고, 이때 많은 미국인들의 재산이 몰수됨에 따라 양국 관계는 악화 일로에 놓였다.

이에 대한 보복으로 미국은 쿠바와의 모든 경제 관계를 중단하는 한 편, 쿠바로부터 설탕 수입을 95퍼센트나 줄였다. 이러한 조치로 큰 타 격을 받은 카스트로는 미국에 대해 더욱 적대감을 갖게 되었다.

존 F. 케네디와 린든 B. 존슨 시대

야망을 꿈꾸는 케네디

전 세계적으로 다시 긴장감이 감도는 가운데 미국은 1960년 대통령 선거를 맞이하고 있었다. 이때 공화당의 닉슨 후보에 맞서 민주당의 대통령 후보로 등장한 인물이 바로 존 F. 케네디였다. 그는 매사추세츠 브루클린의 상류층 집안에서 태어났다.

하버드를 졸업하고 나서 얼마 후 제2차 세계대전이 발발하자 그는 미 해군에 입대했다. 1943년에 남태평양에서 그가 지휘하던 배가 일본 잠수함의 공격으로 반동강이 난 적이 있었다. 그때 그는 부상당한 부하들과 다른 생존자들을 인솔하고 파도가 몰아치는 바다를 5시간 동안이나 헤엄쳐 빠져나왔다. 그로부터 나흘 뒤에 뉴질랜드 보병 순찰대의 도움으로 모두 살 수 있었다. 이러한 공로가 인정되어 그는 해군과 해병대로부터 메달과 훈장을 수여받았다.

1945년 해군 복무를 마친 케네디는 통신기자가 되어 샌프란시스코 유엔 창립회의와 포츠담 회담을 취재했다. 이듬해인 1946년에 그는 29세밖에 안 되었지만 그의 외할아버지 존 F. 피츠제럴드가 전에 차지했던 매사추세츠 제11선거구에서 민주당 하원의원에 당선되었다.

1956년에는 39세의 젊은 나이로 시카고의 민주당 전당대회에서 애들레이 스티븐슨의 지명 연설을 했다. 그 후 부통령 후보에 오르내렸으나 그 당시에는 후보로 지명되지는 못했다. 이때부터 그는 1960년의 대통령 후보 지명을 받기 위하여 착실히 준비했고, 마침내 1960년 7월 로스앤젤레스에서 열린 민주당 전당대회에서 1차 투표로 대통령 후보에 지명되었다.

케네디의 승리

1960년에 민주당의 대통령 후보로 지명된 존 F. 케네디는 텍사스 출신의 린든 B. 존슨 상원의원을 러닝메이트로 선출했다. 이에 집권당인 공화당은 당시 부통령인 리처드 닉슨과 유엔대사인 헨리 캐벗 로지

케네디와 닉슨의 TV 대선 토론

를 각각 대통령과 부통령 후보로 내세웠다. 케네디와 닉슨 간에 치열한 선거전이 벌어졌다. 선거전 초기에 케네디가 제기한 문제들은 명확성이 다소 결여되어 있었다. 케네디는 아이젠하워 정권의 나약함과 만용, 허세 등을 꼬집었다. 닉슨은 케네디의 외교정책이 나약하다고 맞섰다.

10월에 이르러 선거전은 최고조에 달했다. 케네디와 닉슨은 둘 다 미개발 지역에 대한 잉여 농산물의 무상 배급, 농업 노동자의 재전환 등과 같은 유사한 강령들을 내세워 팽팽한 접전을 거듭했다. 그러나 팽팽했던 선거전은 TV토론으로 인하여 그 양상이 바뀌기 시작했다. 케네디는 아이젠하워 행정부의 민권 문제에 관한 윤리적 지도력의 부족, 미국 내에서 혜택받지 못한 지방에 대한 원조 부족, 라틴아메리카에 대해 너무 무지하다는 점 등을 들면서 비판했다. 닉슨은 케네디가 1950년대 말기 미국의 위신 하락에 관해 지나치게 과장하고 있다고 반박했다.

1억 명의 TV 시청자가 두 젊은 정치가를 지켜보았다. 닉슨은 병에서 회복 중이라는 이유가 있긴 했지만, 확실히 케네디보다는 초췌했고 다소 흥분한 상태에서 자주 신경질적인 면을 드러냈다. 이에 반해 케네디는 냉정하고도 순발력 있는 견해를 피력하면서 여유를 보여 줬다.

선거 결과 아주 근소한 차이로 케네디가 대통령에 당선되었고, 대통령 취임식에서 그는 이렇게 말했다.

"전 세계의 모든 사람들이여, 미국이 여러분을 위해 무엇을 할 것인가를 묻지 말고, 우리가 함께 인류의 자유를 위해 무엇을 할 수 있는가를 물어봅시다."

그의 연설이 끝나자 우레와 같은 박수 소리가 나왔다. 케네디는 전세계로부터 주목받는 대통령이 되었다.

뉴프런티어 정책

케네디는 선거 운동 중에 자주 '뉴프런티어'를 말했다. 이것은 국내외에서 미국이 당면한 문제들에 대하여 새롭게 접근하는 것을 뜻한다고 그는 설명했다.

먼저 케네디 행정부는 미국의 풍요 이면에 자리 잡은 빈곤 문제를 해결하고자 했다. 당시 미국 내에 만연되어 있는 빈곤은 빈곤을 당연한 것으로 받아들여 체념 상태에 빠져 있는 구조적인 빈곤이었다. 마이클 해링턴은 이 숨겨진 빈곤을《미국의 다른 측면》이라는 저서에서

적나라하게 파헤쳤다.

해링턴이 빈민으로 생각한 사람들은 인간적인 품위를 지킬 수 없는 수준 이하의 상태에서 살면서 정신적으로나 육체적으로 불구자가 된 애팔래치아 지방의 빈민들, 도시 빈곤 지역의 실업자들 및 가난한 노인들이었다. 해링턴의 이러한 고발은 케네디 행정부의 경제심의회 의장인 월터 헬러에 의해 보고서 형태로 케네디 대통령에게 전해졌다.

케네디는 1961년에 지역개발법을 제정하여 펜실베이니아로부터 앨라배마에 이르는 11개 주를 연결하는 '애팔래치아 빈곤 지대'를 개발하려 했다. 특히 켄터키 동부와 웨스트버지니아의 개발에 주력하고자 했다. 1863년에는 빈민을 돕기 위해 연방 정부가 교육을 보조하고, 사회보장 제도를 통해 노인 의료보험을 실시하는 법안을 의회에 제출했다. 그러나 공화당과 남부 민주당이 결탁한 보수적인 의회가 개혁안을 부결시키는 바람에 제동이 걸리고 말았다.

흑·백 그 두꺼운 벽

케네디의 개혁 의지는 민권 운동에서도 잘 나타났다. 케네디 대통령과 그의 동생 로버트 케네디 법무장관은 주 사이를 연결하는 교통수단에서 인종차별을 철폐하고, 흑인의 투표권을 보장하려 했다.

1962년 10월에는 제임스 메레디스라는 한 흑인 청년이 미시시피 대학에 입학하려 했다. 연방법원은 그의 입학을 허가하도록 대학 당국에 명령했다. 그렇지만 철저한 인종차별주의자인 주지사 로스 바네트는 명령 시행을 거부했다. 그곳의 백인들 또한 법원의 명령에 반발하여 폭동을 일으켰다. 케네디는 질서를 되찾고 메레디스의 대학 강의 수강을 보호하기 위하여 그 도시에 연방군을 파견했다.

1963년 4월에는 마틴 루터 킹 주니어 2세 목사가 앨라배마주 버밍햄에서 심한 인종차별에 반발하여 광범위한 비폭력 시위를 시작했다. 그러자 그곳 경찰국장 유진코너가 개인적으로 명령을 내려 공격용 개와 최루탄, 전기막대, 살수기 등을 사용하여 킹 목사의 평화 행진을 저지했다. 행진 중인 어린아이들도 여기저기 쓰러졌다. 수많은 미국인들이 이 장면을 TV로 시청하고 있는 가운데 시위군중들이 마구 체포되었다. 케네디에게 이 사건은 충격이었다. 그는 이것을 경고로 받아들

교육에 대한 차별에 반대하는 흑인 시위

마틴 루터 킹

였다. 더 이상 인종 문제를 회피할 수 없었던 것이다. 사건이 있던 날 저녁 그는 TV 회견에서 미국이 현재 처해 있는 도덕적 문제를 말했다. 며칠 후 케네디는 공공시설, 가게, 식당, 극장, 호텔 등에서 인종에 따른 차별대우 및 차별고용을 금지했다. 또한 학교 통합에 대한 정부의 권한을 강화하는 일련의 법안을 제출했다.

흑인들도 권리를 쟁취하고자 끊임없이 노력했다. 1963년 8월에 20만 이상의 시위자들이 워싱턴 D.C.의 몰The Mall에서 가두행진을 시작했다. 시민권 보장을 위해 역사상 가장 큰 시위가 링컨 기념관 앞에서 벌어진 것이다. 집회 지휘자는 마틴 루터 킹 목사였다.

"나는 꿈이 있습니다."

그는 반복되는 구절로 시작되는 탄원 기도로 인종차별이 없는 사회의 건설을 호소했다. 새로운 사회에 대한 열망이 군중들의 가슴 가득 차올랐다. 이 집회에 대해 케네디 대통령은 만류하는 입장을 취했으나 나중에는 공공연하게 지원해 줬다. 따라서 이 집회는 쓰라린 인종투쟁의 의미보다는 시민권 보호에 대한 새로운 국가적 공약의 탄생을 의미하는 것처럼 보였다.

케네디 대통령은 당시 미국 내 흑인들의 처지에 대해 동정심을 갖고 그들의 인권신장을 위해 노력했다. 그러나 뿌리 깊이 박혀 있는 인종차별 관습을 없애는 데는 아직도 더 많은 시간이 요구되었다.

케네디의 대외 정책

케네디는 대외 정책에서도 활발한 움직임을 보였다. 그는 빈곤이야말로 공산주의가 파고들 수 있는 가장 큰 허점이라면서 저개발 국가들의 빈곤을 없애려는 의도에서 1961년 3월에 평화봉사단을 창설했다. 미국의 젊은이들을 저개발국에 파견하여 교육, 기술개발, 의료 등 각 분야에서 활동하게 하여 국내외로부터 호평을 받았다.

그러나 쿠바 침공 작전의 실패로 어려움에 직면하고 말았다. 1961년 4월에 케네디는 중앙정보부가 비밀리에 계획한 쿠바 침공작전을 시행하도록 허가했다. 쿠바 피그스만에 기습으로 상륙한 특공대는 순식간에 거의 섬멸되어 버렸고, 예상했던 반카스트로의 인민봉기도 일어나지 않았다. 이 쿠바 침공계획을 주도하고, 케네디 대통령에게 그 계획의 성공을 장담한 중앙정보부의 앨런 덜레스는 사임했다. 계획의 실행을 명령한 케네디도 비난을 면치 못했다. 또한 케네디로부터 진보를 위한 동맹을 맺고 사회 · 경제적 개혁을 원조할 비용을 제공하겠다는 제안을 받았던 라틴아메리카 국가들은 분노를 일으켰고, 미국의 위신은 크게 추락했다.

그러나 다행히 소련이 쿠바에 설치한 미사일 기지 철거 문제로 미국의 위신이 회복되는 계기가 마련되었다. 쿠바에 소련 미사일 기지가 설치되었다는 정보를 얻어 낸 케네디는 소련에 강력하게 항의했고, 쿠바를 공격하기 위한 부대를 플로리다에 집결시키도록 했다. 미사일을 실은 소련 선박이 쿠바로 향하자 그는 쿠바에 대한 해상 봉쇄명령을 내리고 봉쇄선 안으로 소련 선박이 들어올 경우 무조건 격침시켜 버리 겠다고 경고했다. 미 · 소 양국 간의 직접적인 충돌은 피할 수 없는 듯 보였다. 그러나 진통 끝에 미국은 터키에 있는 기지를 철수하고, 소련 은 쿠바 기지를 철수하겠다는 협상이 이루어졌다. 이후 양국에는 타협 의 분위기가 조성되어, 1963년 여름에는 핵실험 금지조약이 체결되었 다. 또한 워싱턴과 모스크바 사이에 핫라인^{Hot Line}이라고 불린 직통전 화가 가설되었다.

아까운 죽음

미국은 확실히 활기를 찾은 듯이 보였다. 젊고 이상주의적인 대통령 은 우주를 개발하려는 야심 찬 계획을 세우고 있었다. 1961년 4월에 소련이 유리 가가린을 태운 최초의 유인우주선을 쏘아 올린 데 자극받 아 케네디는 인간이 달에 가는 아폴로 계획을 발표했다. 그의 계획은 훨씬 후인 1969년에 가서야 이루어졌지만 그것은 당시의 미국인들에 게 꿈을 주었다. 새롭고 무한한 세계를 향해 도전적인 자세를 갖게 하 는 데 기여했다. 케네디의 인기는 절정을 향하여 치솟았다.

그러나 남부 지역에서만은 예외였다. 흑인의 인권신장에 대한 그의 적극적인 자세가 남부인들로 하여금 반감을 불러일으켰다. 따라서 케 네디는 1964년 대통령 선거에 대비하려면 남부 민주당을 더욱 결속시 켜야 했다. 이를 위해 남부에서의 연설여행을 계획했고, 1963년 11월 21일 텍사스의 댈러스로 떠났다. 도착한 다음 날 아침 케네디는 보슬 비가 내리는 텍사스 호텔 앞에서 포트워스 시민들에게 농담기 섞인 연

닐 암스트롱이 달에서 촬영한 버즈 올드린

설을 한 후 포트워스 상공회의소 조찬회에 참석하여 또 한 번 연설했다. 공식적인 스케줄을 마치고 그는 공항으로 향했다.

비행기에서 내린 케네디 대통령은 햇볕이 내리쬐는 광장을 가로질러 군중에게로 다가갔다. 그들과 악수한 후 케네디는 자동차에 몸을 실은 채 댈러스의 중심부로 향했다. 케네디가 타고 있는 차가 시내로 들어감에 따라 군중의 수는 늘어났다. 댈러스의 다운타운에 들어서자 군중의 열기가 그 전과는 비교가 안 될 정도로 높아졌다. 차는 메인스트리트를 돌았다. 케네디는 행복한 듯이 손을 흔들었다. 차는 휴스턴

암살되기 몇 분 전 리무진에 타고 있는 케네디 부부

가의 비탈길을 내려가 텍사스 교과서 창고 옆을 지났다. 그때였다. 날 카로운 총소리가 자동차 행렬의 소음을 뚫고 울려 나왔다. 케네디 대 통령의 얼굴에 기묘한 표정이 감돌더니 앞으로 쓰러졌다.

케네디의 암살은 미국뿐만 아니라 전 세계에도 커다란 충격이었다. 얼 워런 대법원장을 위원장으로 하는 조사위원회가 조직되었다. 위원 회의 보고에 의하면, 불만에 가득찬 공산주의자 리 하비 오스왈드가 단독으로 범행했다는 것이다. 그러나 범인과 그 배후에 관해서는 상당 한 논란이 일었다. 오스왈드는 재판을 받으러 가는 도중 술집 주인인 잭 루비에 의해 살해되었고, 사건의 진상을 정확히 파헤치는 것이 불가능해졌다. 의욕에 넘치고 미국에 새로운 희망을 준 케네디의 시대는 1천 일 만에 끝이 났다.

전용기 안에서의 취임 선서

전 세계가 케네디의 죽음을 애도하는 가운데 부통령인 린든 B. 존슨이 대통령직을 승계했다. 1908년에 텍사스의 존슨시티 근처에서 태어난 그는 케네디와는 전혀 다른 성장 환경과 경력을 가진 인물이었다.

존슨은 1932년에 리처드 클레버그 하원의원의 비서가 되었다. 이때 그는 후에 하원의장이 된 샘 레이번과 친해졌고, 프랭클린 루스벨트 대통령의 관심을 끌어 1935년에는 청년관리국의 텍사스 책임자로 임명되었다. 1937년에 존슨은 임기가 만료되지 않은 하원의원 제임스 P. 뷰캐넌의 의석을 채우기 위한 보궐선거에 출마해 당선되었다. 그 선거 이후 그는 하원의원에 다섯 번이나 재선되었다. 제2차 세계대전 중에는 해군 예비군으로 근무했고, 1948년에 텍사스의 상원의원에 선출되었다. 1953년에는 양대 정당의 총무직을 번갈아 수행해 가며 가장 영향력 있는 인물로 인정받았다.

케네디 대통령 밑에서 그는 역사상 가장 활동적인 부통령이었다. 케네디 대통령의 목적과 이상을 따라 사절로서 널리 외국을 방문했다. 케네디 대통령의 평등고용 기회위원회 위원장직과 국가 우주 개발위원회 의장직 그리고 평화군단 고문회의 의장직까지 맡아 입법과 외교 문제에 관한 최고위 정책 토론자의 역할을 다했다.

1963년 11월 케네디 대통령이 암살된 지 1시간 뒤에 대통령의 유해를 워싱턴으로 옮겨 오는 전용기 안에서 그는 대통령 취임 선서를 했

전용기 안에서 대통령 취임 선서를 하는 **린든 B. 존슨**

다. 그 선서는 미국 역사상 처음으로 여성이 사회를 보았는데 그 여성은 댈러스의 연방판사인 사라 T. 휴즈 여사였다.

위대한 사회

존슨은 비행기 안에서 대통령이 되어 워싱턴으로 돌아온 즉시 미국인들을 향하여 전임 대통령인 존 F. 케네디가 계획했던 일들을 계속해 나갈 것이라고 말했다. 이후 그는 1964년 5월 국내 정책 전반에 관한 계획인 '위대한 사회'를 발표했고, 이듬해에 연두교서에서 '빈곤에 대한 무조건 전쟁'을 선언했다.

"내가 말한 '위대한 사회'란 양적인 면뿐만 아니라 질적인 면을, 부를 창조하는 방법뿐만 아니라 그것을 사용하는 방법을 그리고 얼마나 빨리 가고 있는가뿐만 아니라 어디를 향하여 가고 있는가에 대한 해답을 요구한다."

그는 이것을 실현하기 위한 첫 단계로 8월에 경제기회법을 제정했다. 이 법은 빈곤의 주된 원인이 일자리 부족보다는 교육과 기술 훈련의 부족에 있다고 보고 선진 사회가 요구하는 고도의 기술을 실업자들이 가질 수 있도록 재교육하려고 했다.

존슨은 1964년 8월에 애틀랜틱시티의 민주당 전당대회에서 허버트 험프리 상원의원을 러닝메이트로 하여 대통령 후보로 지명되었다. 같은 해 7월에 공화당 후보로 지명된 배리 골드워터에게 압도적인 표 차이로 승리했다.

빈곤과의 전쟁

본격적으로 빈곤을 추방하기 위한 존슨의 개혁 정책이 실시되었다. 그는 우선 애팔래치아 지대의 가난한 농민들을 돕기 위해 11억 달러를 투입했고, 낙후된 도시경제를 개발하기 위해 33억 달러를 배정했다. 1965년에는 개인 주택에 세들어 사는 저소득층을 돕기 위해 집세 보조금을 주었다. 같은 해에 사회보장제도를 통해 65세 이상의 노인에게 혜택을 주는 노인 의료보험법을 제정했다.

또한 존슨 행정부는 교육의 발전을 위하여 연방 정부 자금을 배정했다. 1964년에는 국방교육법을 제정하여 대학에 과학 교육은 물론, 인문과학 교육에 대해서도 연방 정부가 적극적으로 보조하도록 했다.

1965년에는 초·중등교육법을 제정하여 교회와 국가의 분리원칙

노인 의료보험법에 서명하는 린든 B. 존슨

을 위반했다는 이유로 정부의 보조를 받을 수 없었던 가톨릭교회의 학
생들에게도 연방 정부의 보조금을 주었다. 같은 해에 제정된 고등교육
법은 대학 진학을 원하는 청년들에게 장학금을 주도록 했는데 이것은
제대 장병들에게 대학교육의 기회을 부여해 준 1944년의 제대장병법
과 더불어 연방 정부가 대학교육을 활성화시키려 했던 중요한 노력이
었다.

　존슨 행정부의 노력 중 가장 두드러졌던 것은 경제기회법에 따른 경
제기회청의 활동이었다. 경제기회청 안에는 직업훈련단, 청소년인보
단, 국가봉사단이 설치되어 있었다. 직업훈련단은 학업을 중도에서 포
기한 청소년들에게 직업을 가질 수 있도록 기술을 가르치는 활동을 했
고, 청소년인보단은 10대 나이에 있는 청소년 실업자들을 보호하는

활동을 했다. 국가봉사단은 평화봉사단의 국내판이었다.

또한 경제기회청에서는 어린이를 위한 조기교육 계획, 특별히 뛰어난 아이를 대학에 보내기 위한 특수교육 계획 그리고 빈민가 아이들을 참여시켜 빈곤을 추방하려는 지역 사회활동 계획 등을 수립하여 추진했다. 그 결과 미국 내 빈민은 1959년과 1969년 사이에 전체 인구의 22.4퍼센트에서 12.2퍼센트로 줄었다.

베트남전과 빈곤퇴치 사업

빈곤퇴치 사업이 추진되고 있을 즈음에 미국은 동남아시아에서 일어난 전쟁에 말려들어 많은 국가재원이 소요되었다. 그에 따라 빈곤퇴치 사업에 대한 기대가 적어지고 그 정열도 식기 시작했다. 특히 큰 영향을 미친 것이 베트남전이었다.

1965년 초반기에 북베트남의 거센 공격으로 남베트남 정부군의 패색이 짙어 갔다. 공산주의가 동남아시아로 팽창되는 것을 우려한 존슨은 미 구축함 매독스호가 북베트남군의 공격을 받은 사건을 계기로 월맹의 군사기지와 보급기지에 대한 폭격명령을 하달했다. 1965년 말부터는 수십만 명의 지상군도 파견했다.

미국은 베트남전에 본격적으로 개입했고, 이 전쟁에 연간 200억

북베트남에서 폭격 임무를 수행 중인 미국 전투기

달러의 전비가 지출되었다. 이런 사정으로 빈곤퇴치 사업의 추진은 사실상 불가능했다. 1966년에 존슨 대통령은 이 사실을 인정했다. 미국 내에서는 베트남 전쟁을 반대하는 물결이 거세게 일었고 국론마저 분열되었다.

청년들의 반항

1950년대와는 달리 1960년대의 대학생들은 체제에 거부하는 반응을 보이기 시작했다. 결국 1964년에 캘리포니아 대학에서는 학생들의 자유언론 운동이 일어났다. 캘리포니아 대학 당국이 학생들의 교외 활동을 금지한 것에 대한 항의로 시작되어 꼬리에 꼬리를 물고 격렬한 시위가 일어났다. 학교건물 점거, 대대적인 체포, 동맹휴학이 잇따라 일어났다.

1965년에 미국이 베트남전에 적극 개입하게 되자 베트남전에 반대하는 토론회가 자주 열렸다. 점차 전쟁 참여 반대의 분위기가 무르익더니 마침내 민주학생연합Students for a Democratic Society, SDS의 주도하에 워싱턴에서 학생시위가 벌어졌다. 1962년에 참여 민주주의를 요구했던 민주학생연합은 이때까지 뚜렷한 이데올로기나 정책을 밝히지는 못했다. 그러나 엘리트주의, 중앙집권화, 반인간적인 관료제도 등과 같은 전통적 가치와 제도를 거부했고, 분권화, 자발주의, 자결론 등을 주장함으로써 무정부주의적인 성격을 보여 줬다. 베트남전이 가열되면서 학생들의 반항은 더욱더 격렬해졌다. 분노에 찬 학생들은 학도 군사 훈련단을 공격했고, 중앙정보부와 군수산업체에 취직하는 것을 비난했다. 여기에 병역법의 개정으로 학생들의 병역면제 혜택이 줄어들자

1967년 펜타곤에서의 반전 시위

반항은 더욱 거세졌다.

한편 체제를 타도하기 위해 혁명에 호소하려는 경향이 강해졌다. 학생들의 반항이 점점 더 과격해지면서 신좌파로 알려진 급진주의 세력이 형성되었다. 신좌파의 실질적인 핵심체인 민주학생연합은 도시 게릴라 창설을 선언했고, 미국의 기존 질서와 가치에 전면적인 도전을 시도했다.

한편 이 시기의 미국 청년들 중 사회로부터 이탈하여 기존 체제에 반항하는 뜻을 나타내는 히피족도 있었다. 그들은 일반 학생에 비해 교육 수준도 낮고, 사회에서도 소외된 계급에 속했다. 머리와 수염을 길게 기르고 목걸이와 팔찌를 하고 그들끼리만 공동체 생활을 했다.

그들은 외관상 불결하고 미국 사회 불건전성의 표본같이 보였다. 그러나 히피족은 인생을 하나의 사건으로 인식하고, 미국과 같이 고도로 발전한 기술 문명 사회 속에서 인공과 가식이 없는 자연 발생적인 진선미를 추구하며 만족감을 얻으려는 새로운 계층이었다.

닉슨과 포드 시대

승리가 안겨준 문제

1960년대 중반 이후부터 한창 고조되어 오던 반항적 분위기는 1968년의 대통령 선거를 계기로 점차 수그러들기 시작했다.

존슨 대통령은 베트남전에 개입한 문제로 자신의 인기가 급격히 떨어졌다는 것을 인식한 때문인지 대통령 선거에 불출마 의사를 밝혔다. 민주당은 부통령인 휴버트 험프리를 대통령 후보로 지명하고자 했다. 지식인과 청년들 사이에서는 로버트 케네디가 지지받고 있었다. 유진 매카시도 이번 기회를 놓칠 수 없다는 듯 도전장을 냈다. 그런데 로버트 케네디가 캘리포니아 예비 선거에서 승리한 그날 밤, 팔레스타인인에게 암살되면서 민주당 내 대통령 후보 지명은 험프리와 매카시로 압축되었다. 그 결과 험프리가 후보로 지명되었다. 이에 맞서 공화당은 리처드 닉슨을 대통령 후보로 지명했다. 선거 결과를 쉽사리 예측할 수 없었다. 베트남전이 변수로 작용했기 때문이었다. 그러나 결과는 예상보다 높은 투표율 속에서 50만 표 차이로 닉슨이 승리했다.

1968년 7월 대선 유세 중인 닉슨

이렇게 대통령에 당선된 닉슨은 1969년 1월에 대통령에 취임한 이후 우선 베트남 전쟁의 해결에 착수했다. 닉슨의 정책은 군사적으로는 베트남에서 미국을 단계적으로 철수시켜 베트남 전쟁을 월남인들에게 맡기겠다는 것이었다. 닉슨은 1969년 6월 미드웨이섬에서 구엔 반 티유 남베트남 대통령과 회담한 후 베트남에서의 미군 철수 계획을 발표했고, 단계적인 미군 철수가 이루어졌다.

외교적으로는 1968년 5월부터 시작됐지만, 별다른 진전을 보지 못한 파리 평화회담을 타결하고자 했다. 이를 위해 닉슨은 하버드 대학의 국제정치학 교수인 헨리 키신저를 대통령 안보담당 특별보좌관으로 임명했고, 비밀리에 여러 차례 파리를 오가게 하면서 북베트남 대표부와의 교섭을 진행시켰다. 그러면서 같은 해 7월에는 괌에서 아시아 방위는 아시아인 스스로 해결하라는 내용의 '닉슨 독트린'을 발표했다.

"아시아의 여러 우방 국가들은 서둘러 자주국방과 자립경제를 이룩할 만한 힘을 길러야 한다. 그리고 미국은 아시아 여러 국가들이 자립능력을 갖게 하기 위해 아낌없는 원조를 하겠지만, 문제가 발생했을 경우에는 베트남 전쟁에서 보았듯이 직접적인 군사적 개입은 가능한 한 삼가할 것이다."

되살아난 반전의 열기

닉슨이 베트남 주둔 미군을 단계적으로 철수시키는 가운데 반전 운동은 잠시 잠잠해지는 듯했다. 그러나 1968년 9월에 북베트남의 호치민이 사망함에 따라 북베트남과의 평화 교섭에 차질이 생겨 조기 타결의 전망이 어두워졌고, 같은 해 10월 15일에 베트남의 모라토리엄 위원회는 전국적으로 주요 도시에서 일대 반전 운동을 일으켰다. 이후 닉슨은 1970년 4월에 캄보디아에서 정변이 일어난 것을 계기로 그 영내의 공산군 성역을 소탕한다는 명목을 내세워 캄보디아 공격을 명령했다. 이러한 사실이 알려지자 반전 운동이 더욱 불붙기 시작하더니 5월 초순에는 광범위하고 격렬한 반전 시위가 벌어졌다. 수십만의 항의자들이 워싱턴에 모여 닉슨 정책을 비난했다.

반전 시위의 열기는 많은 급진주의자들이 진정한 혁명이 임박했다고 착각할 정도로 최고조에 달했다. 마침내 오하이오주의 켄트 주립대학에서 시위 중인 학생들과 진압을 위해 출동한 주 민병대 사이에 충

돌이 일어나 학생 4명이 죽고 10명이 부상당하는 사건이 일어났다. 며
칠 후에는 미시시피의 잭슨 주립대학에서 2명의 흑인 청년이 경찰에
의해 살해되었다. 그리고 베트남 전선에서는 병사들이 항의의 표시로
장교들에게 수류탄을 던지는 사건들이 자주 일어나는 등 군대나 국민
의 사기는 최악의 상황으로 치달았다.

화해의 시대

닉슨의 안보담당 보좌관인 키신저가 주도한 미국의 대외 정책은 세
력균형이나 국익에 중점을 두었다. 이에 따라 미 · 소 관계는 대결 양
상에서 점차 협상을 모색하는 방향으로 전환되었다. 1971년 초 닉슨
대통령은 공식석상에서 중공에 대하여 '중화인민 공화국'이라는 명칭
을 처음 사용하여 미국의 대중공 정책이 변화하고 있음을 암시했다. 7
월에는 키신저가 비밀사절로 북경에 파견되었고, 1972년에는 닉슨의
중공 방문이 이루어졌다. 미국
의 TV 방송은 거의 20여 년간
장막에 가려졌던 중공의 곳곳
을 소개하며 닉슨과 저우언라
이, 마오쩌둥과의 회담, 만찬장
에서의 미 · 중 수뇌의 우호적
인 건배 모습 등을 생생한 화면
으로 방영했다. 닉슨의 중공 방
문은 양국의 공동 성명으로 마
무리되었다.

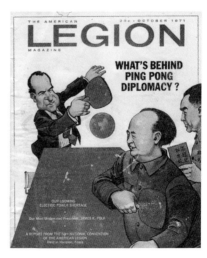

닉슨의 대중공 정책을 소개하는 〈레지온〉지

이와 거의 동시에 닉슨 행정부는 소련과도 수년간 협의해 오던 전략무기제한협정$^{SALT\ I}$을 완결 지었는데, 이 협정의 핵심은 공격용 전략 미사일의 수를 동결하고 각국의 방어 미사일^{ABM}망을 2개로 제한한 것이었다. 또 이것은 소련은 미사일 수와 파괴력에 있어서 우세하고, 미국은 탄두 수에 있어서 우세하다는 것을 양국이 서로 인정한 것이었다. 뒤이어 닉슨-브레즈네프 선언이 발표되면서 그간의 긴장 상태가 상당히 완화된 듯한 느낌을 주었다.

유럽 문제에 있어서도 미국과 소련은 대체로 현상을 유지하자는 데 합의했다. 1972년에 서독이 소련 · 폴란드와 맺은 조약을 비준함으로써 영토 문제가 해결되었다. 그리고 서베를린의 지위에 관한 4개국 협정도 이루어져 20여 년간 계속되어 온 소련과 서방 간의 긴장관계가 완화되었다. 이로써 이른바 '데탕트^{detente}'의 토대가 마련된 것이다.

베트남전의 종결

1972년 대통령 선거를 앞두고 반전 운동과 관련한 사건들로 미국 내 분위기가 전반적으로 침체 국면으로 들어갔다. 초조해진 닉슨은 또다시 키신저를 내세워 베트남 문제 해결을 위한 협상을 시도했다. 1972년 7월 키신저가 파리에서 북베트남의 외무장관인 레득토를 비밀리에 만났고, 정전이 곧 성립될 것이라는 소문이 나돌았다. 그러나 협상은 몇 주 후 다시 한번 결렬되었다. 미국과 북베트남 정부 모두가 휴전을 위한 키신저-레득토 계획을 받아들일 준비가 되어 있었지만, 베트남의 티우 대통령은 베트남에서의 북베트남군의 완전한 철수를 전제로 주장을 굽히지 않았다.

회담 결렬 후 미국은 어떤 사전 발표도 없이 베트남전 사상 가장 파괴적인 공습으로 북베트남의 여러 도시들을 강타했다. 지금까지 미국은 민간 목표물에 대한 공습은 피했었는데 이번 집중 폭격에서는 그러한 사항을 고려하지 않았다. 약 2주에 걸쳐 미국의 B-52 폭력기들은 북베트남에 대한 무서운 폭격을 감행했다.

마침내 1973년 1월에 북베트남이 협상 테이블로 다시 돌아왔고, 미국, 베트남, 민족해방전선과 더불어 4자 협상이 이루어졌다. 그 결과 '베트남에서 전쟁을 종결하고 평화를 회복하자'는 파리조약이 조인되었다. 이로써 전투는 중지되고, 미군은 베트남에서 철수했다. 그렇지만 이후에도 북베트남과 베트남 사이에는 전투가 계속되었고, 마침내 1975년 4월에 이르러 북베트남의 총공격으로 월남이 항복했다. 결국 미국은 아무런 보람도 없이 엄청난 전비 지출과 인명 손실만을 입은 채 월남전에서 손을 뗀 꼴이 되었고, 국제 사회에서 위신이 떨어지는 치명적인 손해를 보았다.

워터게이트 사건

베트남전이 끝나기 약 6개월 전이자 1972년의 대통령 선거전이 한창 열기를 뿜고 있던 1972년 6월 17일 아침, 경찰은 워싱턴 D.C.에 있는 워터게이트 사무소 건물에 위치한 민주당 전국위원회 사무실에서 카메라와 전자 도청 장치를 휴대하고 침입한 5명의 괴한을 체포했다. 그 침입자들 중 한 명은 닉슨 재선위원회의 수석 경호원이었고, 또 한 명은 백악관에서 일하던 사람이었다. 게다가 그들은 〈워싱턴 포스트〉지 기자들이 조사한 바에 의하면 백악관 참모진이 관리하는 자금의 지

워터게이트 사건을 풍자한 포스터

원을 받고 있었다. 기자들의 조사가 확대될수록 이 사건이 닉슨 행정부와 관련 있다는 인상이 짙어졌다.

닉슨이 재선된 다음 1973년 봄부터 열린 재판에서 이 사건에 닉슨 대통령의 측근인 H. R. 홀더먼과 에일리크먼이 관련된 것으로 밝혀지고, 이 사건을 은폐하기 위하여 백악관이 상당한 공작을 했음이 드러나게 되었다. 그럼에도 닉슨은 사건과의 관련성을 완강히 부인했다. 그러나 조사 과정에서 대통령의 통화 내용이 녹음되었다는 것이 밝혀지고 녹음된 테이프마저 공개되자 닉슨이 거짓말을 했다는 것이 만천하에 드러났다. 그러자 민주당이 우세한 하원에서는 닉슨을 탄핵할 준비를 하였다.

이제 닉슨이 할 수 있는 일은 오직 한 가지뿐이었다. 1974년 8월 8일 닉슨은 빗발치는 비난 속에 행해진 연설을 통해 사임을 발표했다.

음울한 출발

닉슨이 사임한 후 새로 대통령에 취임한 제럴드 포드는 음울한 분위기 속에서 집무를 시작했다. 그는 워터게이트 사건으로 고조된 국민들의 냉소주의와 경제적 쇠퇴에 직면했다. 그러므로 그의 우선 과제는 대통령직에 대한 신뢰를 회복하고, 나아가 미국의 안정된 번영을 되찾는 것이었다.

포드는 서서히 행정부를 자신이 선택한 인물들로 채우기 시작했다. 그 과정에서 공화당의 좌우파 양 진영을 포용함으로써 그간에 한쪽으로만 편중되었던 정치 기반을 새로이 구축하려 했다. 그는 공석으로 있던 부통령직에 수년 동안 공화당 내의 두드러진 진보파로 활동한 전직 뉴욕지사 넬슨 록펠러를 임명했다. 또한 그는 국민들에 대한 대표권을 광범위하게 부여하기 위하여 대학총장, 교수, 흑인 여성에 이르기까지 폭넓은 관리 인선을 시도했다.

포드는 자신을 정직과 성실의 상징으로 부각시키려고 노력했다. 그러나 취임한 지 한 달 만에 심각한 좌절감을 맛보게 되었다. 그 이유는 닉슨의 모든 과실을 대통령 재임 기간에 너그러이 용서했기 때문이었다. 당시 대부분의 미국인들은 잘못된 판단이거나 전직 대통령과 비밀 거래가 있었다고 판단했다. 많은 미국인들은 닉슨이 자신의 과오를 진심으로 인정할 때까지 계속해서 고통받아야 마땅하다고 생각했다. 이에 포드의 행동은 자신의 인기를 떨어뜨리는 원인만 제공했다.

국제적 안정의 추구

포드 행정부의 외교 정책은 처음에는 닉슨 행정부와 거의 다를 바가 없는 것처럼 보였다. 포드는 국무장관으로 헨리 키신저를 유임시켰으며, 계속해서 소련·중공과의 화해를 모색했고, 중동에서의 안정을 추구하는 정책도 고수했다. 그리고 한동안은 모든 분야에서 결과들이 나타났다. 특히 소련과의 또 다른 무기 제한 협정을 체결하기 위한 노력

1974년 블라디보스토크 정상회담에서 SALT 조약 공동 성명서에 서명하는 브레즈네프와 포드

에 커다란 진전이 이루어진 것처럼 보였다.

포드는 1974년 말에 시베리아의 블라디보스토크에서 브레즈네프를 만나 SALT Ⅱ 협정의 토대가 될 만한 협정을 체결했다. 또한 카이로와 텔아비브를 몇 차례 왕래한 키신저는 이스라엘이 이집트로부터 빼앗은 시나이반도의 대부분을 반환하고, 나아가 앞으로는 두 국가가 무력으로 어떤 문제를 해결하지는 않기로 합의하는 새로운 협정을 발표했다. 그리고 1976년에 중공의 마오쩌둥이 사망했을 때에는 미국과의 유대 관계 확대를 열망하는 보다 새롭고 온건한 정부가 권력을 장악하도록 적지 않은 영향력을 발휘했다.

그런데 소련과의 새로운 관계는 1975년대에 들어서자 서서히 시들어 갔다. 또한 적지 않은 비판 세력들이 블라디보스토크에서 이루어진 협정은 무의미하다고 주장하고 나섰다. 게다가 상당수의 의원들은 소련 내부에서 행해지고 있는 반체제 인사나 유태인들에 대한 탄압 정책을 맹렬히 비난했다. 아프리카와 라틴아메리카에 대한 소련의 개입에 대해서도 적지 않은 우려를 표시했다. 화해 무드 조성을 위해 포드 행정부는 부단히 노력했으나 정책에 대한 미국인들의 지지는 급격히 떨어졌다.

경기 회복을 위한 포드의 안간힘

포드 대통령은 국제적으로 화해 무드를 정착시키고 미 행정부에 대한 국민의 신뢰를 회복하기 위해 노력하는 한편, 미국이 당면한 경제 문제에 대해서도 지대한 관심을 기울였다. 실업자를 줄이고, 인플레이션을 극복하기 위하여 경제 활동을 좀 더 활성화했다. 미국의 외국 에너지원에 대한 의존도를 줄일 수 있는 광범위한 경제 계획의 수립에 의회가 좀 더 적극적으로 협조해 줄 것을 촉구했다. 또 정부지출을 삭감하기 위한 의회와의 투쟁에 뛰어들었다. 그는 1975년에 교육진흥을 위하여 79억 달러를 보조하기로 결정한 의회의 법안을 인플레이션을 일으킬 것이라는 이유를 들어 거부했다. 또한 정부가 그간 버스와 트럭 산업에 대해 가했던 각종 규제를 없애기 위한 법안을 의회에 제출했다. 그리고 기업의 여러 경제 활동을 규제하는 각종 위원회에 친기업적인 보수주의자들을 위원으로 임명했다. 그런가 하면 부유층의 세금 부담을 크게 줄여 주는 세금 인하 정책을 단행함으로써 자유주의자들이 우세한 의회와 충돌했다. 그뿐만 아니라 그는 의회가 실업자들이 일할 수 있는 일자리를 만들기 위해 53억 달러를 배정하려는 한 법안과 농민들의 애로사항을 줄여 주기 위해 농산물 가격을 인상하려는 법안에 대해서도 거부권을 행사했다.

그는 취임 당시에 비해 상당이 호전된 경제 상태를 만들었으나 그러한 노력들은 대다수의 미국인들을 만족시키기에는 미흡했고, 결국 1976년 대통령 선거에서 미국인들은 포드에 맞서 민주당의 대통령 후보로 나선 지미 카터에게 승리를 안겨 주었다.

새로운 출발을 추구하는 미국

미국 정계의 새 얼굴

지미 카터가 미국의 민주당 대통령 후보로 지명되었을 때 미국 국민은 물론 세계 대다수의 사람들은 그가 누구인지 몰랐다. 그만큼 그는 정계에 알려지지 않은 인물이었다. 그러나 그는 많은 이변을 일으키며 백악관의 새 주인이 되었다. 그는 정계에 입문한 뒤 주 상원의원 선거나 주지사 선거에서는 적지 않은 어려움을 겪었으나, 대통령 선거에서만은 첫 도전에서 기적의 승리를 거두었다. 그는 1962년에 조지아주 상원의원에 당선되어 정계에 얼굴을 내민 이래 불과 14년 만에 정계의 정상을 정복했다.

해군장교였던 지미 카터는 제대 후 아이들을 기르며 땅콩 농사를 짓는 생활을 했다. 당시만 해도 그는 정치에는 별 관심이 없는 듯했다. 이런 그가 1962년에 주위 사람들을 놀라게 했다. 당시 37세의 나이로 조지아주 상원의원에 출마한 것이다. 첫 번째 선거에서 그는 패배의 쓴 잔을 마셨다. 그러나 운명의 여신은 그에게 미소를 지어 주었다. 그 선거가 부정선거였음이 드러나 재선거를 치른 결과 당선되어 정계에 진출할 수 있었다.

대통령 후보로 지명되기 직전까지도 거의 베일 속에 가려져 있던 그가 당당하게 대통령에 당선되었다는 사실은 많은

지미 카터

미국인들을 흥분시켰다. 그뿐만 아니라 근면 검소함과 소박함이 몸에 밴 그는 미국 정치의 중심 세력에서 벗어나 있는 사람들에게 호소력을 가졌고, 수많은 연설과 집회를 통해 소외된 사람들에게 용기와 희망을 불어넣어 주었다. 카터는 여태까지 백악관을 거쳐 간 사람들 가운데 가장 지적이고 재치 있는 사람들 중 한 사람이라고 할 수 있었다.

그러나 카터의 가장 큰 문제점은 그의 인간성이나 능력이 아니라 대통령으로서 그가 갖고 있는 미국의 미래관이었다. 그는 미국의 미래에 관해 특별한 계획을 갖고 있지 않은 것처럼 보였다.

목표 부재

카터 대통령은 일관성 있는 추진력이 부족했다. 그는 취임식이 거행

되던 날 전통적인 리무진 승용차를 마다하고 가족과 함께 국회의사당에서 백악관에 이르는 펜실베이니아 거리를 걸어 내려갔다. 새로운 정책을 설명하기 위해서 TV 노변담화 방식을 사용했으며, 카디건 스웨터를 입은 채 이글거리는 불 옆에 놓인 안락의자에 앉아서 국민들에게 자신의 의견을 발표했다. 또한 대중과 읍민대회를 하기 위하여 보통 수준의 여러 마을들을 방문했고, 때때로 대통령과 자유로운 전화대담을 할 수 있는 라디오 프로그램에 참가하여 많은 국민들과 대화를 나누었다. 카터 대통령의 이러한 처세는 한동안 국민들의 폭넓은 지지를 끌어모았다. 그러나 시간이 지날수록 다수 국민들은 이런 상징적 행위에 회의를 가지게 되었다.

카터 대통령에 대한 의구심은 공공 정책을 펼칠 때 그때그때의 정치적 이해관계에 쉽게 영향을 받는다는 인식이 싹트면서 더욱더 강해졌다. 카터 행정부는 의사결정 방법으로 광범위한 여론조사를 매일 사용하다시피 한 최초의 행정부였다. 그 결과는 좋은 점도 있었지만, 대개 정책 노선이 일관성을 잃고 혼란을 일으켰다. 따라서 카터는 점점 거의 모든 분야에서 비판의 표적이 되었다.

석유의 횡포

카터는 행정부 출범 시부터 어려워지기만 하는 경제 문제를 해결해야 하는 부담을 안고 있었다. 경제가 심각해진 가장 직접적인 원인은 1973년 아랍 국가들이 석유수출금지조약을 체결한 데 있었다. 1970년까지 미국은 국내 전체 석유 수요의 약 1/5에 해당하는 340만 배럴의 석유를 매일 수입하고 있었다. 석유 수요가 계속 늘어나는 상황 속에서 1973년에 아랍 국가들이 석유금수조치를 단행했고, 석윳값을 인상하기 시작했다. 계속된 석윳값 인상으로 카터 행정부 출범 초기인 1977년에는 4년 전 석유 수입 비용의 거의 10배나 되는 450억 달러를 지불해야 했다. 따라서 미국 내에서는 석유 관련 산업을 비롯한 여러 산업들의 생산비가 증가하여 엄청난 물가 상승이 초래되었다.

가솔린 없음 표지판과 배급시스템 기사를 보는 사람

석유 가격 인상으로 가장 큰 타격을 받은 것은 자동차 산업이었다. 미국 내 자동차 소비자들이 에너지가 적게 드는 외국 자동차로 몰렸기 때문이었다. 이 밖에도 화학산업, 의약품산업, 비료산업 등과 같은 석유를 원료로 하는 산업들이 석유 가격 인상으로 심한 타격을 받았다. 물론, 일반 가정에서까지도 연료와 전력소비를 줄여야 할 지경에 이르렀다.

이쯤 되자 카터 행정부는 서둘러 에너지 문제를 해결하기 위한 노력을 기울였고, 그 과정에서 천연가스와 국내 매장 석유에 대한 가격 규제 완화를 둘러싸고 격렬한 투쟁이 벌어졌다. 그리고 나서 얼마 후인 1979년 여름에 중동 사정이 더욱 악화되면서 또 한 차례 석유 가격 인상이 발표되었고, 미국의 경제 전망은 더욱더 어두워졌다. 미국의 운전자들은 주유소에서 오랫동안 줄을 서서 기다려야 했고 기업, 산업체

1979년 오일쇼크로 주유소 앞에 길게 줄을 선 차들

그리고 주택 소유자들에게까지 문제가 발생했다.

어려움에 직면한 카터 대통령은 메릴랜드산맥에 있는 대통령 전용별장 캠프 데이비드에서 새로운 계획에 관한 것뿐만 아니라 행정부에 다시 활력을 불어넣고자 몇몇 전문가들을 초청하여 조언을 구했다. 10일 후 그는 TV 연설을 통해 미국 정신의 위기와 미국을 혼란과 좌절로 전락시킨 국가적 불안을 개탄하면서 에너지 계획에 대한 새롭고 중요한 공약을 제안했다. 에너지 절약과 생산을 위한 보다 큰 세금 장려, 연료가 많이 드는 자동차에 대한 징벌세, 석탄의 사용 확대, 태양열과 풍력에 대한 연구 등이 그것이었다. 이에 따라 카터 행정부는 우선 석유를 대신할 수 있는 대체에너지 개발을 촉진하기 위해 합성연료공사를 설립했다. 그리고 에너지 위기의 사회적 충격을 줄이기 위해 석유회사들의 지나친 이익에 대해 특별세를 부과하고 빈민과 노인에게 연료비를 보조했다.

카터의 사면초가

카터 대통령은 대외 정책에 있어서는 인권 정책을 내세웠다. 그는 세계 여러 독재 국가들 내에서 핍박받고 있는 양심수들을 지지하면서 이들 정부에 항의 섞인 압력을 가했다. 그리고 1979년에 소련이 친공

산정권을 지원하려는 목적으로 아프가니스탄을 침공하자 그에 대한 항의의 표시로 카터는 1980년의 모스크바 올림픽 참가를 거부했다.

그러나 카터의 그러한 노력에도 그에 대한 미국 국민들의 신뢰는 극히 낮았다. 그는 실업 문제보다 물가 상승에 대해 더 촉각을 곤두세웠으므로 가능한 한 연방 정부의 지출을 줄여 보려고 했다. 이로 인하여 민주당의 자유주의자들로부터 겁 많은 보수주의자라는 소리를 듣게 되었다. 이렇듯 정권을 잡고 있는 대통령이 자신이 속해 있는 당의 지지마저 받지 못하고 있었으므로 대통령으로서의 강력한 권한 행사를 하기 어려웠다. 이에 따라 권력의 중심이 자연히 대통령에서 의회로 넘어갔다.

1980년에 이르렀을 때 미국 물가는 12.4퍼센트나 상승했고, 실업률도 무려 7.5퍼센트에 달했다. 여기에 1979년 11월의 인질사건, 즉 이란 혁명파에 의해 이란 주재 미국대사관 직원 65명이 인질로 잡혀 미국의 대외적 위신을 엉망으로 만들어 버린 사건까지 작용하여 카터 행정부에 대한 미국 국민들의 신뢰는 땅바닥으로 떨어졌다.

1980년 선거

미국의 국제적 위신 하락과 계속되는 국내 경제 침체로 카터 행정부가 곤경에 처한 가운데 1980년 대통령 선거가 시행되었다. 집권당인 민주당은 카터를 다시 대통령 후보로 지명했다. 공화당에서는 캘리포니아 출신 초보수주의자 로널드 레이건이 후보로 지명되었다. 선거 중에 레이건은 보수주의자로서 '공급 측면의 경제학'을 약속했다. 즉, 기업의 투자를 장려하기 위한 세금 인하와 연방 정부의 지출 삭감을 약속했다. 또한 그는 소득세를 내리고 국방비를 대폭 늘리겠다고 주장함으로써 전통적인 정치적 보수주의자들의 지지도 받았다.

선거일은 이란에서 인질사건이 난 지 1주년 되는 날이었고, 언론과 국민들은 대부분 이 사실을 잊지 않고 있었다. 선거 결과는 레이건의 압도적인 승리로 나타났다. 게다가 의회 선거에서도 공화당이 승리를 거두어 1950년 이래 처음으로 상원의 지배권을 장악했다.

로널드 레이건

1980년 선거에서 압도적인 승리를 거둔 레이건은 1912년 12월에 일리노이주의 조그만 마을인 탐피코에서 태어났다. 이후 유년 시절의 대부분을 일리노이주의 딕슨에서 보냈다. 그는 어렵게 자라면서도 마치 뚱뚱한 네덜란드 사람처럼 통통하게 살이 쪘기 때문에 그의 아버지인 존 에드워드 레이건으로부터 '더치맨Dutch man'이라는 애칭을 부여받았다. 이때부터 대통령 후보가 될 때까지 거의 일생을 통하여 그에게는 '더치맨'이라는 별명이 따라 다녔다.

레이건의 어린 시절은 가난했지만 스스로 가난을 퇴치하려는 생활과 대공황이라는 국가적인 경제 난국을 겪는 어려움 속에서도 남을 도울 수 있는 휴머니즘과 청교도적인 개척정신의 가치를 중요하게 생각했다. 그는 이미 고등학교와 대학 시절부터 무대에 자주 서서 청중과 대화하고 그들을 사로잡는 기술을 터득했다. 대학을 졸업한 후 1966년까지 그는 헐리우드의 영화배우로 활약하면서 라디오의 스포츠 담당 아나운서 역할도 겸하는 등 매스컴 시대 지도자로서의 자질을 키웠다. 그리고 이 같은 경험이 그를 역대 대통령 중 국민과 가장 효과적으

로 대화를 나눈 '위대한 커뮤니케이터'라는 칭호를 받게 한 밑거름이
되었다.

제2차 세계대전 당시 그는 미 육군 항공대의 대위로 복무했고, 종전
과 함께 배우로 복귀했다. 그 후 1947~1952년 사이에 미국 영화배우
협회 회장직을 맡으며 전후 미국 노조에 침투한 공산주의자들과 격렬
한 투쟁을 벌였다. 이는 그가 강력한 반공주의자가 된 배경이 되었다.

레이건이 본격적으로 정치와 인연을 맺게 된 시기는 1964년 당시
배리 골드워터 상원의원의 대통령 선거전 참모로 일하게 되면서부터
였다. 골드워터는 1960년대 미국 공화당의 보수 세력을 대표하는 인
물로서 정치적 신조가 레이건과 일치했다. 따라서 레이건은 골드워터
를 중심으로 하는 보수파 정치 세력에 합세하게 된 것이고, 그것이 곧
그의 커다란 정치적 기반이 되었다.

미국 제40대 대통령 로널드 레이건

1967년과 1974년 사이에 캘리포니아 주지사로 선출되면서 그의 본격적인 공직 생활이 열렸고, 주지사 재임 중 적자 상태인 주 예산을 흑자로 전환시키는 수완을 보여 줬다. 그뿐만 아니라 당시 베트남전에 대한 반대 시위로 대학 캠퍼스가 극도의 혼란 상태로 빠져들고 있을 때 캘리포니아 주립대학에 대한 주 정부의 재정지원을 대폭적으로 축소시켜 학생 운동을 저지하는 초강경 보수 정책도 펼쳐 보였다. 그리고 성공적인 주지사 경력을 배경으로 전국적인 이미지 부각을 위해 시사해설가로, 사업가로 활동하면서 명성과 재정적 기반을 구축했다. 이후 1976년 공화당의 대통령 후보 지명전에서 현직 대통령이었던 포드에게 쓰라린 패배를 맛보기도 했지만, 결국 1980년에 재기하여 공화당 후보로서 민주당의 카터 후보를 압도적으로 물리치고 백악관에 발을 들여놓았다.

화려한 출발

레이건은 1981년 1월 20일에 미국 역사상 가장 화려한 취임식을 갖고 새로운 시대의 개막을 공식 선포했다. 보수강경의 기치를 들고 등장한 레이건은 취임사에서 부흥의 시대를 예고하고 우방과의 호혜 관계를 다짐했다.

미국 정신을 고무하고 국민의 신뢰감 회복을 다짐한 레이건 대통령의 취임에 거는 미국민들의 기대는 크기만 했다. 그러나 레이건 대통령은 사실상 미국 역사상 보기드문 광범위한 문제들을 해결해야 하는 입장에 있었다. 그중에서도 특히 국내적으로는 미국 역사상 가장 혹독한 인플레이션으로 인하여 야기된 실업 문제, 서민들의 생활고 문제 등 난국을 극복해야 했다. 또한 수십 년간 거듭되어 온 적자재정 문제를 장기적인 안목으로 풀어 가야 했다. 밖으로는 힘의 우위를 통해 소련의 팽창주의를 저지하고 세계 평화를 유지해야 하는 주체국이 되어야 했다.

레이건 암살 미수 사건

레이건이 대통령에 취임한 후 70일이 된 1981년 3월 30일, 레이건 대통령은 오후에 AFL-CIO의 건축업 부문 전국회의에서 연설한 후 하원 세입위원회의 공화당 위원과 회담하기로 되어 있었다. 그러나 이 날 오후 2시 30분경에 레이건 대통령이 연설을 마치고 백악관으로 돌아오려던 길목에서 수발의 총성이 터져 나왔다. 존 W. 힝클리라는 정신착란 환자가 레이건 대통령을 향해 권총을 발사한 것이었다. 레이건

레이건 암살 미수 사건

을 태운 리무진은 곧바로 워싱턴 대학병원으로 향했고 대통령은 즉시 응급실로 옮겨졌다. 왼쪽 가슴 부위에 총상을 입은 레이건 대통령은 외과 수술을 받기 위해 응급실에서 실려 나갔다.

한편 백악관 상황실 내에서 극적인 사건은 이날 오후 내내 계속되었다. 대통령직 계승에 대한 25차 헌법개정조항에 관한 토론이 벌어졌고, 한편으로는 텍사스주에서 미 공군 2호기로 돌아오고 있는 부통령 부시와 계속 연락을 취하고 있었다. 이때 토론의 결론은 '25차 헌법개정조항에 의거한 조치는 정식으로 발동하지 않기로 했다'는 것이었다. 그 이유는 그렇게 되면 미국 국민과 미국의 동맹국들에게 경계심을 불러일으켜 대통령이 매우 위독한 것이 아니냐고 생각하게 될까 염려해서였다.

부시 부통령은 오후 6시 30분 워싱턴 교외에 있는 앤드루스 공군기지에 착륙했다. 백악관에 도착하자마자 그는 위기대책회의를 주재했다. 부시가 이날 밤 지휘권을 장악하는 모습은 주위 사람들에게 그동안 느껴 보지 못했던 강하고 깊은 인상을 주었다. 이때 국무회의와 국회지도자 회의를 다음 날 개최한다고 발표한 후 부시는 모두 각자의 맡은 바 직무에 충실해야 한다고 선언했다. 여기에 대통령의 상태가 호전되어 빨리 회복할 것이라는 소식이 전해지자, 이날 밤 10시 이후부터는 사태가 빠른 속도로 진정되어 갔다.

레이건 대통령은 기적적으로 회복되었다. 부상당한 지 약 12시간 후인 3월 31일 오전 일찍 그는 의식을 회복했고 의사들, 간호사들과 농담을 주고받았다. 몇 시간 후 그는 중환자실에서 특실로 옮겨졌다. 그리고 암살 기도 12일 후인 4월 11일에 레이건은 백악관으로 돌아왔다.

강력한 미국을 만들기 위하여

레이건 행정부는 많은 난제를 안은 채 출범했음에도 강력한 미국을 만들겠다는 '아메리카 제1주의' 노선을 굳건히 지켜 나갔다. 레이건 대통령은 국방비를 제외하고는 거의 전부문의 예산을 대폭 삭감했다. 그 결과 정권인수 직전 13퍼센트까지 올라갔던 인플레율은 8퍼센트 선으로 낮아졌고, 20억 달러에 상당하는 낭비가 제거되었다.

어쨌든 레이건이 국내 문제에 중점을 두다 보니 자연히 외교는 뒷전으로 미룬 듯한 인상을 받을 수밖에 없었다. 그러나 그것은 그가 외교를 뒤로 미뤘다기보다는 경제 회복이 이루어져 외교의 뒷받침이 될 때까지는 강력한 외교가 나올 수 없다고 믿은 것이었다. 그리고 이러한 정책 노선의 실천을 배경으로 펼쳐낸 레이건 행정부의 대외 정책은 '대소 강경 정책'으로 나타났다.

그는 소련의 팽창주의를 저지하기 위하여 국방비 지출을 바탕으로 한 강력한 군사력의 재건을 시도했다. 그는 강력한 미국을 만들기 위해 1986년까지 1조 5천억 달러를 군사비로 쓸 수 있도록 의회에 요구했다. 이것은 카터 행정부 당시 5년간 군사력 증강비보다 14퍼센트나 더 많은 것이었다. 이에 따라 미국 내 전략 미사일 수가 증가했다. 특수장비를 추가 도입하여 소련 지도자들이 거주하는 지역에 대한 파괴·지휘 계통 통신망을 보강했다. 그뿐만 아니라 유사시 소련을 공격하기 위한 B-52 장거리 폭격기들의 운항 시간도 길어졌다. 그 밖의 소련 측 초고성능 폭격기 공격에 대비하여 핵 탑재가 가능한 수 개의 비행중대의 장비 및 인력 보강도 이루어졌다.

레이거노믹스

레이건 행정부의 최대 과제였던 인플레이션 문제는 중앙은행장인 폴 볼커가 선봉장이 되어 검토했다. 그는 당시의 인플레이션 억제를 위해서는 무엇보다도 통화공급을 대폭 줄이고, 투자를 위축시키면서 고금리 정책을 밀고 나가는 것이 최선이라는 결론을 내렸고, 레이건은 볼커를 배후에서 적극 지원했다. 또한 1981년 8월에 임금 인상을 요구하는 1만 1천여 명의 항공 통제사들이 불법파업에 들어갔을 때 그들을 과감하게 해고했다. 인플레이션 해결을 위해서는 고용주들이 피고용인들의 요구에 무조건 따르는 일이 없어야 한다는 견해를 행동으로 옮김으로써 비타협적인 결단성을 과시한 것이었다. 그 결과 10여 년이 지나야 회복될 것으로 예상되던 인플레율이 집권 3년 만인 1983년에 4.1퍼센트로 내려갔다. 누가 뭐라고 해도 레이건의 판단력과 결단

TV 연설에서 세금 감면 계획을 설명하는 레이건

성의 승리임이 명백했다.

레이건의 완강한 고집은 감세 정책에도 적용되었다. 그는 집권하면서 '레이거노믹스'를 들고 나왔다. 시민들의 소득세를 줄여 경제를 활성화하겠다는 신념이었다. 이에 대해 당시 공화당 내 경쟁자였던 조지 부시도 이를 '주술^(마법)경제'라고 말하며 우려를 표했다. 그 밖의 측근들도 조롱 섞인 반대 의사를 나타냈지만 레이건의 확신은 변하지 않았다. 조세 삭감이 일시적으로는 세입과 세출을 줄이지만 궁극적으로는 경제 활성화가 이를 벌충하고도 남는다고 믿었던 것이다. 그리고 사실, 레이건의 감세 정책은 1980년대 중반까지는 경제 성장을 촉진했다. 그러나 개인에 대한 소득세 삭감이 기업의 투자 감소라는 부담으로 작용한다는 측면에서 지속 여부는 회의적이었다. 게다가 무제한의 국방비 지출, 펜타곤의 비효과적 국방비 예산 사용 등까지 겹쳐진다면 국가 재정 관리의 차원에서 그 적자 규모가 어떻게 변할지 우려할 수밖에 없었다.

제네바 정상회담

레이건 대통령의 군사력 증강을 수반한 강력한 반소·반공주의에도 불구하고 1984년 선거의 승리로 이어진 레이건의 제2기 대소 정책은 극적인 변화를 일으켰다.

1985년 11월 9일부터 21일까지 있었던 제네바 정상회담이 많은 사람들의 예측을 뒤엎는 중대한 결과를 낳았다. 레이건으로서는 소련의 우두머리와 처음 대면하는 자리였던 회담에서 미국 측이 준비한 여러 문제들의 해결점이 찾아질 것이라고는 누구도 기대하지 않았다. 그러나 회담 결과는 의외였다. 며칠 안 되는 기간의 회담 과정에서 적지 않은 우여곡절이 있었음에도 두 지도자들은 무엇보다도 군축 협상의 가속화를 촉구하는 내용의 공동성명을 발표하기로 합의했으며, 상호 방문에 대해서도 합의했다. 이것은 대소 강경 노선을 유지해 온 레이건 행정부로서는 큰 변화이자 성과였다.

제네바 정상회담이 끝난 후 미국과 소련의 관리들은 이를 레이건의 승리로 보았다. 왜냐하면 레이건은 고르바초프를 가늠해 보고 앞으로의 군축 협상을 위한 기반만 마련되어도 다행이라고 생각한 반면, 고르바초프는 군축 문제에 큰 타결을 볼 것으로 기대했기 때문이다. 제네바 회담은 두 사람이 서로 거래를 할 수 있는 사이가 되었다는 것을 의미했고, 1987년 12월에 워싱턴에서 있을 군축 문제 합의를 위한 터전을 닦은 것이었다.

핵 감축의 시대가 열리다

레이건 · 고르바초프 간의 1985년 제네바 회담 이후 1986년 레이캬비크 회담은 기대가 실망으로 변했다. 그렇지만 이후 1987년에 열린 워싱턴 회담에서 역사상 또 하나의 최초를 기록하는 문서가 작성되었다. 이 문서는 미 · 소 중거리 및 단거리 미사일 제거 협정(INF 협정), 즉 전문 17조 3개 부칙으로 되어 있는 69쪽의 문서로 미 · 소 간에 핵무기 폐기에 관한 최초의 약정이었다. 이에 대해 〈US 뉴스〉는 레이건 대통령의 고집과 고르바초프 서기장의 담력의 합작품이라고 평했고, 〈뉴욕타임스〉는 적시적재의 적절한 협정이라고 호평했다.

이 협정이 백악관의 조인 테이블에 오르기까지 6년 반 동안 기복 많

INF 협정에 서명하는 고르바초프와 레이건

왔던 레이건·고르바초프 협상은 대결과 공존으로 점철되어 온 강대
국의 제2차 세계대전 후 역사의 축도라고 할 수 있었다. 미·소는 이
협정이 위반되는 것을 방지하고자 협정 후 13년간 현장 감시반을 상
주시키고, 의심 지역에 대해 불시 점검을 하는 등 상호 확인을 보장하
도록 했다.

이러한 INF 협정은 미·소 양국 전체 핵무기의 4퍼센트 정도를 대
상으로 했을 뿐이었고, 미·소 간에 신뢰를 시험하는 시험대를 만들어
놓았을 뿐이었지만, 역사상 처음으로 미·소 간의 핵 감축 시대를 열
어 놓았다는 점에서 큰 의의가 있었다.

레이건이 남긴 것들

레이건은 집권 8년 동안 국방·외교 정책에는 성공했지만 경제·국내 문제에는 참패를 면치 못했다. 즉, 힘을 통한 평화 구축이라는 레이건의 외교 정책은 어느 정도 빛을 보았다. 그러나 대소 협상에서 강경 입장을 보이면서도 INF 폐기협정 조약을 체결했으며 페르시아만의 해군력 강화로 이란-이라크전 종전에 일조하기도 했다.

레이건의 힘을 바탕으로 한 평화 추구 정책은 강자의 논리라는 비난도 받았지만, 취임 당시의 상황으로 봐서는 어쩔 수 없었다는 여론도 적지 않았다. 소련의 팽창 정책과 베트남전의 패배, 이란 인질 석방 작전의 실패 등 침체된 분위기에서 취임했기 때문이다. 따라서 레이건은 국민들의 사기 진작과 강대국으로서의 위상을 확고히 하기 위해 우선 국방비에 막대한 예산을 쏟아부었다. 퇴임 직전까지의 국방비 지출은 무려 2조 달러에 이르렀고, 그야말로 미국의 군사력은 역사상 전례 없는 수준까지 올랐다. 그리고 레이건의 이러한 정책은 국내 문제로 진통을 거듭하던 소련에 상당한 도전이 되었다. 이에 따라 소련의 팽창주의 노선도 크게 위축되었다.

반면, 레이건은 국내 정책에서는 우파들에게조차도 커다란 실망을 안겨 주었다. 특히 레이거노믹스의 결과는 상당한 경제 부흥의 가능성, 그 이면으로 미국을 세계 최대의 채무국으로 전락시키는 커다란 문제를 남기고 말았다. 그리고 이것은 미국으로 하여금 외채 원금 및 이자 지불의 부담을 갖게 함으로써 상당 기간 달러 구매력을 감소시키고, 미국민의 생활 수준도 적지 않게 하락시켰다.

1988년 대통령 선거

레이건 대통령은 1988년 8월에 열린 뉴올리언즈 공화당 전당대회에서 고별연설을 했다. 그는 고별연설에서 후계자로 지명된 조지 부시 후보를 강력히 지원했다. 이에 맞서 민주당은 진보주의자인 마이클 듀카키스를 후보로 내세웠다.

당초 예상했던 대로 두 후보의 첫 번째 TV 토론이 있은 후 듀카키스가 이긴 것으로 반응이 나왔으나 그 폭이 너무나 근소해서 여론조사의 오차를 감안하면 '비겼다'는 쪽으로 결론 났다. 부시와 그의 참모들은 1988년 10월에 접어들면서 서부 지역을 중심으로 나타나기 시작한 우세를 지켜 나가고 더 나아가 듀카키스의 맹추격에 쐐기를 박고자 막바지 준비에서도 긴장을 풀지 않았다. 반면 듀카키스 진영은 그간의 열세에 지친 듯한 인상을 받지 않을 수 없었다. 막바지 박차를 가해야 할 시기였음에도 두드러진 적극성을 나타내지 못했다. 마침내 로스앤젤레스의 캘리포니아 주립대학에서 2차 TV 토론이 시작되었다.

차분한 분위기 속에서 토론이 진행되었다. 그런데 그간의 각종 여론조사에서 1~3퍼센트의 열세를 보였던 듀카키스는 그 열세를 의식했기 때문인지 표정이 굳어 있었다. 그는 전반적인 토론 과정에서 자신이 급격한 진보주의자가 아니라는 인상을 심으려고 애

부시와 듀카키스의 TV 토론

썼으나 긍정적인 반응을 얻어 내지 못했다. 그뿐만 아니라 연방 정부의 역할 증대, 사회복지의 강화, 낙태 찬성, 국방 외교 문제에 대한 깊이 없는 견해 표명 등 미국의 주류를 벗어나는 정강들을 남발했다. 이에 비해 부시는 듀카키스의 공세에 당황하지 않고 미소를 띤 채 경제 번영과 미·소 핵 감축협상 등을 자신만이 잘할 수 있다고 강조하면서 듀카키스가 지나친 진보주의자라고 공격했다. 예상대로 선거 결과 압도적인 차이로 부시 후보가 제41대 대통령에 당선되었다. 이로써 미 공화당은 40년 만에 연속 3기를 집권하게 되었다.

조지 허버트 워커 부시

제41대 대통령으로 당선된 조지 허버트 워커 부시는 1924년 6월 매사추세츠주 밀턴에서 태어났다. 이후 그는 무엇 하나 부족한 것이 없는 가정의 엄한 양친 밑에서 그야말로 귀족적인 유년 시절을 보냈다. 제2차 세계대전이 발발하자, 그는 18세 생일을 맞는 날 군에 입대했다. 그리고 자신의 꿈대로 미 해군의 최연소 조종사가 되었다. 그는 태평양 지역의 함대에 배속되어 모두 57회의 출격 경험을 쌓았다.

제대 후 그는 예일 대학 경제학과에 입학했다. 그러나 공부보다는 명문자제들이 모여 만든 친목 클럽 '해골단' 활동에 더 열중했다. 졸업 후에는 석유 사업에 뛰어들기 위해 먼지 나는 텍사스주로 갔다.

그는 휴스턴에서 거의 20년을 보내며 석유 탐사 회사를 설립하는 등 사업에 성공하여 계속 안락한 생활을 할 수 있었다. 그러던 중 부시는 1964년에 뒤늦게 정치무대에 발을 들여놓았다. 1966년 하원의원이 되어 정계에 입문했으나 1970년 텍사스주 상원의원 선거에는 실패

하고 말았다. 그러나 닉슨 대
통령의 눈에 띄어 새로운 정
치 경력을 쌓기 시작했다. 닉
슨은 그를 유엔 주재 미국 대
사로 임명했다. 대사직을 그
만둔 다음인 1974년부터 공
화당 전국위원회 위원장직을
맡다가 포드 대통령 시절에
북경 연락 사무소장과 미 중
앙정보부 국장을 역임했으며,
레이건 행정부에서 부통령직
까지 수행했다.

조지 허버트 워커 부시

외교 우선주의

부시는 레이건을 포함한 대개의 다른 대통령들이 취임 첫해에는 주
로 내정에 역점을 두었던 것과는 반대로 취임 직후부터 활발한 외교
활동을 펼쳤다. 그는 취임 후 한 달 만에 한국 · 중국 · 일본 등 아시아
3국을 순방하여 일본과는 대소 정책과 관련된 긴밀한 협력을 다짐했
고, 중국과는 군축 문제 등에서 중국의 이익이나 미 · 중 관계를 적극
존중하겠다고 약속했다. 또한 한국과는 주한미군 존속 등 안보협력 관
계의 강화를 천명했다.

이후 부시는 1989년 4월 폴란드에 대한 대규모 경제원조를 제공하
겠다고 발표하고 7월에 곧바로 폴란드를 방문했다. 연이어 헝가리까

지 방문했다. 이 같은 부시의 폴란드 · 헝가리 방문은 그동안 미국 외교의 불모지였던 동유럽에 그것도 소련의 뒷마당 격인 폴란드와 헝가리에서 동유럽권과의 관계 강화를 위한 교두보를 확보했다.

또한 부시는 헝가리 방문 약 4개월 후인 1989년 12월에 지중해의 몰타에서 소련 공산당 서기장 고르바초프를 만났다. 그는 거기서 동구의 변혁, 미 · 소 군축, 미국의 대소 경제협력, 남미 · 중동의 지역 분쟁 해소 문제 등 광범위한 문제를 논의했다. 미 · 소가 대결의 냉전 시대를 종결하고 화해와 타협의 '신뢰의 시대'를 여는 역사적 전기의 출발점을 마련했다. 1990년 5월에는 워싱턴에서의 미 · 소 정상회담을 시작으로 전략핵 및 화학무기 감축 등에 획기적인 기틀을 다졌다.

걸프 전쟁

부시 행정부가 대외 부문에서 활기를 보이며 국내 여러 문제들에 대한 해결책 강구에 부심하던 1990년 8월, 이라크군이 쿠웨이트를 침공했다. 이 사건이 바로 걸프 전쟁의 불씨가 되었다. 이라크의 쿠웨이트 침공 이후 약 5개월 사이에 미국의 제임스 베이커 국무장관과 소련의 예두아르트 셰바르드나제 외무장관이 전 세계 국가에 이라크에 대한 무기 공급을 중단할 것을 촉구하는 공동선언을 발표했다. 이를 필두로 유엔 안전보장이사회에서는 대 이라크 경제제재 조치를 결의했다. 부시 대통령은 사우디아라비아에 군대를 파견했으며, 고르바초프와 헬싱키 정상회담을 거쳐 걸프 해역에 병력 증파를 선언했다. 동시에 유엔 안전보장이사회에서는 이라크군이 1991년 1월 15일까지 쿠웨이트에서 철수하지 않을 경우 무력 사용을 승인한다는 결정이 내려졌다.

추수감사절에 사우디아라비아에 주둔 중인 미군을 방문한 부시

이라크군의 전투 탱크

　이런 상황에서 이라크의 후세인은 전쟁이 발발하면 이스라엘부터 쳐부수고 말겠다고 경고했다. 부시는 1991년 1월 16일 오후 '사막의

폭풍작전'이라는 표제가 붙은 서류에 미합중국 대통령 이름으로 사인했다. 다음 날 새벽 2시부터 4시간 동안 이라크의 바그다드에 무려 1만 8천 톤에 달하는 폭탄이 투하되었다. 이라크군의 반격은 실로 미미했다. 이후 2차례에 걸쳐 다국적군의 공습이 추가되었다. 바그다드의 주요 군사시설들이 사라졌다. 1월 29일에는 개전 이래 최대의 지상전인 바스라와 키르쿠크 전투가 벌어졌다. 다국적군은 공중과 지상의 입체 작전을 펼쳤고, 전쟁은 점차 하늘에서 지상으로 옮겨져 지하까지 파고들었다. 이런 와중에 부시는 연례 연두교서에서 걸프전 후 세계질서 재편을 강조했고, 후세인은 미 동맹국과의 단교를 선언했다. 그리고 곧바로 이라크의 50여 개 유정 방화 사건이 발생했다.

2월 13일에 소련 특사 예브게니 프리마코프가 바그다드를 방문했다. 이틀 후인 2월 15일에 이라크 혁명평의회는 쿠웨이트에서의 조건부 철군 용의를 표명했다. 그러나 부시 대통령을 비롯한 다국적군 참가국들은 이라크의 발표를 즉각 거부했다. 이에 후세인은 2월 22일 바그다드 라디오방송을 통해 '계속항전'을 선언했다. 얼마 후 부시는 24일 오전 2시까지 이라크가 무조건 철수하지 않을 경우 전면적인 지상공격을 하겠다는 최후통첩을 내렸다. 다음 날 개시된 다국적군의 전면적인 지상공격은 이라크로 하여금 '쿠웨이트에서의 즉각 철수'를 시행케 했다. 2월 27일 마침내 걸프전은 대단원의 막을 내렸다. 걸프전을 통해 전 세계는 현대과학 문명이 만들어낸 최첨단 과학무기의 위력에 새삼 놀라게 되었고, 미국이 갖고 있는 거대한 힘을 다시 한번 인식하게 되었다.

부시·옐친 정상회담

1991년 소련의 쿠데타 때 옐친을 지지했던 부시와 이후 러시아의 대통령이 된 옐친과의 정상회담이 1992년 6월 워싱턴에서 열렸다. 회담은 2개의 주요 의제를 놓고 진행되었다. 전략 핵무기 감축과 러시아의 시장경제 이행작업에 대한 미국의 경제 지원이 그것이었다. 회담 결과 양국 정상은 7개의 주요 합의문건을 만들었다. 그 내용은 다음과 같았다.

"2003년까지 미국은 핵탄두 3천5백 개, 러시아는 3천 개 규모로 전략 핵탄두를 대폭적으로 감축한다. 공동 군사 훈련과 분쟁 지역에 공동 파병까지도 가능하게 한 미·러시아 간 동반자 및 우호 관계를 위한 헌장, 전략 핵탄두의 대폭적인 감축을 위한 공동 이

1992년 워싱턴 DC 백악관에서 부시와 옐친

행서, 지구보호 체제를 위한 미·러시아 협약, 우주 협력 협약, 소
득세 이중과세 방지를 위한 미·러시아 조약, 상호투자 조약 등을
체결한다."

이 같은 양 정상 간의 전격적인 합의로 70여 년 동안 얼어붙었던
미·러시아의 관계가 하루아침에 봇물 터지듯 풀어졌다. 이는 실질적
인 냉전 시대의 청산을 의미한다는 점에서 큰 의의를 담고 있었다.

1992년 대통령 선거

걸프전과 미·러 정상회담에 따른 탈냉전의 환희 속에 묻혀 있던 국
내 문제들이 고개를 들기 시작했다. 내리막길로 접어든 부시 행정부가
고민에 휩싸인 가운데 본격화된 1992년 대통령 선거전은 공화당의 부
시 후보가 민주당의 빌 클린턴 후보를 과연 뒤집을 것인가에 초점이
맞춰지고 있었다.

7월 중순에 뉴욕에서 열린 전당대회에서 민주당의 클린턴 후보는
세대교체를 토대로 한 변화를 대국민 메시지로 내걸고, 새로운 스타일
의 버스 유세여행을 시도했다. 그는 무려 20퍼센트를 넘는 지지도 차
이로 부시를 앞서 나갔다. 이후 한 달여 동안에도 양 후보 간의 지지도
차이는 좀처럼 좁혀지질 않았다. 이렇듯 악전고투를 거듭하면서도 부
시는 좀처럼 희망을 버리지 않았다. 그 이유는 후보 결정을 망설이고
있는 유권자가 상당수 있었기 때문이었다.

문제는 그간 국민들을 실망시켜 온 국내 문제에 대해 어떻게 설득력
있는 해결책을 제시하느냐에 달려 있는 듯했다. 이에 부시는 8월 하순

1992년 대통령 선거에서 부시의 재선을 막고 승리한 클린턴의 취임식

에 세기적 사건들을 세련된 솜씨로 처리한 제임스 베이커 국무장관을 선거전 사령탑으로 임명했다. 또한 구체적인 선거공약으로 재정적자 감축, 국방비 삭감, 기업에 대한 과도한 규제조치 철폐, 개인소득세 인하 등을 내걸었다. 그러나 이 같은 노력에도 불구하고 부시에게 승산의 기미는 보이지 않았다. 압도적 다수의 유권자들이 클린턴의 세대교체론과 방위비 3분의 1 이상의 삭감, 중산층에 대한 조세 인하, 외국기업에 대한 조세 인상, 연구개발사업에 대한 영구세제 공제 제도 실시 등과 같은 공약 쪽으로 이미 눈길을 돌려 버린 것이었다.

선거 결과 클린턴의 압도적인 승리로 끝났다. 상하원 선거의 결과도 마찬가지였다. 이제 미국은 민주당이 행정부와 의회 모두를 장악한 정치구도 속에서 2000년대를 향한 새로운 도전을 하게 되었다.

최초로 의회의 탄핵을 받은 클린턴

'바보야, 문제는 경제야'라는 선거 슬로건으로 국민의 마음을 사로잡았던 클린턴은 재임 기간 내내 경제의 호황을 누렸다. 그러나 성추문으로 의회에서 탄핵을 받은 최초의 대통령이라는 오명도 얻었다.

클린턴은 16세였던 1963년 미국재향군인회가 설립한 훈련기구 '보이스 네이션'의 아칸소주 학생대표로 선발되어 백악관을 방문했다. 존. F. 케네디 대통령과 악수했는데, 그는 이때를 '특별한 순간'이라고 회상했다. 1972년 대통령 선거 때 민주당 후보인 G. 맥거번의 유세에 참여하는 것으로 정계에 입문한 그는 28세의 나이로 연방 하원의원 선거에 도전했으나 낙선했다. 32세였던 1978년 최연소로 아칸소주 주지사로 선출되었고, 이후 재선되어 1992년 대통령에 당선될 때까지 아칸소의 주지사를 연임했다.

1993년 2월 취임한 클린턴은 연방 정부의 만성적인 재정적자 문제와 맞닥뜨렸다. 클린턴 행정부는 의회에 재정적자를 감축하겠다는 구상을 담은 예산안을 제출했고, 공화당의 반발에도 불구하고 예산안은 의회를 통과했다. 이를 기반으로 클린턴 행정부는 50년 만에 균형 재정을 달성하고, 두 번째 임기에는 연방 재정수지 흑자를 기록했다. 또한 그는 8차례나 이스라엘-팔레스타인 간 정상회담을 주선하는 등 중동평화협상에 매달렸다. 1993년 팔레스타인해방기구^{PLO}를 합법적인 팔레스타인 정부로 인정한다는 내용의 오슬로평화협정을 중재한 것은 클린턴의 최대 성과로 꼽힌다.

윌리엄 제퍼슨 클린턴

소말리아 내전에 개입했으나 실패했고, 지역별로 건강 보험 구매자 조직인 건강연합을 만들어 단체로 민간 보험을 구매하고, 보험료나 급여 범위는 정부가 규제하여 보험료로 재원을 조달하는 방식의 건강보험 체제 도입을 추진했으나 공화당의 반발에 부딪혔다.

클린턴은 민주당 대통령으로서는 프랭클린 루스벨트 이후 52년 만에 처음으로 재선에 성공했다. 그러나 임기 내내 친구인 제임스 맥두걸 부부와 함께 설립한 '화이트워터 부동산개발회사'의 사기 의혹^(화이트워터게이트), 르윈스키 스캔들^(지퍼게이트) 등 금전관계, 혼외정사 등의 논란이 끊이지 않았고, 탄핵 위기까지 맞았다. 1998년 12월 19일 미국 하원은 위증과 사법방해 혐의로 대통령에 대한 탄핵안을 통과시켰다. 공화당 측은 "클린턴은 연방 대배심 증언에서 위증함으로써 미국의 법질서를 파괴했다."라고 주장했다. 그러나 1999년 2월 12일 탄핵안은 상원에서 부결되었다.

아버지에 이은 아들 대통령
부시

조지 워커 부시는 역대 미국 역사상 두 번째로 전직 대통령의 아들로 재선 대통령의 자리에 올랐다. 그의 집안은 여러 대째 이어오는 부유한 명문 집안이며, 할아버지 프레스컷 부시는 연방 상원의원을 지냈다. 그는 집안 대대로 다니던 사립고등학교인 필립스 앤도버 학교를 거쳐 예일 대학교에서 역사학을 전공했다. 1968년 졸업한 후 텍사스주 방위군에 장교의 신분으로 입대하여 중위로 퇴역했다.

부시는 2000년 11월 7일에 실시된 대통령 선거에서 공화당 후보로 출마했다. 대통령의 아들로서의 특혜를 톡톡히 맛본 셈이다. 그는 민주당 후보이자 부통령이던 앨 고어와 맞대결을 펼쳤다. 투표 결과 총 득표율은 앨 고어에게 패했으나 선거인단 수에서 271 대 266으로 아슬아슬하게 이겼다. 미국의 선거방식 덕분에 앨 고어보다 적은 표를 받고도 당선된 것이다.

취임한 지 8개월 후인 2001년 9월 11일 9 · 11 테러가 일어났다. 테러리스트들이 납치한 여객기들이 뉴욕의 세계무역센터와 워싱턴 DC의 펜타곤에 부딪혀, 세계무역센터의 쌍둥이 빌딩은 무너지고 펜타곤은 일부 파괴되었다. 약 3,000명의 희생자와 6,000명 이상의 부상자가 발생한 끔찍한 사건이었다. 미국은 사우디아라비아 출신 오사마 빈 라덴과 알카에다가 9·11 테러의 배후 라는 결론을 내렸다. 당시 빈 라덴의 본부들과 테러리스트 훈련소들은 아프가니스탄에 있었다. 부시는 아 프가니스탄의 통치 단체 탈레반에 빈 라덴을 넘겨주고 훈련소들을 문 닫으라는 명령을 내렸다. 탈레반이 거부하자, 2001년 10월에 미국과 그 동맹국들은 아프가니스탄에 군사를 투입하여 탈레반 정부를 붕괴시켰

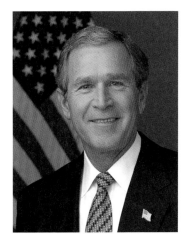

조지 워커 부시

다. 또한 그는 2003년에는 이라크가 대량살상무기를 소지했다며 이라 크 전쟁을 승인했다. 그 뒤 2006년 12월에 이라크 대통령 사담 후세인 을 처형하고 이라크에 과도정부를 수립했으나 정치적 이견으로 인해 이라크를 혼란에 빠뜨렸다.

　미국과 아프가니스탄, 이라크의 전쟁 도중에 끊임없이 인질 사태가 발생했고, 평화주의자들의 전쟁 반대 시위가 계속되었다. 그는 9·11 테러 이후 체포된 테러 용의자들을 수감하기 위해 쿠바 관타나모만에 수용소를 세우기도 했다. 이 때문에 인권 침해 논란이 일기도 했다.

미국 최초 아프리카계 미국인이자
하와이 출신 대통령 버락 오바마

케냐 출신 아버지와 유럽계 미국인 어머니 사이에서 태어난 버락 오바마는 재혼한 어머니를 따라 여섯 살부터 열 살까지 인도네시아에서 살았다. 그는 다민족 혈통으로 인해 성장과정에서 겪은 여러 가지 일들이 자기 자신과 사회에 대한 인식이 변하도록 이끌어 주었다고 회상했다. 이로 인해 상호 존중과 다양한 문화 수용의 세계관이 자리 잡았으며, 이는 가장 아끼는 가치의 근간이 되었다고 얘기했다.

오바마는 컬럼비아 대학교와 하버드 로스쿨을 졸업했으며, 로스쿨 재학 시절 하버드 로 리뷰Harvard Law Review의 최초 흑인 편집장으로 활동했다. 대학 졸업 후 이복동생의 죽음, 어머니의 삶 등에 영향을 받아 시카고에서 지역사회 조직가로 활동했다. 그는 로스쿨 졸업 후 시카고로 돌아가 민권 변호사로 일했으며 시카고 대학교 로스쿨에서 1992년부터 2004년까지 헌법학을 가르쳤다.

2005년 1월 4일, 오바마는 상원의원에 취임 선서를 했다. 오바마는 미국 역사상 아프리카계 미국인으로서는 다섯 번째로 상원의원이 되었으며 세 번째로 직접 선거로 선출된 사람이었다. 2008년 그는 민주당 대선 후보로 지명되었고, 11월 대통령 선거에서 공화당 후보인 존 매케인을 누르고 대통령에 당선되었다. 버락 오바마는 존경하는 인물로 링컨 대통령을 꼽았다. 백인이면서도 흑인의 자유와 평등, 투표권을 주장했던 링컨 대통령의 뜻이 150년이나 지나 오바마가 최초의 흑인 대통령이 됨으로써 이루어졌다.

버락 오바마

그는 임기 내내 사회주의 논란에 시달렸다. 제임스 인호프 공화당 상원의원과 존 뵈너 공화당 하원의원이 주축이 되어 그가 실행하려던 의료보험 개혁 등이 사회주의적 발상에서 나온 것이라 공격했다. 그러나 '오바마노믹스'라고 불리던 그의 경제철학은 서민들에게 경제적 기회를 더 부여한다는 것을 목표로 하고 있었다. 최저 임금을 올려 생활 임금을 제공하고, 근로소득 세액공제를 확대했으며, 오바마케어라 불리는 의료보험제도를 확대하고, 부자 증세를 추진했다. 오바마는 의료보험 개혁, 동성 결혼 합법화, 고소득자 증세 등 비교적 진보적 정책을 펼쳐 상당한 성과를 거두었다. 이란 핵 협상을 타결하는 등 중동 문제에서도 평화를 정착시키는 데 기여했으며, 쿠바와의 수교, 파리 기후 협약 가입 등 전 지구적인 문제에서도 업적을 보이면서 임기 말까지 높은 지지를 받았다.

미국을 다시 위대하게 만들자는
트럼프

도널드 트럼프는 펜실베이니아 대학교 와튼 스쿨 졸업 후 아버지 회사에 취직해 부동산 사업에 뛰어들었다. 1971년 경영권을 획득한 그는 카지노와 골프장, 호텔 등을 건설했다. 1983년 완공한 트럼프 타워를 포함해 그의 이름을 딴 여러 건축물을 세웠으며, 부동산 재벌로 이름을 알리게 되었다.

그러던 그가 2015년 6월 대선 출마를 선언했다. 그는 뉴욕 트럼프 타워에서 '미국을 다시 위대하게 만들자'는 슬로건을 내세우며 불법 이민과 국가 부채, 테러 문제 등에 대한 출마 연설을 했다. 그는 이민 문제, 인종 문제, 종교 문제 등에서 우파에 가까운 입장을 취하고 있지만, 민주당에서 활동한 적도 있었다. 자금을 기부하기도 했고, 성소수자^{LGBT} 권리를 지지했으며, 공화당의 주류 이념에 반대되는 주장도 했었다. 그래서 트럼프가 공화당에 입당했을 때 공화당 정치인들은 정통 보수와 트럼프 사이의 이념적 차이를 비판했다. 그는 민주당과 공화당 모두의 지지를 받지 못한 아웃사이더로 불렸다. 그렇지만 2016년 〈타임〉지는 그를 민주당과 공화당을 모두 공격하며 규칙을 부쉈고, 미래의 정치 문화를 제시했다고 평가하며 '올해의 인물'에 선정했다.

그의 공약들은 이른바 '아메리카 퍼스트$^{(미국\ 우선주의)}$'라 불리는 자국

최우선 정책이 핵심으로, 강력한 보호무역주의와 동맹국과의 상호주의를 담고 있다. 세금과 관련해서는 대대적인 감세 정책이 특징으로, 소득세와 법인세 감세, 상속세 폐지를 내세웠다. 오바마케어를 폐지하고 화석연료 생산 확대 공약도 내걸었다. 불법 이민자 추방 역시 트럼프의 주요 공약이었다. 그는 이민자를 배척하는 태도를 취해 왔으며, 미국 시민

도널드 존 트럼프

이 아닌 무슬림이 미국에 입국하는 것을 금지하고, 미국과 멕시코 국경 사이에 거대한 장벽을 세우겠다고 공약해 논란이 되기도 했다.

2016년 11월 미국 대선에서 도널드 트럼프가 대통령 당선을 확정했다. 개표 초반까지 미국 언론은 힐러리 클린턴의 당선을 예상했으나, 트럼프가 플로리다와 오하이오, 노스캐롤라이나 등 경합주에서 승리하면서 승패가 갈렸다. 만 70세 129일에 그는 미국 역대 대통령 중 최고령으로 대통령이 되었다.

미국의 역대 대통령과 부통령

	대통령	취임 연도	퇴임 연도	소속 정당	부통령
1	조지 워싱턴	1789	1797	무소속	존 애덤스
2	존 애덤스	1797	1801	연방당	토머스 제퍼슨
3	토머스 제퍼슨	1801	1809	민주공화당	에런 버 / 조지 클린턴 [1]
4	제임스 매디슨	1809	1817	민주공화당	엘브리지 게리 [1]
5	제임스 먼로	1717	1825	민주공화당	대니얼 톰킨스
6	존 퀸시 애덤스	1825	1829	민주공화당	존 칼훈
7	앤드루 잭슨	1829	1837	민주당	존 칼훈 [2] / 마틴 밴 뷰런
8	마틴 밴 뷰런	1837	1841	민주당	리처드 존슨
9	윌리엄 헨리 해리슨 [3]	1841	1841	휘그당	존 타일러
10	존 타일러	1841	1845	휘그당 [4]	
11	제임스 포크	1845	1849	민주당	조지 댈러스
12	재커리 테일러 [3]	1849	1850	휘그당	밀러드 필모어
13	밀러드 필모어	1850	1853	공화당	
14	프랭클린 피어스	1853	1857	민주당	윌리엄 킹 [7]
15	제임스 뷰캐넌	1857	1861	민주당	존 브레킨리지

미국의 역대 대통령과 부통령

	대통령	취임 연도	퇴임 연도	소속 정당	부통령
16	에이브러햄 링컨 [6]	1861	1865	공화당	해니벌 햄린 / 앤드루 존슨
17	앤드루 존슨	1865	1869	공화당	
18	율리시스 그랜트	1869	1877	공화당	슈일러 콜팩스 / 헨리 윌슨 [5]
19	러더포드 헤이스	1877	1881	공화당	윌리엄 휠러
20	제임스 가필드 [6]	1881	1885	공화당	체스터 아서
21	체스터 앨런아서	1881	1885	공화당	
22	그로버 클리블랜드	1885	1889	민주당	토머스 헨드릭스 [5]
23	벤저민 해리슨	1889	1893	공화당	레바이 모턴
24	그로버 클리블랜드	1893	1897	민주당	에들레이 스티븐슨
25	윌리엄 매킨리 [6]	1897	1901	공화당	개럿 호바트 [5] / 시어도어 루스벨트
26	시어도어 루스벨트	1901	1909	공화당	찰스 페어뱅크스
27	윌리엄 하워드 태프트	1909	1913	공화당	제임스 셔먼 [5]
28	우드로 윌슨	1913	1921	민주당	토마스 마셜
29	워런 하딩 [9]	1921	1923	공화당	캘빈 쿨리지
30	캘빈 쿨리지	1923	1929	공화당	찰스 도스

미국의 역대 대통령과 부통령

	대통령	취임 연도	퇴임 연도	소속 정당	부통령
31	허버트 후버	1929	1933	공화당	찰스 커티스
32	프랭클린 루스벨트 [3]	1933	1945	민주당	존 가너 / 헨리 월리스 / 해리 트루먼
33	해리 트루먼	1945	1953	민주당	앨번 바클리
34	드와이트 아이젠하워	1953	1961	공화당	리처드 닉슨
35	존 캐네디 [6]	1961	1963	민주당	린든 존슨
36	린든 존슨	1963	1969	민주당	허버트 험프리
37	리처드 닉슨 [8]	1969	1974	공화당	스파이로 애그뉴 [2] / 제럴드 포드
38	제럴드 포드	1974	1976	공화당	넬슨 록펠러
39	지미 카터	1976	1980	민주당	월터 먼데일
40	로널드 레이건	1980	1989	공화당	조지 부시
41	조지 허버트 워커 부시	1989	1992	공화당	제임스 댄 퀘일
42	빌 클린턴	1993	2001	민주당	앨버트 고어
43	조지 워커 부시	2001	2009	공화당	리처드 체니

참고	
1) 부통령 재임 중 사망	5) 부통령 재임 중 사망했으나, 새로 임명하지 않음
2) 부통령 재임 중 사직	6) 재임 중 암살당함
3) 재임 중 사망	7) 민주당 후 공화당
4) 민주당 표에 휘그당	8) 재임 중 사직

궁금해서 밤새 읽는 미국사

초 판 1쇄 인쇄 · 2020. 8. 25.
초 판 1쇄 발행 · 2020. 9. 10.
—

지은이   이구한
발행인   이상용 이성훈
발행처   청아출판사
출판등록   1979. 11. 13. 제9-84호
주소   경기도 파주시 회동길 363-15
대표전화   031-955-6031   팩스 031-955-6036
전자우편   chungabook@naver.com
—

ISBN 978-89-368-1157-0 03900
—